法学教室 LIBRARY 　Guideposts to Criminal Law
Shiomi Jun

刑法の道しるべ

塩見　淳

有斐閣

はしがき

　本書は，「法学教室」誌に連載された基礎講座「刑法の道しるべ」に若干の補充・修正を行ったうえ，新たに3つの章を加えたものである。

　連載を始めた当時の「法学教室」誌は，井田良教授による「ゼロからスタート☆刑法"超"入門講義」が継続中，佐伯仁志教授による「刑法各論の考え方・楽しみ方」が完結したところであった。特色ある優れたご論稿のあるなかで，いささかでも意味のある何かを書き続けられるのか。これは本当に悩ましい問いであったものの，授業における質問や試験の答案に接していると，判例・学説が非常に錯綜した様相を呈しているために学生諸君が「迷っている」と感じられるテーマがあり，これを取りあげて判例・学説の来し方と現状を整理し，今後の行方を示すことに何某かの意味はあると考えるに至り，そのような方向で執筆することとした。本書の趣旨も同様であり，「刑法の道しるべ」というタイトルの由来もそこにある。もっとも，真に「道しるべ」となっているかどうかは，もとより読者のご賢察に委ねるほかはない。

　「法学教室」誌への連載時には，現編集長の五島圭司氏に一方ならぬお世話になった。原稿提出の遅れにも不注意な多くの記載の誤りにも辛抱強く対応していただいた。単行本化を担当された田中朋子氏は，新たな章の執筆がなかなか進まなかった筆者を飽くことなく督促されたうえ，全体についてきわめて行き届いた校正等の作業を進めてくださった。お二人には記して心よりの感謝の念を示したい。

　最後に，私事にわたり恐縮であるが，よく議論に付きあってくれた今は亡き父に小著を捧げることをお赦し願いたい。

平成 27（2015）年 7 月

祇園祭を迎えた京都にて

塩　見　　淳

目　次

はしがき

第1章　法的因果関係　3

- Ⅰ　はじめに …………………………………………………………… 3
- Ⅱ　従来の相当因果関係説 …………………………………………… 3
  - 1　従来の通説の確認　3　　2　介在事情の「一般的利用可能性」　6
  - 3　広義の相当性と狭義の相当性　7
- Ⅲ　相当性判断の変容・再構成 ……………………………………… 8
  - 1　最決平成2・11・20刑集44巻8号837頁　8
  - 2　従来の相当性説による対応　9
  - 3　行為後の介入事情をめぐる修正　10
  - 4　事後判断としての相当性ないし危険実現　12
  - 5　事実的(法則的)な視点からの構成　13
- Ⅳ　小　括 ……………………………………………………………… 15
- Ⅴ　規範的限定の諸相 ………………………………………………… 16
  - 1　判断枠組の確認　16　　2　第三者の行為の介在　17
  - 3　被害者の素因・行為の介在　21　　4　行為者自身の行為の介在　25
- Ⅵ　まとめ ……………………………………………………………… 27

第2章　作為義務の成立根拠　29

- Ⅰ　はじめに …………………………………………………………… 29
- Ⅱ　根拠づけの類型化 ………………………………………………… 30
  - 1　形式的三分説　30　　2　実質的三分説　31　　3　機能的二分説　32

III 一元的な根拠づけ ……………………………………………………… 34
1 法益保護の事実上の引受・先行行為 34
2 因果経過の排他的支配 35
IV 支配・引受の再構成 …………………………………………………… 37
1 薬害エイズ刑事事件 37　2 支配・引受の規範化 39
3 規範化のもたらしたもの 41
V まとめ ………………………………………………………………… 42

第3章 侵害に先行する事情と正当防衛　44

I はじめに ……………………………………………………………… 44
II 「侵害の予期」の観点から …………………………………………… 46
1 積極的加害意思の存在 46　2 防衛の準備への影響 48
3 事前の侵害回避義務 50
III 「侵害の惹起」の観点から …………………………………………… 52
1 自招行為の主観面 52　2 自招行為の客観面 54
IV まとめ ………………………………………………………………… 56

第4章 錯誤に基づく被害者の同意　59

I はじめに ……………………………………………………………… 59
II 判断の基礎事情 ……………………………………………………… 59
1 被害者規準説 59　2 法益関係的錯誤説 61
3 自由な意思決定説 62　4 行為者への錯誤の帰属可能性 65
5 被害者規準説の再検討 67
III 錯誤の類型的検討 …………………………………………………… 69
1 行為者の同一性・資格など 69
2 処分されるもの自体の質や量 70　3 処分により生じる効果 71
4 処分後の事態 72
IV まとめ ………………………………………………………………… 73

第5章 故意における事実の認識　74

I はじめに ……………………………………………………………… 74

Ⅱ　事実の錯誤か法律（違法性）の錯誤か……………………………… 74
　　Ⅲ　社会的意味の認識 ………………………………………………………… 78
　　Ⅳ　事実認識の規範化・実質化 ……………………………………………… 80
　　　　1　行政法的規制や処分に対する認識　80
　　　　2　違法性の意識を可能にする事実の認識　82
　　　　3　認識内容の実質化　85　　4　法規制の根拠となった属性の認識　86
　　Ⅴ　まとめ ……………………………………………………………………… 87

第6章　間接正犯・不作為犯の着手時期　89

　　Ⅰ　はじめに …………………………………………………………………… 89
　　Ⅱ　不作為犯の着手時期 ……………………………………………………… 90
　　　　1　不作為犯か作為犯か　90　　2　作為義務に着目した規準　92
　　　　3　「作為(手放し)」に着目した規準　95
　　　　4　危険結果に着目した規準　97
　　Ⅲ　間接正犯の着手時期 ……………………………………………………… 98
　　　　1　利用行為に着目した規準　98
　　　　2　利用行為後の行為に着目した規準　101
　　　　3　利用行為後の結果に着目した規準　104
　　　　4　被害者領域への介入　106
　　Ⅳ　まとめ ……………………………………………………………………… 108

第7章　過失犯の共同正犯　110

　　Ⅰ　はじめに …………………………………………………………………… 110
　　Ⅱ　戦前から戦後の状況 ……………………………………………………… 110
　　　　1　戦前　110　　2　戦後　112
　　Ⅲ　肯定説の通説化 …………………………………………………………… 114
　　　　1　学説の展開　114　　2　下級審判例の動向　117
　　Ⅳ　通説への異議 ……………………………………………………………… 119
　　　　1　過失同時犯への解消　119　　2　因果的共犯論からの構成　121
　　　　3　新しい「共同義務の共同違反」説　122
　　Ⅴ　まとめ ……………………………………………………………………… 124

第 8 章　共犯関係からの離脱　125

- Ⅰ　はじめに……………………………………………………………… 125
- Ⅱ　共犯関係の「離脱」と「解消」…………………………………… 125
- Ⅲ　戦前から戦後にかけての状況……………………………………… 127
- Ⅳ　判例の動向…………………………………………………………… 129
- Ⅴ　通説の形成──因果関係の遮断…………………………………… 133
- Ⅵ　離脱の規範的把握…………………………………………………… 135
- Ⅶ　まとめ………………………………………………………………… 138

第 9 章　住居侵入罪の保護法益・「侵入」の意義　143

- Ⅰ　はじめに……………………………………………………………… 143
- Ⅱ　保護法益……………………………………………………………… 143
  - 1　戦前の状況　143　　2　戦後以降の状況　148
- Ⅲ　侵　入………………………………………………………………… 154
  - 1　戦前の状況　154　　2　行為態様の考慮　155
  - 3　立入への同意　158
- Ⅳ　まとめ………………………………………………………………… 162

第 10 章　奪取罪における不法領得の意思　163

- Ⅰ　はじめに……………………………………………………………… 163
- Ⅱ　奪取罪の保護法益との関係………………………………………… 164
- Ⅲ　利用・処分意思……………………………………………………… 165
  - 1　根拠　165　　2　内容　167
- Ⅳ　権利者排除意思……………………………………………………… 171
  - 1　根拠　171　　2　内容　173
- Ⅴ　まとめ………………………………………………………………… 178

第 11 章　不法原因給付と詐欺罪・横領罪　179

- Ⅰ　はじめに……………………………………………………………… 179

- II 詐欺罪の成否 ………………………………………………………… 180
  - 1 先行して給付を受ける類型　180
  - 2 後行の給付を免れる類型　183
- III 横領罪の成否 ………………………………………………………… 185
  - 1 民法 708 条に配慮しない立場　185
  - 2 民法 708 条に配慮する立場　187　　3 検討　189
- IV まとめ ………………………………………………………………… 192

第 12 章　公共危険犯としての放火罪　193

- I はじめに ……………………………………………………………… 193
- II 公共の危険 …………………………………………………………… 194
- III 焼　損 ………………………………………………………………… 196
  - 1 従来の議論　196　　2 物の燃焼を含まない焼損？　198
  - 3 焼損の認定　199
- IV 現住性 ………………………………………………………………… 200
  - 1 意義　200　　2 現住性の終了時期　201
- V 建造物 ………………………………………………………………… 203
  - 1 意義　203　　2 一個性　204
- VI まとめ ………………………………………………………………… 208

第 13 章　偽造の概念　210

- I はじめに ……………………………………………………………… 210
- II 名義人・作成者の意義 ……………………………………………… 211
  - 1 代理・代表名義の文書における名義人　211
  - 2 文書作成人の捉え方　212
- III 考慮される事情の範囲 ……………………………………………… 214
  - 1 文書の作成権限　214　　2 文書の発給資格　217
  - 3 業務遂行に必要な資格　217　　4 文書が予定する後の手続　219
  - 5 文書の自署的性格　221　　6 名義人に関する補充的情報　223
  - 7 文書外の事情　225
- IV まとめ ………………………………………………………………… 226

第14章　賄賂罪における職務行為　228

- Ⅰ　はじめに……………………………………………………………… 228
- Ⅱ　保護法益……………………………………………………………… 229
- Ⅲ　一般的職務権限と職務密接関連性………………………………… 231
- Ⅳ　「職務」の類型的検討……………………………………………… 235
  - 1　他の公務員の職務を代行・補佐する行為　235
  - 2　他の公務員の職務権限を事実上行使する行為　236
  - 3　他の公務員に職権行使を働きかける行為　237
  - 4　自己の職務に随伴して働きかける行為　239
  - 5　職務で得た知識を利用し，あるいは情報を漏示する行為　241
- Ⅴ　まとめ………………………………………………………………… 242

事 項 索 引……………………………………………………………… 244

判 例 索 引……………………………………………………………… 247

凡　例

〈文献略語について〉
◆ 単行本

浅田・総論	浅田和茂『刑法総論〔補正版〕』（成文堂，2007年）
阿部ほか編・基本講座(2)	阿部純二＝板倉宏＝内田文昭＝香川達夫＝川端博＝曽根威彦編『刑法基本講座(2)』（法学書院，1994年）
阿部ほか編・基本講座(4)	阿部純二＝板倉宏＝内田文昭＝香川達夫＝川端博＝曽根威彦編『刑法基本講座(4)』（法学書院，1992年）
阿部ほか編・基本講座(5)	阿部純二＝板倉宏＝内田文昭＝香川達夫＝川端博＝曽根威彦編『刑法基本講座(5)』（法学書院，1993年）
阿部ほか編・基本講座(6)	阿部純二＝板倉宏＝内田文昭＝香川達夫＝川端博＝曽根威彦編『刑法基本講座(6)』（法学書院，1993年）
井田・総論	井田良『講義刑法学・総論』（有斐閣，2008年）
井田・各論	井田良『刑法各論〔第2版〕』（弘文堂，2013年）
井田・理論構造	井田良『刑法総論の理論構造』（成文堂，2005年）
伊東・講義総論	伊東研祐『刑法講義総論』（日本評論社，2010年）
伊東・講義各論	伊東研祐『刑法講義各論』（日本評論社，2011年）
伊東・現代社会	伊東研祐『現代社会と刑法各論〔第2版〕』（成文堂，2002年）
伊藤ほか・アクチュアル各論	伊藤渉＝小林憲太郎＝齊藤彰子＝鎮目征樹＝島田聡一郎＝成瀬幸典＝安田拓人『アクチュアル刑法各論』（弘文堂，2007年）
今井ほか・各論	今井猛嘉＝小林憲太郎＝島田聡一郎＝橋爪隆『刑法各論〔第2版〕』（有斐閣，2013年）
植松・概論Ⅰ	植松正『刑法概論(1)総論〔再訂版〕』（勁草書房，1974年）
植松・概論Ⅱ	植松正『刑法概論(2)各論〔再訂版〕』（勁草書房，1975年）
内田・各論	内田文昭『刑法各論〔第3版〕』（青林書院，1996年）
内田・概要(上)	内田文昭『刑法概要上巻』（青林書院，1995年）
大塚・総論	大塚仁『刑法概説（総論）〔第4版〕』（有斐閣，2008年）
大塚・各論	大塚仁『刑法概説（各論）〔第3版増補版〕』（有斐閣，2005年）
大場・総論下	大場茂馬『刑法総論下巻』（中央大学，1917年）
大場・各論上	大場茂馬『刑法各論上巻〔増訂版〕』（中央大学，1911年）
大場・各論下	大場茂馬『刑法各論下巻〔増訂版〕』（中央大学，1912年）
大谷・総論	大谷實『刑法講義総論〔新版第4版〕』（成文堂，2012年）
大谷・各論	大谷實『刑法講義各論〔新版第4版〕』（成文堂，2013年）
小野・総論	小野清一郎『新訂刑法講義総論』（有斐閣，1948年）
小野・各論	小野清一郎『新訂刑法講義各論』（有斐閣，1949年）
川端・総論	川端博『刑法総論講義〔第3版〕』（成文堂，2013年）

川端・各論	川端博『刑法各論講義〔第2版〕』（成文堂，2010年）
木村(阿部増補)・総論	木村亀二（阿部純二増補）『刑法総論〔増補版〕』（有斐閣，1978年）
木村・各論	木村亀二『刑法各論』（法文社，1957年）〔『新法律学全集⑲刑事法Ⅱ（刑法各論）』（日本評論社，1938年）の復刻版〕
木村・読本	木村亀二『新刑法読本〔全訂版〕』（法文社，1955年）
江家・総論	江家義男『刑法（総論）』（千倉書房，1952年）
江家・各論	江家義男『刑法各論〔増補版〕』（青林書院新社，1963年）
佐伯(千)・総論	佐伯千仭『刑法講義総論〔4訂版〕』（有斐閣，1981年）
佐伯(仁)・総論	佐伯仁志『刑法総論の考え方・楽しみ方』（有斐閣，2013年）
佐久間・総論	佐久間修『刑法総論』（成文堂，2009年）
佐久間・各論	佐久間修『刑法各論〔第2版〕』（成文堂，2012年）
芝原ほか編・現代的展開総論Ⅰ	芝原邦爾＝堀内捷三＝町野朔＝西田典之編『刑法理論の現代的展開総論Ⅰ』（日本評論社，1988年）
芝原ほか編・現代的展開各論	芝原邦爾＝堀内捷三＝町野朔＝西田典之編『刑法理論の現代的展開各論』（日本評論社，1996年）
荘子・総論	荘子邦雄『刑法総論〔第3版〕』（青林書院，1996年）
曽根・総論	曽根威彦『刑法総論〔第4版〕』（弘文堂，2008年）
曽根・各論	曽根威彦『刑法各論〔第5版〕』（弘文堂，2012年）
曽根・重要問題総論	曽根威彦『刑法の重要問題（総論）〔第2版〕』（成文堂，2005年）
曽根・重要問題各論	曽根威彦『刑法の重要問題（各論）〔第2版〕』（成文堂，2006年）
曽根＝松原編・重点課題総論	曽根威彦＝松原芳博編『重点課題刑法総論』（成文堂，2008年）
曽根＝松原編・重点課題各論	曽根威彦＝松原芳博編『重点課題刑法各論』（成文堂，2008年）
大コメ(3)	大塚仁＝河上和雄＝佐藤文哉＝古田佑紀編『大コンメンタール刑法(3)〔第2版〕』（青林書院，1999年）
大コメ(4)	大塚仁＝河上和雄＝中山善房＝古田佑紀編『大コンメンタール刑法(4)〔第3版〕』（青林書院，2013年）
大コメ(7)	大塚仁＝河上和雄＝中山善房＝古田佑紀編『大コンメンタール刑法(7)〔第3版〕』（青林書院，2014年）
大コメ(10)	大塚仁＝河上和雄＝佐藤文哉＝古田佑紀編『大コンメンタール刑法(10)〔第2版〕』（青林書院，2006年）
高橋・総論	高橋則夫『刑法総論〔第2版〕』（成文堂，2013年）
高橋・各論	高橋則夫『刑法各論〔第2版〕』（成文堂，2014年）
団藤・総論	団藤重光『刑法綱要（総論）〔第3版〕』（創文社，1990年）
団藤・各論	団藤重光『刑法綱要（各論）〔第3版〕』（創文社，1990年）
団藤編・注釈(2)Ⅱ	団藤重光編『注釈刑法(2)のⅡ』（有斐閣，1969年）

団藤編・注釈(3)	団藤重光編『注釈刑法(3)』（有斐閣，1965年）
団藤編・注釈(4)	団藤重光編『注釈刑法(4)』（有斐閣，1965年）
団藤編・注釈(6)	団藤重光編『注釈刑法(6)』（有斐閣，1966年）
内藤・総論(上)	内藤謙『刑法講義総論(上)』（有斐閣，1983年）
内藤・総論(中)	内藤謙『刑法講義総論(中)』（有斐閣，1986年）
内藤・総論(下Ⅰ)	内藤謙『刑法講義総論(下)Ⅰ』（有斐閣，1991年）
内藤・総論(下Ⅱ)	内藤謙『刑法講義総論(下)Ⅱ』（有斐閣，2002年）
中・各論	中義勝『刑法各論』（有斐閣，1975年）
中野・総論	中野次雄『刑法総論概要〔第3版補訂版〕』（成文堂，1997年）
中森・各論	中森喜彦『刑法各論〔第3版〕』（有斐閣，2011年）
中山ほか編・刑法講座(4)	中山研一＝西原春夫＝藤木英雄＝宮澤浩一編『現代刑法講座(4)』（成文堂，1982年）
西田・総論	西田典之『刑法総論〔第2版〕』（弘文堂，2010年）
西田・各論	西田典之『刑法各論〔第6版〕』（弘文堂，2012年）
西田ほか編・注釈(1)	西田典之＝山口厚＝佐伯仁志編『注釈刑法(1)』（有斐閣，2010年）
西原ほか編・刑法研究(4)	西原春夫＝宮澤浩一＝阿部純二＝板倉宏＝大谷實＝芝原邦爾編『判例刑法研究(4)』（有斐閣，1981年）
西原ほか編・刑法研究(6)	西原春夫＝宮澤浩一＝阿部純二＝板倉宏＝大谷實＝芝原邦爾編『判例刑法研究(6)』（有斐閣，1983年）
野村・総論	野村稔『刑法総論〔補訂版〕』（成文堂，1998年）
林(幹)・総論	林幹人『刑法総論〔第2版〕』（東京大学出版会，2008年）
林(幹)・各論	林幹人『刑法各論〔第2版〕』（東京大学出版会，2007年）
林(幹)・判例刑法	林幹人『判例刑法』（東京大学出版会，2011年）
平川・各論	平川宗信『刑法各論』（有斐閣，1995年）
平野・総論Ⅰ	平野龍一『刑法総論Ⅰ』（有斐閣，1972年）
平野・総論Ⅱ	平野龍一『刑法総論Ⅱ』（有斐閣，1975年）
平野・概説	平野龍一『刑法概説』（東京大学出版会，1977年）
福田・総論	福田平『全訂刑法総論〔第5版〕』（有斐閣，2011年）
福田・各論	福田平『全訂刑法各論〔第3版増補〕』（有斐閣，2002年）
藤木・講義総論	藤木英雄『刑法講義総論』（弘文堂，1975年）
藤木・講義各論	藤木英雄『刑法講義各論』（弘文堂，1976年）
堀内・各論	堀内捷三『刑法各論』（有斐閣，2003年）
前田・総論	前田雅英『刑法総論講義〔第6版〕』（東京大学出版会，2015年）
前田・各論	前田雅英『刑法各論講義〔第5版〕』（東京大学出版会，2011年）
牧野・日本刑法(上)	牧野英一『日本刑法上巻総論〔重訂版〕』（有斐閣，1937年）
牧野・日本刑法(下)	牧野英一『日本刑法下巻各論〔重訂版〕』（有斐閣，1938年）
町野・現在	町野朔『犯罪各論の現在』（有斐閣，1996年）

松原・総論	松原芳博『刑法総論』(日本評論社, 2013年)
松原編・判例総論	松原芳博編『刑法の判例総論』(成文堂, 2011年)
松宮・総論	松宮孝明『刑法総論講義〔第4版〕』(成文堂, 2009年)
松宮・各論	松宮孝明『刑法各論講義〔第3版〕』(成文堂, 2012年)
宮本・大綱	宮本英脩『刑法大綱』(弘文堂, 1935年)
泉二・総論	泉二新熊『日本刑法論上巻総論』(有斐閣, 1930年)
泉二・各論	泉二新熊『日本刑法論下巻各論〔39版〕』(有斐閣, 1927年)
山口・総論	山口厚『刑法総論〔第2版〕』(有斐閣, 2007年)
山口・各論	山口厚『刑法各論〔第2版〕』(有斐閣, 2010年)
山口・新判例	山口厚『新判例から見た刑法〔第3版〕』(有斐閣, 2015年)
山口・問題探究総論	山口厚『問題探究刑法総論』(有斐閣, 1998年)
山口・問題探究各論	山口厚『問題探究刑法各論』(有斐閣, 1999年)
山口編著・クローズアップ総論	山口厚編著『クローズアップ刑法総論』(成文堂, 2003年)
山口編著・クローズアップ各論	山口厚編著『クローズアップ刑法各論』(成文堂, 2007年)
山口ほか・最前線	山口厚＝井田良＝佐伯仁志『理論刑法学の最前線』(岩波書店, 2001年)
山中・総論	山中敬一『刑法総論〔第2版〕』(成文堂, 2008年)
山中・各論	山中敬一『刑法各論〔第2版〕』(成文堂, 2009年)

◆ 判例集

刑録	大審院刑事判決録
刑(民)集	大審院・最高裁判所刑(民)事判例集
高刑集	高等裁判所刑事判例集
下刑集	下級裁判所刑事裁判例集
一審刑集	第一審刑事裁判例集
家月	家庭裁判月報
刑月	刑事裁判月報
高検速報／高刑速	高等裁判所刑事裁判速報(集)
裁時	裁判所時報
裁特	高等裁判所刑事裁判特報
集刑	最高裁判所裁判集刑事
新聞	法律新聞
東高刑時報	東京高等裁判所刑事判決時報
判特	高等裁判所刑事判決特報

◆雑誌

ジュリ	ジュリスト
判時	判例時報
判タ	判例タイムズ
法教	法学教室
法時	法律時報
法セ	法学セミナー
曹時	法曹時報

最判解刑事篇平成(昭和)○年度
　　最高裁判所判例解説刑事篇平成(昭和)○年度

平成(昭和)○年度重判解(ジュリ△号)
　　平成(昭和)○年度重要判例解説(ジュリ△号)

〈引用について〉
引用中の筆者注は〔　〕で示した。

総　論

第1章

法的因果関係

I　はじめに

　結果犯においては，行為と発生した結果との間に因果関係が必要とされる。その存否は，通説によれば，行為と結果との間の事実的つながりを確認したうえで（事実的因果関係），法的な観点から評価を加えて確定する（法的因果関係）という2段階で判断される。もっとも，第1段階の判断を既に事実的にとどまらない規範的なものとする構成（規範的条件関係説）が有力化する一方で，逆に第2段階を事実的つながりに関する法則的判断とする少数説も唱えられている。さらに，規範的な判断は「因果関係」という枠の外で行うべきだとの主張（客観的帰属論）も展開される。因果関係論は，比較的安定していた従来の判断枠組自体が流動化し，錯綜した状況にある。そのような状況を念頭に置いて，規範的観点から捉えられた結果帰属の可否という広い意味での「法的因果関係」について，その内容をどのように考えるかを明らかにする。

II　従来の相当因果関係説

1　従来の通説の確認

　法的因果関係の判断枠組に関する通説とされてきたのは相当因果関係説（以下，「相当性説」ともいう）である。その内容は一般に次のようにまとめられている。

　相当因果関係説は，「条件関係の存在を前提として，……社会生活上の経

験に照らして，その行為からその結果の生ずることが相当であると認められることが必要であるとする説」であり，相当性を判断する基礎として，「行為者が行為の当時に認識した事情，および予見しえた事情を判断の基礎にする主観説」，「裁判の時点（裁判官の立場）に立って，行為当時に客観的に存在したすべての事情および行為後に生じた事情のうち一般人にとって予見可能であった事情を判断の基礎とする客観説」[1]，「行為の時点（行為者の立場）に立って，一般人が認識しまたは予見することができたであろう一般的事情および行為者が特に認識し，または予見していた特別の事情を判断の基礎とする折衷説」[2][3]に分かれる[4][5]。

　留意を要するのは，客観説であっても，「行為後に生じた事情」については「一般人にとって予測可能であった」か否かに規準を求めているように，相当性説は，基本的に，判断の基礎となる事情を行為時における[6]予測可能性をもって選択する，その意味で抽象化された判断を行うとの性格を有している点，及び，これと関連して，相当性判断における「その結果」とは具体

---

[1] 小野・総論112頁，内藤・総論(上)279頁，曽根・総論74頁，松宮・総論77頁。客観説に立ちつつ，判断基礎を行為時に存在する事実を含めたうえで，「『注意深い一般人』『科学的一般人』が認識しうるもの」などとして判断基礎を限定するのは平野龍一『犯罪論の諸問題(上)』（有斐閣，1981年）41頁，林（幹）・総論136頁。

[2] 木村（阿部増補）・総論183頁，団藤・総論177頁，福田・総論105頁，大塚・総論229頁，藤木・講義総論100頁，大谷・総論206頁，川端・総論164頁，佐久間・総論100頁，井田・総論127頁。

[3] 辰井聡子『因果関係論』（有斐閣，2006年）117頁，119頁は，人の行為の介在しない事案については，「主観説の考え方を基本とした上で，社会が要請する最低限度の知識・能力を下限とする修正を施す」，「従来の見解でいえば，折衷説に最も近い」立場を主張する。なお，被害者・第三者の行為が介在した事案では，「当該行為を契機として発生した結果に対し，第1行為者のコントロールを認めることができる」場合に結果帰属を肯定する（同132頁）。

[4] 大谷・総論205頁。

[5] 相当性説は戦前から比較的多数を占めていた（客観説として勝本勘三郎『刑法要論上巻総則』〔明治大学，1913年〕123頁，126頁，大場・総論下458頁，465頁，主観説として宮本・大綱64頁。一般的に相当性説を説くものとして泉二新熊『刑法大要〔増訂版〕』〔有斐閣，1938年〕92頁）が，判断基礎を予測可能性で画するという考え方が必ずしも明確に採られていたわけではない。例えば，大場・前掲箇所は，自説（客観説）を「結果発生後行為の当時の事件に関連する総ての情状を眼中に置き吾人の智識経験に基きて其行為あるときは普通其結果を発生するものと認むへきや否やを客観的に定」める見解であり，因果関係は「条件行為と合して現に生したるか如き結果を生すへき他の条件の結合を一般に予期し得へきとき」に限って肯定されると説明しており，そこでは行為と行為後の事情との一般的関係が問われていた。しかし，既に牧野・日本刑法(上)276頁では，相当性説の各説が判断基礎の構成に着

的な結果（事実的な因果関係を判断するに際して規定された結果）と考えられる[7]点である。

　例えば，AがBに故意に日本刀で切りつけて重傷を負わせ，その後病院に搬送されたところ，病院がCにより放火されてBが焼死した。もっとも，Aが負わせた重傷により数時間後にはBは死亡していたであろうとの事案では，「Cによる放火」という事情が一般人ないし行為者にとって予測可能かどうかが重要であり，消極に解すると判断基礎から除外されて「Bの焼死」という結果は不相当なものとなる。ここで結果を「Bの死」と抽象化して因果関係を肯定することは，「Cによる放火」という事情の予測可能性を問うのは実は意味がなかったと後から述べるに等しい。当初から結果を「Bの死」として規定することは可能であるが，そのように抽象化する根拠と規準が示されなければならない。いずれにせよ，それは従来の相当性説自体からは導きえないと考えられる。

　相当性説において，結果を具体的に捉える限り，判断基礎としての介在事情の採否と相当性の判断は一致することになる。即ち，「Cによる放火」を考慮するかどうかは「Bの焼死」の発生が相当かどうかと不可分の関係にある。また，相当性の程度[8]は介在事情の予測可能性の程度に相応すると解される。

　　目して整理されている。参照，山中敬一『刑法における客観的帰属の理論』（成文堂，1997年）18頁。
6）　因果の経過に従って判断時点を移動させる見解として井上祐司『行為無価値と過失犯論』（成文堂，1973年）174頁，190頁，227頁（ただし，同「行為後の事情と相当性説」同『刑事判例の研究（その二）』〔九州大学出版会，2003年〕487頁では，因果経過を事後的に一体として捉えるとする）。経過の一コマごとの検討を支持するのは内藤・総論(上)285頁，曽根威彦「相当因果関係の構造と判断方法」司法研修所論集99号（1997年）14頁。
7）　結果の抽象化を認めるのは平野・総論Ⅰ146頁。批判として町野朔『刑法総論講義案Ⅰ〔第2版〕』（信山社出版，1995年）174頁，井田良「因果関係の相当性に関する一試論」同『犯罪論の現在と目的的行為論』（成文堂，1995年）85頁，95頁。
8）　高度の蓋然性とするのは川端・総論168頁，ある程度の可能性とするのは内藤・総論(上)282頁，曽根・総論72頁，松宮・総論77頁。経験則上ありうるという程度とするのは福田・総論104頁，大塚・総論239頁，大谷・総論213頁。きわめて偶然的な場合を除く趣旨とするのは平野・総論Ⅰ142頁，藤木・講義総論101頁，西田・総論106頁，井田・総論125頁。

2　介在事情の「一般的利用可能性」

　客観説の一部では，行為時の事情と行為後の事情を区別できないとの批判に配慮して，介在事情の予測可能性に代えて，その一般的な利用可能性という規準も主張されている。この見解の背後には，因果経過が不相当な場合に結果の帰属を否定する根拠を，「結果発生の防止——法益侵害の抑止——という観点からみて，その行為の抑止の必要性が（事後的にみて）どの程度認められるか」[9]との一般予防の要請に求める考え方がある。そこから，「刑法が結果を抑止しようとするなら，利用されるであろうような通常の因果関係の設定を禁止・処罰することだけで十分」とされて，経過の相当性とは「通常人がそれを利用して結果を招致するであろうような因果経過」をいうとの帰結が導かれた[10]。

　しかし，この見解には，刑罰による犯罪の抑止効果は，行為の後に特定の経過を経て発生した結果にまでは及ばないのではないかとの批判がある[11]ほか，利用可能性という規準自体にも疑義が向けられる。当該事件において結果発生に寄与した介在事情を判断資料に入れれば，通常人は「それを利用して結果を招致する」と考えるだろうからである[12]。AがBに故意に日本刀で切りつけたという先の事例では，「Cによる放火」が確実なら，通常人はこれを利用するであろう。逆に，誰かが病院に放火するとの根拠もない期待を通常人は利用しない。結局，介在事情を利用するかどうかはその予測可能性にかかっているように思われ，そうだとすれば，本説は従来の相当性説とさほど異ならないことになろう。

9）　山口厚「因果関係論」芝原ほか編・現代的展開総論Ⅰ60頁。
10）　町野・前掲注7)164頁。支持するのは山口・問題探究総論27頁，髙山佳奈子「相当因果関係」山口編著・クローズアップ総論25頁。
11）　佐伯仁志「因果関係論」山口ほか・最前線9頁。相当性の要請は「基本的には応報の観点からのもの」だとする。なお，従来の相当性説の立場からも，行為時に予測不可能な結果を処罰の対象とする一般予防上の要請はないとの説明が与えられており（林幹人「相当因果関係と一般予防」上智法学論集40巻4号〔1997年〕35頁，井田・理論構造57頁），一般予防論と利用可能性説との結びつきは必然的ともいえないであろう。さらに，刑罰目的論からの演繹自体に批判的なものとして小林憲太郎『因果関係と客観的帰属』（弘文堂，2003年）205頁。
12）　井田・前掲注7)104頁注(57)参照。

3 広義の相当性と狭義の相当性

　法的因果関係の判断は，実行行為のもつ危険が結果に実現したかを問うものであり，「①行為が実行行為として結果を発生させる危険性を現実にもっていたかどうか，②因果経過の具体的な流れを考慮して，発生した結果が実行行為のもつ危険性の実現したものといえるかどうか」[13]という2段階の内容を含む。それぞれ，広義の相当性（①）と狭義の相当性（②）と呼ばれる。もっとも，因果関係に固有の問題は狭義の相当性のみとする理解が有力であり，次のように論じられる。

　「広義の相当性の判断は，……未遂犯成否の判断にほかならないのであるから，行為の危険性によって，……なされる……。だが，狭義の相当性においては，行為の危険性はすでに肯定されたうえで，その具体的な危険の『実現の態様』が，結果を行為に帰属せしめて既遂犯の成立を肯定するに足りるものであるかどうかが問題なのである。図式的にいえば，広義の相当性が『事前的』（ex ante）な判断を中核とするのに対して，狭義の相当性においては，危険な行為があり，かつ構成要件的結果が発生したのにもかかわらず，既遂として処罰するのが妥当かという『事後的』（ex post）な判断がむしろ前面に出てくる」[14]，と。その後，相当因果関係＝狭義の相当性という把握は，「実行行為」という概念に対する消極的な立場のもとで一層固められるとともに[15]，未遂犯の成立になお行為反価値を要求する立場でも支持を拡げている[16]。

　広義の相当性を因果関係の判断から外す見解の根拠は，それがせいぜい未遂犯の成否を支えるにすぎないという点にある。しかし，これには疑問を差

---

13)　内藤・総論(上) 279 頁。
14)　町野朔『犯罪論の展開 I』（有斐閣，1989 年）215 頁。事前判断と事後判断の相違を指摘するのは内藤・総論(上) 283 頁。
15)　山口厚「因果関係論」芝原ほか編・現代的展開総論 I 58 頁，61 頁，山口・問題探究総論 19 頁。町野・前掲注 14) 229 頁は，これを受けて，広義の相当性＝実行行為とする立場を改説している。さらに西田・総論 82 頁参照。
16)　大谷・総論 217 頁，川端・総論 162 頁，佐久間・総論 98 頁。さらに林・前掲注 11) 31 頁，林(幹)・判例刑法 36 頁。

し挟む余地があろう。行為の危険性が不能犯と評価されるほどではなくても，かなり低いと見られることはある。そこから不相当とはいえない経過を経て結果が発生した場合，広義の相当性が欠けるとして因果関係を否定する（未遂犯にとどめる）という処理は考えられるからである。後述するように，法的因果関係の判断において，行為の結果への「寄与度」を考慮する見解が近時有力である。寄与度とは，当該行為が当該結果の発生に影響を与えた度合いのことであり，行為の一般的な危険性の大小も判断要素とならざるをえない。この見解のもとでは，広義の相当性はなお因果関係の要素を構成する[17]と解されるのである。

広義の相当性は事前判断，狭義の相当性は事後判断であり，判断方法を異にするという説明も説得力があるとは思われない。少なくとも，「寄与度」を考慮する見解のもとでは，介在する第三者の「行為」の危険性（寄与度）も事前的に判断されると見られる。ここから示されるように，因果関係の個々のファクターについて事前的な判断を行うことと因果関係全体を事後的に眺めて結果帰属を確定することとは両立しうるからである。相当因果関係は，起点となる行為を含めて，即ち，広義及び狭義の相当性をもって判断されるべきように思われる。

III 相当性判断の変容・再構成

1 最決平成2・11・20刑集44巻8号837頁

伝統的な相当性説が優位する状況の転機となったのは，平成2年に出された最高裁のいわゆる大阪南港事件決定であった。判示に即して，この事件の事実関係を示せば次のようになる。

甲は，昭和56年1月15日午後8時頃から午後9時頃までの間に，被害者Xの頭部等を多数回殴打するなどの暴行（以下，「第1暴行」という）を加えた結果，内因性高血圧性橋脳出血を発生させて意識喪失状態に陥らせた後，

---

[17] 曽根・総論72頁，高橋・総論122頁。

同人を大阪市住之江区南港所在の建材会社の資材置場まで自動車で運搬し，同日午後 10 時 40 分頃，同所に放置して立ち去ったところ，X は翌 16 日未明に内因性高血圧性橋脳出血により死亡するに至った。ところで，放置されていた X は，生存中に，何者か（以下，「乙」とする）によって角材で頭頂部を数回殴打されており（以下，「第 2 暴行」という），この暴行は，既に発生していた内因性高血圧性橋脳出血を拡大させ，幾分か死期を早める影響を与えるものであった。

最高裁は，甲に「傷害致死罪の成立を認めた原判断は，正当」とするに当たり，「犯人の暴行により被害者の死因となった傷害が形成された場合には，仮にその後第三者により加えられた暴行によって死期が早められたとしても，犯人の暴行と被害者の死亡との間の因果関係を肯定することができ」る，と判示した。とくに注目されたのは，本件を担当した調査官が，相当性の判断に関して，第 2 暴行を判断基底に含めることができるのかどうかが明確でなく，仮に判断基底から除外されることになった場合でも，「おそらくは相当性を肯定することになると思われるが，そうであれば，……，相当性の観点からの議論をすることに意味がないことに帰着する」との厳しい指摘[18]を行ったことである。

2　従来の相当性説による対応

このような批判に対する学説の一般的な回答は，従来の相当性説によっても結果の帰属は可能というものであった。即ち，「行為者が加えた傷害が最終的に被害者の致命傷となったときには，その死の結果を若干早めたにすぎない第三者の介入行為は，たとえそれが故意的な行為であったとしても，相当因果関係を阻却するものではない」[19]，「第三者の暴行は一般人において予見不可能であるから判断の基礎から除かれ，その傷害から死亡の結果が生ずることは十分ありうるので，実行行為と結果との間に相当性を認めることができる」[20]，などとされた。

---

18)　大谷直人「判解」ジュリ 974 号（1991 年）59 頁。
19)　町野・前掲注 7) 174 頁。さらに大塚・総論 244 頁，佐久間・総論 104 頁，佐伯仁志「因果関係論」山口ほか・最前線 18 頁。

しかし，第2暴行がなければ死亡したであろう時期をP時点，現実の「若干早め」られた死亡時期をQ時点とした場合，第2暴行を判断基礎から取り除けば，「Q時点の死」の発生は不相当となると思われる。人の生命にとって死亡時期は重要なファクターであり，それを「若干早めたに過ぎない」から考慮しなくてよいとの評価には疑問が残る[21]。また，現実に生じたXの「Q時点の死」をXの「死亡の結果」として抽象化するには，Ⅱ 1において確認したように，従来の相当性説とは別に根拠と規準を示す必要がある。かくして，本件で第1暴行に傷害致死罪の成立を認める限り，「相当性の観点からの議論をすることに意味がない」との批判は甘受せざるをえないことになる。

3　行為後の介入事情をめぐる修正

　以上を考慮して学説が示した次の対応は，大阪南港事件のような行為後の特殊な事情が介入したケースのもとで相当性説に修正を加えるというものであった。着目されたのは，最高裁決定が判示した「死因となった傷害の形成」，即ち，「甲による第1暴行の寄与度」ないしは「死因同一の限度で行う結果の抽象化」である。

　論者は次のように主張した。「介在事情が経験法則上予見可能であればこれを相当性の判断基底に乗せ」る。「①介在事情が判断基底に取り入れられる場合は，行為の危険性の程度を問わず，また介在事情が結果の発生に及ぼした影響（寄与度）の大小を問わず……，相当因果関係が認められる。……これに対し，②介在事情が予見不可能であるとして判断基底から排除される場合は，行為の危険性の程度と介在事情の寄与度との相関関係で相当性の有無が決まる」。「行為の危険性の程度が低いときは，……相当性は否定される……。反対に，行為の危険性が高度なときは，介在事情が結果の発生に及ぼした影響の度合い（寄与度）の大小によって結論が異なってくる。寄与度が

---

20)　大谷・総論215頁。さらに林(幹)・判例刑法39頁。
21)　このように指摘するものとして辰井・前掲注3)154頁。これに対して，事実的因果関係の判断に関してであるが，第1暴行による死期は幅をもって捉えざるをえないとして結果の抽象化を認めるのは加藤正明「因果関係における結果の規定について（2・完）」法学論叢161巻6号（2007年）111頁。

小さければ，これを除いて考えてみても結果の発生が相当性の枠内にあると考えられるのに対し，寄与度が大きい場合は，これを除いて考えると当該行為からそのような結果に至ることは経験上通常とは判断されず，相当性は否定される」[22]，と。また，別の論者からは次のようにも説明された。「狭義の相当性の判断においては，ある程度まで因果経過および結果発生の態様を『抽象化』し，具体的な介在事情を度外視した上で，その経験的通常性を判断せざるを得ないということになる。……もちろん，いかなる限度で『抽象化』を認めるかの判断には不明確さがともなうことは否定できないが，抽象化を……死因が同一であるとみられる範囲内では許容すると考えることは可能である」。「行為の危険性が結果に直接実現し，行為の危険性が結果発生により確証されたといい得るときは，具体的な結果発生の態様の詳細が予見可能でなくとも，結果帰属を正当化できる程度に，行為が具体的結果の発生に本質的に寄与したと評価」できる[23]，と。

　このような主張について，まず指摘できるのは，大阪南港事件を念頭に，甲による第1暴行への死亡結果の帰属が考えられていたこともあり，甲の行為の危険性（寄与度）が高度であること——Xの内因性高血圧性橋脳出血が「死因」であること——が強調されすぎた嫌いがある点であろう。乙による第2暴行もXの死に何某かの寄与をしているのであり，そこに結果は帰属されないのか——Xの橋脳出血の促進は「共同の死因」ではないのか——が，結論はともかく，検討はされなければならない。このことは，乙がXの橋脳出血の部分をピストルで撃ち抜いたというように事案を変えてみるとわかりやすいかと思われる。ここでは，第1暴行の危険性の程度が等しくても，X死亡の結果が第1暴行に帰属できるか（むしろ，死因を「銃撃による死」と具体化すべきではないか）は十分に争われうるであろう。要するに，因果関係の確定には，結果発生に至る具体的経過において存在する行為や現象の「寄与度」を相互に比較衡量するとの作業が含まれるのである。

　もう一つ挙げられる問題点は，従来の相当性説で規準とされた介在事情の

---

22)　曽根・前掲注6)9頁。大塚・総論239頁でも類似した説明がされている。
23)　井田・前掲注7)92頁，95頁。同様に，死因の同一性を重視するのは髙山佳奈子「死因と因果関係」成城法学63号（2000年）179頁。

予測可能性の取扱である。上記2つの説明のうち，前者は，介在事情が予見可能であれば相当性を肯定し，予見不能であっても，行為の危険性が高度で，かつ，介在事情の寄与度が小さい場合，いわば例外的に相当性を肯定する。このような例外的処理の根拠は明らかでない。のみならず，そもそも，予測可能性の規準は介在事情を選択して抽象化するためのもの（事前判断）であって，事後に判明した個々の介在事情の寄与度などを検討する手法（事後判断）と整合しないと解される。

4 事後判断としての相当性ないし危険実現

かくして，修正説を整理しつつ，相当性の判断方法を次のように再構成する見解が唱えられている。①「相当性の判断は，……具体的な因果経過を対象として，その相当性を問うものと考えるべきである」。②「具体的因果経過の相当性を判断する際には，介在事情の結果の発生に対する寄与度が重要である」。③「具体的な因果経過を対象として介在事情の寄与度を考えて相当性を判断するのであれば，従来の相当因果関係説が想定していた判断基底を画するという作業は，不要である」。④「因果経過に寄与度の大きい介在事情が存在した場合には，結果を行為者の実行行為に帰属させるか，それとも介在事情に帰属させるかが問題となる」[24]，とする。また，法的因果関係の問題を「実行行為の危険性が，結果に具体化したと評価でき」るか，即ち，結果への危険実現の有無とする立場に立ちつつ，行為後に第三者や被害者の行為が介在したケースでは，「(イ)実行行為の結果発生への寄与度（行為の危険性の大小），(ロ)介在事情の異常性の大小（実行行為との結びつき・実行行為によって誘発されたか否か），(ハ)介在事情の結果への寄与度の3点を総合して判断すべきである」[25]，とする見解も主張されている。

これらにおいて確認されるべきは，判断基礎を画するという作業はなく，すべての事情が基礎に置かれる点，行為及び介在事情の寄与度が重視されて

---

24) 佐伯(仁)・総論 69 頁。なお，③において判断基底を画する作業は不要としつつも，「介在事情が人の行為の影響を受けない自然現象である場合には，従来の相当性判断と同様に，一般人または行為者の予見可能性が帰属の基準とな」るとする（同 71 頁）。

25) 前田・総論 134 頁，139 頁。高橋・総論 130 頁，一般的に「危険の現実化」を基準に掲げるものとして伊東研祐『刑法総論』（新世社，2008 年）64 頁，山口・総論 60 頁。

いる点，及び，行為・介在事情相互間の結びつきも問われている点であろう。最後の点は，前者の見解が，傷害の被害者が医師の過失により死亡した場合と病院への搬送途中に交通事故で死亡した場合を区別すること[26]などから，また，後者の見解が，「(ロ)介在事情の異常性」が「『介在事情それ自体が突飛か』のみを問題にするのでは」なく，「介在事情が実行行為との関係でどの程度の通常性を有するかが吟味され」る[27]と説明していることから示される。

5 事実的（法則的）な視点からの構成

　行為と結果との間の事実的つながり（事実的な因果関係）を確定する判断枠組として近時有力化しているものに合法則的条件公式——「結果が（外界）変化の連鎖を通して行為と法則的に結合しているとき……，行為は結果の原因である」[28]——がある。これを従来，法的因果関係とされてきた判断にも用いようとする見解が唱えられている。

　論者は，結果を行為に帰責できるかどうかは「人による外界の支配可能性」と結びつき，そのような支配可能性は「外界事象における『法則性』を基礎」とするとの理解を前提に，因果関係は「当該行為と当該結果の間に，客観的に，人の支配可能性を基礎づける法則性が存在するか」をもって判断されるが，人はあらゆる「法則性」を外界支配のために利用できるわけではないので，「その『利用可能性』を帰責限定の要素とすることが可能」であるとする[29]。そこで，まず，行為と結果の関係を「法則性」の存在をもって確認した後に，「行為以外に結果発生に関与した（介在）事情の中に『(A)単独でも結果を発生させるような性質をもち，かつ，(B)その事情がもつ危険に対して行為が影響を与えないようなもの』（行為から影響を受けないという意味で，「一般的危険」という）が存在するときは，行為の結果支配可能性は妨げられている可能性があ」る[30]として，結果帰属について限定を加

---

26) 佐伯（仁）・総論68頁，70頁，佐伯仁志「因果関係論」山口ほか・最前線20頁。
27) 前田・総論140頁。
28) 林陽一『刑法における因果関係理論』（成文堂，2000年）67頁。
29) 林（陽）・前掲注28)231頁，235頁。

えることを論じている。「一般的危険」に基づく2段階目の判断は従来の相当性判断に相応する。また、一層端的に、相当因果関係を合法則的条件関係の概念をもって再構成する見解も主張される。そこでは、因果経過の全体に着目して（判断基底の画定という操作を行うことなく）相当性を判断する見解が適切だとしたうえで、そのように判断される相当因果関係は、内容において合法則的条件関係と変わりがない[31]とされる。ただし、判断に用いられるのは、蓋然性法則や経験則も排除されないものの、「行為が結果を引き起こしたことを、その間主観的な妥当性がすでに科学的に承認されている法則性のみ」に限定される[32]。

　これらの構想に対しては、「一般的危険という基準だけで妥当な結論を導くことができるかに……〔は〕疑問がある」[33]、「合法則的条件の理論にもとづいて確認されるのは、あくまで因果関係であって、それが日常生活経験上通常かどうかといった基準による因果関係の限定原理をも含めたものではない」[34]といった批判が向けられている。4で挙げた相当性説の再構成を目指す見解と比較するならば、行為や介在事情の寄与度やこれらを相互に比較する、あるいは、介在事情の結びつきに関して、医療過誤による死か交通事故による死かを区別する、といった検討を行う場がない[35]と指摘することもできよう。そこには、因果関係を事実的に構成することの限界が表れているのである。

30) 林（陽）・前掲注28)316頁。さらに参照、内田浩「わが国における最近の相当因果関係説の動向」成蹊大学法学政治学研究15号（1996年）48頁。
31) 小林・前掲注11)149頁, 202頁。
32) 小林・前掲注11)199頁。
33) 佐伯仁志「因果関係論」山口ほか・最前線17頁。
34) 山中・総論275頁。
35) 小林・前掲注11)208頁は、この問題を合法則的条件公式の適用対象となる事案の記述方法として処理するようである。しかし、そこにおいて、結果帰属が事実的に判断されているかは疑わしく思われる。

Ⅳ　小　括

　法的因果関係を判断する一応の枠組は，相当性というか危険の実現というかはともかく，Ⅲ4で挙げた見解が基本的な方向として支持できるように思われる。即ち，事実的因果関係の存在を確認する際に考慮された（事後に判明したものを含む），行為及び介在事情をすべて資料として，各事情の寄与度や相互の結びつきを考えて結果をどこに（1つとは限らない）帰属させるべきかを判断するのである。従来の相当性説のように，行為時に立った予測可能性により判断基礎を画するという手法は，行為の危険性が実現したかどうかを判断する一つの方法であるとしても，多くの事情が介在し，経過が複雑化したケースを適切に処理できない面があることは否定できない。実際的に見て妥当な規準とはいえないと思われる。

　「寄与度」は，詳細な事実認定を通して明らかになるといった性質のものではなく，行為のもつ一般的危険性の大きさや他の介在事情の危険などを勘案しながら，「この結果にどれくらい寄与したと見てよいか」という「健全な法感覚」に基づく判断である。介在事情の「結びつき」をどのように評価するかも同様であろう。そうだとしても，大阪南港事件で甲による第1暴行の寄与度が非常に高く，X死亡の結果を帰属させるべきだとの判断が一般に共有されていると見られるように，「寄与度」の規準が曖昧にすぎて使い物にならないとまではいえないであろう。法概念の解釈に当たって「健全な法感覚」を援用することが不当とも思われない。

　もっとも，「個別事案ごとに諸事情を総合的に判断する」のは必ずしも明確とはいえない面がある。例えば，大阪南港事件で，乙による第2暴行にもXの死亡結果を帰属できるかは，論者により判断が分かれるであろう。かくして，学説では，結果帰属の可否を決める規準に関して様々な提案がなされている。問題は，そのような規準に規範的な根拠があるのか，現実に存在する多様な因果経過を前にして，規準に基づく一律の判断が妥当な結論を導きうるのかである。

V 規範的限定の諸相

1 判断枠組の確認

　再構成された相当性判断ないし危険実現の内容は，法的因果関係の問題を「因果関係」という範疇から括り出し，「客観的帰属」として扱うべきだとする見解（客観的帰属論）でも採られている。有力な主唱者は次のように述べる。「危険の実現の判断については，判断の資料は限定する必要がなく，事後に判明した事情をすべて考慮してよい〔。〕……すべての事情を資料としたうえで，なお，規範的観点から帰属を限定する点に帰属限定の意義がある」[36]，と。そのうえで，論者は，客観的帰属がどのように判断されるかについて，①「条件関係の意味における因果関係」を結果帰属の存在論的基礎として確定したうえで，②行為の時点に立った行為の結果発生の危険性を問題にし，その規範的評価をも考慮する「危険創出連関」，③事後に判明した事情をすべて考慮に入れたうえで，創出された危険が，規範の保護目的に含まれる結果に実現したかどうかを問う「危険実現連関」の3本柱で行う[37]，と説いている。このうち，③が法的因果関係に相応する部分となる。

　以上の説明でわかりにくく感じられるのは，「規範的観点から帰属を限定する」という消極的判断と，（やはり規範的考慮を含む）危険創出・実現という積極的判断との関係である。この点は次のように整理されるであろう。①の判断（＝事実的因果関係）が帰属の存在論的基礎にとどまるとすれば，③の要求（＝法的因果関係）はそれ自体として規範論理的な基礎づけを要する。行為や介在事情の寄与度や相互の結びつきを考えて肯定される因果関係（あるいは危険実現）は，このような基礎を提供するものと考えられる。しかし，原則的・一般的には因果関係（あるいは客観的帰属）を肯定できても，刑法に内在する他の規範的考慮から，結果帰属が否定されるべき場合がありうる。これが帰属の規範的限定の実体である，と。

---

[36] 山中・総論271頁。既に，同『刑法における因果関係と帰属』（成文堂，1984年）230頁。
[37] 山中・総論279頁。

そのような消極的な規範的判断は，行為のもつ規範的な危険が実現したとはいえない場合と，介在事情の規範的な性格が帰属を阻む場合との2つに分かれる。前者は，義務に違反した行為から結果が生じた場合でも，「義務を遵守していたとしても，結果は発生していたであろう」といえるのであれば，結局，「義務違反による（規範的に設定された）危険」が結果に実現したとはいえず，帰属を否定すべきではないかとの議論であるが，因果関係論の射程を超える問題[38]を含むところから，ここでは取りあげず，後者の問題，すなわち，介在事情を第三者の行為（2），被害者の素因・行為（3），行為者自身の行為（4）に分けたうえで，それらの規範的な性格が帰属に影響を及ぼさないかについて検討を進める。

2　第三者の行為の介在

(1)　故意行為

　行為後に，行為者と意思の連絡なく，第三者が法益侵害に向けて故意に介入したケースをどのように処理するかをめぐっては，従来の相当性説において，一般人は行為の時点で他者の故意行為を予測できないとして結果帰属を否定する見解が主張されている[39]。しかし，人の行動は予測が容易でないとしても不可能とはいえない。相当性説に忠実であれば，予測できるかどうかを個別事案ごとに判断するのであって，常に因果関係が否定されるべきだというのであれば，別に規範的な根拠を示す必要があろう。

　そのような根拠として戦前に主張されたものに因果関係中断論があり，次のように説明された。「無関係なる他人の自由なる決意に基く行為は自然力と同しく其到来すへきことを予見し得へき特種の場合を除くの外犯人の行為に対し常に偶然の関係に存するものたるか故に一般の原則として犯人の行為と出来事との間に他人の自由なる決意に基く行為の介入するときは仮令他人に於て犯人の行為を利用したる場合随て純理の上に於ては事実上因果の関係

---

38)　行為の義務違反性を要求すべきか，義務をどのように設定するのか，義務の不遵守により（結果が発生したといえなくても）危険が増加したといえれば十分かなどであり，過失犯や不作為犯のもとで扱われることの多い論点である。
39)　大谷・総論215頁。

の存在する場合に於ても因果関係は存せさるものとす……学者通常之を称して他の原因の介入に因る因果関係の中断（……）と云ふ」[40]。もっとも，そこでは，因果関係の中断は，「他人の自由なる決意に基く行為の介入」が予測できない「偶然」である，すなわち，「吾人普通の経験上結果を惹起するに適当なる条件」[41]ではないという，論者の前提とする相当性説（客観説）[42]から基礎づけられている[43]。中断論は，固有の規範的論拠をもって相当性の判断に限定を加えるとの機能を有していなかったといえよう[44]。

近時では，第三者の故意行為が介在したケースについて，遡及禁止論——「自由かつ意識的に結果惹起に向けられた行為に先行する行為は正犯としてではなく，共犯として責任を負うにすぎない」——に依拠して当初の行為者は正犯に当たらないとする見解が有力に主張されている。正犯・共犯論のレベルで処理する点で上述の因果関係中断論とは構成を異にする。正犯性を否定する根拠は，介在する第三者の自律性ないし答責性に求められている。すなわち，「介在者，行為媒介者が完全に自律的に結果を実現している場合には，その者はいわば結果についての完全な責任を意識的に自己の下に取り込んだといえ……〔，〕それ故，そのような介在事情が存在する場合には，背後者の単独正犯性は否定され」る[45]，と説明される[46]。

40) 勝本・前掲注5) 131頁。
41) 勝本・前掲注5) 126頁。
42) 勝本・前掲注5) 123頁。
43) 参照，勝本勘三郎「刑法上ノ因果関係ニ就テ」京都法学会雑誌4巻10号（1909年）11頁。責任能力者の故意行為の介入につき，「適当に非さる条件の介入なるが故に因果の関係は中断」すると述べている。
44) 小疇伝『新刑法論』（清水書店，1910年）179頁，185頁は，因果関係を条件説的に説明しつつ，「例外」の一つとして，「責任能力者の自由にして（……）且つ故意ある行為は法律上常に新なる独立したる原因の進行を生し」，因果関係の成立は妨げられると説いていた。中断論が結果帰属の範囲を外在的に制約する点は明確であるものの，なぜ因果関係が中断するのかの実質的説明を欠いていた。なお，因果関係中断論は条件説と結びつくものではない。条件説に立ちつつ結果帰属の範囲の限定を因果関係の錯誤で処理するのは岡野光雄『刑法における因果関係の理論』（成文堂，1977年）220頁。
45) 島田聡一郎『正犯・共犯論の基礎理論』（東京大学出版会，2002年）114頁。正犯性を結果惹起の原因に対する支配とする説明を付加するのは山口・総論68頁。「因果経過に介在する他人の結果惹起に対する答責性が，その結果惹起行為に対する行為者の支配について，その限界を画する意義を有する」とする（同69頁）。
46) さらに松宮・総論80頁，佐伯仁志「因果関係論」山口ほか・最前線23頁。

正犯をどのように規定するかという広汎にわたる議論はひとまず措くとして，第三者の故意行為が介在するケースに限っていえば，有力説には疑問があると思われる。被害者自身が自己の法益を自律的に（自由に）害した場合に，そのような自律性が正犯の成立を阻むという説明はありうるとしても，他者（被害者）の法益を害する行為について，「介在者，行為媒介者が完全に自律的」であることは，その者が正犯たりうることを意味するだけであって，「先行する（完全に自律的だった）行為者が正犯でなくなる」との帰結までは引き出せないからである[47]。前者は，自己の法益を処分する自由を含んだ自律性であるのに対して，後者の「自律性」は，他者の法益を勝手に処分する行為について責任追及を受ける前提にとどまるのである。

第三者の故意行為の「自律性」が有するこのような性格は，因果関係の判断においても意味をもち，先行する行為への結果の帰属を一律に否定する根拠として介在行為者の「自律性」あるいは「答責性」は十分でないと解される。「故意行為が介入するだけで，帰属がすべて否定されるのが妥当と……〔は〕思われない。そこには，創出された危険と介入した危険の大小などの判断という観点も関与する」との指摘[48]が支持される。

判例も，「第三者の故意行為の介在」を理由として結果帰属（ないしは正犯性）を否定する立場は採っていないと見られる。Ⅲ１で紹介した大阪南港事件決定[49]は，甲による第１暴行後に乙による第２暴行が介在した事案で，甲に傷害致死罪の成立を肯定している[50]。介在者の答責性に基づく帰属の

---

47) 同旨の批判として鈴木左斗志「刑法における結果帰責判断の構造」学習院大学法学会雑誌38巻1号（2002年）264頁。
48) 山中・総論277頁。もっとも，行為者の行為が直接の大きな因果力をもち，そのまま因果が進行すれば結果の発生に至る類型以外の類型では，「自己答責的な危険行為をなした者は，そこから生じる危険については，その者の答責性の範囲に属し，第１次的危険の創出者の答責性の範囲をすでに脱していると規範的に評価すべき」だとして危険実現連関を否定する（同293頁）。しかし，このような差異的処理の根拠は明らかでない。なお，後掲注51）を参照。結論的には，山口説，島田説と変わらないものとなっている。
49) 最決平成2・11・20刑集44巻8号837頁。
50) 同様に，第三者による第２暴行が加わり，死の結果が発生した事案で傷害致死罪を肯定したものとして大判昭和5・10・25刑集9巻761頁がある。他方，業務上過失致傷罪にとどめたものに最決昭和42・10・24刑集21巻8号1116頁があるが，その理由は，第２暴行が故意によることではなく，死の結果の発生が「経験則上当然予想しえられるところであるとは到底いえない」ことに求められている。

排除という「規準」に忠実である限り，致死罪を認めることは困難であろう[51]。

(2) **適法行為**

第三者の介在行為は，事実的には結果惹起の原因となるものであり，適法と評価されることはあまりない。しかし，被害者に尊厳をもった死を迎えさせるために生命維持装置を取り外すという違法と評価されない行為により死亡時期が早められたといったケースは考えられる。この場合，適法行為が介在したことは結果帰属を否定する規範的な理由となりえないと考えられる。

下級審裁判例には，――脳死が人の死かどうかが法律上未確定であった時期のものであるが――行為者の暴行により脳死状態に陥った被害者から医師が人工呼吸器を取り外した事案で，「人工呼吸器の取り外し措置によって被害者の心臓死の時期が多少なりとも早められたとしても，被告人の〔行為〕……と被害者の心臓死との間の因果関係を肯定」できるとした大阪地判平成5・7・9判時1473号156頁がある。被告人の行為は，脳死状態を惹起しており，心臓死に対しても高い寄与度をもつといえ，医師による人工呼吸器の取り外しとの結びつきも密接と考えるとすれば，結果帰属は否定されないことになろう。

(3) **過失行為**

第三者の過失行為が介在したケースでは，それが重大な過失による場合に因果関係を否定する見解[52]が主張されている。過失致傷・傷害後に医療過誤が介在したケースにおいて，「行為の当時において医師の過誤によって死亡するということは一般人は予見できないであろう」として結果帰属を認め

---

[51] 齊藤誠二「いわゆる『相当因果関係説の危機』についての管見」法学新報103巻2=3号（1997年）764頁は，客観的帰属論の立場から第1暴行を行った甲を傷害罪にとどめるべきだとする。これに対して，山口・総論69頁は「行為者の行為の結果惹起に対する物理的寄与が直接的で，重大であり，介在する他人の行為の物理的寄与が小さい場合」，島田・前掲注45）350頁は「第一行為者の加えた暴行によって生じた傷害のみから，現に生じた（第二暴行によって幾分早められた）結果も十分に生じ得た」場合には，傷害致死罪の正犯性を肯定できると主張する。そこでは，第三者の故意行為の介在は，結果帰属を判断する際の重要ではあるけれども1つの資料にとどまっているように思われる。

[52] 佐伯仁志「因果関係論」山口ほか・最前線23頁。通常の過失行為が介在した場合でも遡及禁止を認めるのは梅崎進哉「行為後の介入事情と因果関係の認定」川端博＝椎橋隆幸＝甲斐克則編『立石二六先生古稀祝賀論文集』（成文堂，2010年）106頁。

ない立場[53]も，医師の過失が類型的に重過失だと捉えるとすれば，同様の見解と位置づけうる。しかし，重過失による行為が個別事情を離れて常に予測できないとはいえないし，行為への結果の遡及を規範的に阻む事情とも考えられないのは故意行為以上であろう。重大な過失行為であることを考慮しつつ，個別事案ごとに総合判断が行われることになると解される。

　判例には，医療過誤に関わるケースとして，鍬で頭部を殴打して負わせた打撲刺創に起因する脳炎で被害者を死亡させた事案で，医師の医療過誤を主張する上告理由に答える形で，被告人の「暴行か傷害致死の結果に対する一の原因となれる以上は縦令被害者の身体に対する医師の診療上其の当を得さりしことか他の一因を成したりとするも」，因果関係は否定されないとした大判大正12・5・26刑集2巻458頁[54]，介在事情に相当の寄与度が認められるケースとして，乗用車の後部トランク内に被害者を押し込んで監禁し，直線の見通しのよい道路で停車していたところ，前方不注視の車両が追突したためにトランク内の被害者が死亡した事案で，「被害者の死亡原因が直接的には追突事故を起こした第三者の甚だしい過失行為にあるとしても，……本件監禁行為と被害者の死亡との間の因果関係を肯定することができる」とした最決平成18・3・27刑集60巻3号382頁など[55]が挙げられる。いずれも，介在行為に過失があること自体が因果関係の判断に影響するとは考えられていないといえよう[56]。

3　被害者の素因・行為の介在

(1) 被害者の特異体質や持病

　被害者が特異体質や持病を有していたために，それ自体としては死の結果

---

53)　大谷・総論215頁。
54)　近時の裁判例として大阪地判平成8・10・11判タ979号248頁。
55)　「他の過失が同時に多数競合し……，しかもその条件が結果発生に対して直接且つ優勢なものであり，問題とされる過失が間接且つ劣勢なものであったとしても，これによって因果関係は中断され」ないと判示したものとして最決昭和35・4・15刑集14巻5号591頁（桜木町駅事件）。近時の裁判例として大阪高判平成9・10・16判時1634号152頁。
56)　なお，もともと行為の危険性が高かったケースに関して最決平成16・10・19刑集58巻7号645頁，寄与度に顕著な相違の見られない過失行為の競合のケースに関して最判昭和28・12・22刑集7巻13号2608頁（ヌペルカイン事件）などを参照。

を発生させるほどの強度をもたない暴行により被害者が死亡したケースについて，相当性説のうち客観説では，特異体質等が判断基礎に組み込まれて因果関係が肯定されるのに対して，折衷説では，行為者がその認識を欠く場合，行為の時点に立って，一般人が認識・予見することができたであろう事情が考慮されるにとどまり，「その年齢の高齢者には，その種の隠れた心臓疾患ないしそれに準ずる健康障害があることも稀有でない」といった事情[57]でもない限り，判断基礎から除外され，因果関係が否定されると考えられてきた。

　この点について，判例は因果関係を広汎に肯定してきている。すなわち，被害者の左眼部分を足蹴にし10日程度で治る傷害を負わせたところ，被害者の脳が脳梅毒により高度の病的変化を受けていたために脳組織が崩壊して死亡した事案につき，「被告人が行為当時その特殊事情のあることを知らずまた予測もできなかったとしても」因果関係を認めうるとした最判昭和25・3・31刑集4巻3号469頁（脳梅毒事件），強盗目的で，被害者の顔面をふとんで覆い，鼻口部を圧迫するなどの暴行を加えたところ，被害者自身も知らなかったであろう重篤な心臓疾患の症状があったために，被害者をその場で急性心臓死に至らしめた事案につき，強盗致死罪の成立を認めた最判昭和46・6・17刑集25巻4号567頁（ふとん蒸し事件）など[58]を挙げることができる。

　そこで，このような判例の処理を支持すべく，折衷説の立場からも被害者が支配できない特殊な素因については常に判断基礎に入れるべきだとの見解が主張されている。介在事情を規範的に評価する考え方といえよう。その根拠は，「法的因果関係の判断は，誰（何）に結果を帰属させるべきかという判断であり，行為者にも被害者にも支配できない特殊な事情が，被害者の素

---

[57]　井田・総論135頁。一見健康そうに見えても，特異体質等をもった人は社会に少なからず存在するとして，「相当因果関係論をとったとしても，因果関係を否定するのは，一般的にいえば，誤っている」と述べるのは藤木・講義総論102頁。

[58]　さらに傷害致死罪の肯定例として最決昭和36・11・21刑集15巻10号1731頁（心臓に「高度重篤な病変」があった事案），最決昭和49・7・5刑集28巻5号194頁（肺に被害者の生存中には知りえなかった結核性の病巣があった事案）等。近時の裁判例として札幌地判平成12・1・27判タ1058号283頁。

因である場合には，被害者に結果を帰属させるのは公平でない以上，行為者の行為に帰属させるべきである」からだ[59]と説明される。

しかし，行為者・被害者間の公平という観点に立ったとしても，支配できない特殊な素因を「行為者の行為に帰属させる」との解決でよいかは検討の余地があろうし[60]，そもそも，そのような観点に立つこと自体が妥当と思われない。被害者によって支配できない特殊な素因が介在して発生した結果の帰属についていえるのは，被害者に帰属できないというにとどまり，行為者の行為への結果帰属の可否は（被害者への結果帰属と表裏をなすものではなく）別に論じられるべきだから，要するに，二当事者間の「公平」が問われているわけではないからである。被害者の持病等は，事案に即した判断の一資料に位置づけられ，それが重篤なものか，被害者が健康管理をどのようにしていたか，行為者の行為はどのように結びついたのか，なども考慮して危険実現の有無が判断されることになると解される。

(2) **被害者の自由な行為**

被害者における結果の発生に自身の自由な行為が介在した場合，例えば，強姦の被害者が自殺したケースや傷害の被害者が輸血を拒否して死亡したケースは，従来，相当性の中に組み込まれる形で判断を行い，結論的に結果帰属が否定されてきたと見られる。しかし，近時は，その結論を規範的な観点から導く見解が有力であり，次のように主張される。

上記のケースにおいて「予測可能性や……危険の実現を否定することはできない。それにもかかわらず結果について責任を問うことに問題があるのは，その結果が被害者の認識された自由な意思によるものと解する余地があるからである。刑法は同意殺人や自殺関与について殺人罪の成立を認めていない。それは，それらの場合，死の結果は『被害者』の認識された自由な意

---

59) 佐伯(仁)・総論76頁。特殊な素因をもった被害者も個人として刑法上尊重されるべきだとも述べている。しかし，被害者とその素因が身体的に不可分であることが因果関係の判断基礎の選択に影響するとは思われない。参照，辰井・前掲注3)127頁。

60) 「逆に行為者の負担があまりにも大きくなりすぎ」ると指摘するのは小林憲太郎「被害者の自己保護義務と結果の帰責」同『刑法的帰責』（弘文堂，2007年）186頁。「特殊な素因をもつ者にも，そのリスクを……一定限度で負担させることが合理的」であり，負担の範囲を被害者において「社会生活への，参加自体の抑制を帰結しない範囲」とする。なお，このようなリスク回避の負担は，行為者の責任を否定する形で考慮される（同187頁，189頁，191頁）。

思によるものだからである。そうだとすれば，同意殺人や自殺関与でない場合であっても，死の結果が被害者の認識された自由な意思によるものとの評価が可能な場合には，やはり殺人罪の成立を否定するべき」である[61]，と。また，前述した（2(1)）遡及禁止論に依拠して正犯性を論じる立場からは，「法益主体の当面の意思に反する後見的保護が認められている生命の場合，行為者との関係では，死の結果について法益侵害性は失われないが，行為者の関与行為には正犯性が認められず，自殺関与罪（202条）の成立を認めることができるにすぎない」として行為者の正犯性が否定されている[62]。

　基本的に支持できる方向と考えられるものの，自殺関与罪は被害者の死亡結果の帰属を肯定する規定であるので，同罪に依拠した説明には若干の修正を要するように思われる。すなわち，被害者が自律的に（自由に）自己の法益を処分した場合，その結果は他者に帰属されないのが原則であり，帰属が肯定される同意殺人（立場により，同意傷害も）や自殺関与の形態は例外である[63]と述べるべきであろう。

　被害者が「自由に」行為したといえるかは，基本的に「被害者の同意」の要件に相応して判断されると解される。詳細は別の機会に譲らざるをえないが，一般的には，自己の法益を処分するとの判断に際して，事実・情報に錯誤がある場合や心理的に圧迫された状態にある場合，あるいは，能力的に適切な回避行動がとれない場合などに「自由に」行為したとはいえない[64]ことになる。さらに，先に挙げた被害者の自殺や輸血拒否のように，結果の発生を（未必的にせよ）認識している場合のほか，自己の行為の危険性を認識

---

61) 林（幹）・判例刑法39頁。さらに山中・総論293頁，高橋・総論131頁（構成要件の射程範囲外とする），松宮・総論80頁。
62) 山口・総論70頁。
63) 山口・問題探究総論29頁では，「現行刑法上，被害者の自由な意思決定に基づく自己加害行為を生じさせることは，自殺関与罪としてのみ可罰的」だと説明されていた。
64) 結果帰属の肯定例として最決昭和63・5・11刑集42巻5号807頁（被害者が病気の治療方法につき行為者に依存し，その医学的に誤った指示に忠実に従っていたケース），最決平成4・12・17刑集46巻9号683頁（一応の知識や技術はあるものの，実際に行動することが十分にできない初心者のケース），最決平成15・7・16刑集57巻7号950頁（行為者らに「極度の恐怖感を抱き，必死に逃走」しようとしていたケース）等を参照。近時の裁判例として東京高判平成16・12・1判時1920号154頁。判例の分析につき杉本一敏「相当因果関係」松原芳博編『刑法の判例〔総論〕』（成文堂，2011年）13頁。

していたにとどまる場合でも十分かが問題となる。この点は，被害者はなお自律的に行動しているのであり，行為者の行為への結果帰属は否定されるように思われる[65]。しかし，判例では，「被告人らの行為により被害者の受けた……傷害は，それ自体死亡の結果をもたらし得る身体の損傷であって，仮に被害者の死亡の結果発生までの間に，……被害者が医師の指示に従わず安静に努めなかったために治療の効果が上がらなかったという事情が介在していたとしても，被告人らの暴行による傷害と被害者の死亡との間には因果関係がある」と判示した最決平成16・2・17刑集58巻2号169頁のように，被害者の行為の自律性に触れるところはなく，上記の立場は採られていないと見られる[66]。

4　行為者自身の行為の介在

　行為者が第1行為を行った後に，さらに自ら第2行為に出て，両者が相まって[67]結果が発生したと見られる場合に，第1行為に結果を帰属できるのか，積極に解した場合，第2行為をどのように処理するかがここでの問題である。一般に論じられるのは，a)第1行為が故意，第2行為が過失を伴うケース，その逆である b)第1行為が過失で，第2行為が故意により行われたケースである。相当性説あるいは危険実現を規準とする近時の見解をここに適用すれば，第1行為への結果の帰属は，個別事案ごとに判断される。例えば，危険実現に規準を求める論者からは，a)のケースを念頭に，「特別の事情のないかぎり，第一行為と結果の間に，過失行為が介入しても，……客観的帰属は否定されないとすべきである。……危険が実現したとはいえない

---

[65]　同様の立場として林（幹）・判例刑法40頁。ただし，後に掲げる平成16年2月17日最高裁決定の事案における「被害者は明らかに『自由』ではない」とする。
[66]　さらに大判大正12・7・14刑集2巻658頁（神水事件）。他方で，泳ぎに自信のある被害者が追跡から逃れるために「自ら道頓堀川に飛び込ん」で溺死した事案で因果関係を否定した大阪地判昭和40・4・23下刑集7巻4号628頁のような裁判例も認められる。しかし，この「飛び込み」が危険性を認識したものであったとしても，心理的圧迫の点でなお「自由」といえるかは検討を要すると思われる。
[67]　同一の行為者が連続して行為に出るという態様であり，そもそも行為が2個といってよいか，全体として1個ではないのかも争点となるが，ここでは2個に分かれるとの前提のもとで検討する。

特別の事情としては，①行為者の第一行為の危険性が客観的に見て低く，または，それ自体，結果へとつながる危険でなく，第二行為の危険が明らかに凌駕するような場合，②第二行為への決意が予期しえない介在事情によって動機づけられた場合，③その他，第一行為と第二行為ないし結果の間に異常な事情が介在した場合がありうる」[68]と説明されている。

ここで，「特別の事情」のない場合を考えると，第２行為への結果帰属も否定されないであろうから，１つの結果惹起の二重評価となり不当ではないかとの疑問が生じよう。かくして，別個の規範的規準により帰属を限定する見解も主張されている。すなわち，「介在事情……が行為者自身の行為の場合は，それ自体が独立した刑法的評価の対象となるのであって，これを第一行為後の単なる介在事情に解消することはできない」として，a)のケースにつき「第一の行為については故意の未遂犯，第二行為については過失の既遂犯を認め，両者を併合罪」とすべきだ[69]とする。しかし，やはり「独立した刑法的評価の対象」と考えられる，第三者の介在行為は「因果事象の一要素に過ぎ」ず[70]，当初の行為に結果を帰属できるのであれば，自己の行為が介在したケースがどうして異なるのかは明らかでないように思われる。

危険実現を根拠に第１行為への結果帰属の余地を認めた先の論者は，問題の解決を罪数論に求めている。すなわち，a)のケースにつき，法益が同一であれば，「罪名が異なっても，より重大な故意犯に過失犯が吸収されるものとして，故意犯と過失犯の間に包括一罪を認め」，b)のケースについても，「日時・場所の近接，同一の機会などの要件を満たしている限り，第一の過失は，第二の故意犯に吸収される包括一罪とすべき」だとする[71]。しかし，重い故意犯の既遂を認めることから直ちに罪数処理に赴くのではなく，過失

---

68) 山中敬一「行為者自身の第二行為による因果経過への介入と客観的帰属」福田平・大塚仁博士古稀祝賀『刑事法学の総合的検討(下)』（有斐閣，1993年）272頁。なお，b)のケースでも同様の判断を行うものと見られる。参照，同273頁，山中・総論294頁。同様の立場として前田・総論146頁，山口・総論66頁。
69) 曽根威彦「遡及禁止論と客観的帰属」板倉宏博士古稀祝賀『現代社会型犯罪の諸問題』（勁草書房，2004年）149頁。なお，b)のケースでも同様の判断を行う（同148頁）。
70) 曽根・前掲注69)149頁。
71) 山中・前掲注68)275頁。同旨の見解として大塚・総論239頁注(10)，大谷・総論217頁，林(幹)・総論141頁，高橋・総論142頁。

行為にも結果を帰属すべきかどうかの実体的検討がなされるべきであろう。この点は，1つの結果を二重に帰属させるべきでないとの要請は，結果に至る具体的な経過をながめつつ結果の帰属先を確定するという因果関係の判断において意味をもつのであり，「行為後に行為者自身の複数の行為が介在する場合，重い態様の行為の1つにしか結果は帰属されない」との規準を立てることができるように思われる。

　判例には，a)のケースに関して，被害者を絞殺したと誤信した行為者が，犯行の発覚を防ぐ目的で「死体」を海岸に運んで放置したところ，被害者が砂末を吸引して死亡した事案で，「社会生活上の普通観念に照し被告の殺害の目的を以て為したる行為と……〔被害者〕の死との間に原因結果の関係」があるとして殺人罪の成立を認めた大判大正12・4・30刑集2巻378頁[72]，b)に関して，一緒に猟に出かけた被害者を熊と誤認して猟銃で撃ち，10数分内外で死亡する重傷を負わせた被告人が，殺意をもって被害者の胸部を銃撃して即死させた事案で，「殺人の実行行為が開始された時点までの被告人の犯罪行為は業務上過失傷害の程度にとどまり」，同罪と第2行為に成立する殺人罪の併合罪とした原審の判断を維持した最決昭和53・3・22刑集32巻2号381頁（熊撃ち銃事件）[73]がある。前者は，過失があると見られる第2行為の因果関係に言及がなく，後者は，過失のある第1行為を致傷罪にとどめる理由を示していない。判例の考え方は明らかでないものの，後者では，第1行為により致命傷が生じていて，行為の寄与度や危険の実現という観点からは因果関係を肯定できたであろう点を考慮すれば，規範的観点から，態様として重い殺人行為にのみ結果帰属を認めたものと説明することは可能と解される。

VI　まとめ

　法的因果関係は，事実的因果関係の確定に際して考慮された，当該の行為及び介在した事情（第三者等の行為，自然現象など）を資料として，各事情の

---

72)　最近の裁判例として札幌地判平成19・8・31裁判所HP。
73)　近時の裁判例として東京高判平成14・8・20判時1834号158頁。

寄与度や相互の結びつきを考えて結果を帰属させるべきかどうか（基礎づけ段階）（Ⅳ）と，刑法に内在する他の規範的考慮から，結果帰属がなお否定されるべきかどうか（阻却ないし限定の段階）の2段階で判断される（Ⅳ1）。後の段階に関して，被害者の自由な行為が介在した場合，行為者の行為への結果帰属は否定され（Ⅴ3(2)），また，行為者自身の第2行為が介在した場合，結果は態様の重い1つの行為にのみ帰属される（Ⅴ4）。

第2章

作為義務の成立根拠

I はじめに

　特定の「作為」を「しない」ことにより犯罪を実現する形態である不作為犯には，遂行形態の特殊性から固有の多くの検討課題が存在する。その一つが，法益侵害を回避すると考えられる作為を当該の者が「行うべきだ」とされるのはなぜか，その者に作為「義務」が成立する根拠は何かを明らかにすることである。これは，実行行為が「人を殺」す（199条）というように作為の形式で書かれている作為犯（その不作為による遂行を不真正不作為犯という）においては，条文に手がかりがなく困難な課題となる。もっとも，老年者等「の生存に必要な保護をしな」い（218条）というように不作為の形式で書かれている不作為犯（その不作為による遂行を真正不作為犯という）においても，主体は老年者等を「保護する責任のある者」とのみ規定されているなど，当該の者が作為義務を負うか（保護責任を負担するか）は，解釈に委ねられていることが多い。真正不作為犯では状況が異なるというわけではない。

　作為義務の成立根拠をめぐる議論は従来から行われているところ，近時は，人の生命・身体への危険性が判明した製品を製造者等が回収する義務や担当部署の公務員が製造者等に回収をさせる義務などの問題を前にして新たな展開がある。以下では，この点も視野に入れながら検討を進める。

Ⅱ　根拠づけの類型化

1　形式的三分説

　作為義務の成立根拠について，伝統的な学説は形式的三分説を採ってきたとするのが通常の理解[1]と思われる。たしかに，戦前から，作為義務の成立は，それが「法令上特に規定せらるる場合」（法令），「契約其の他法律行為に因りて其の義務の発生する場合」（契約），「其の不作為か公の秩序又は善良の風俗に反するものと認めらるる場合」（条理）の３つの類型で認められる[2]など[3]と説明され，戦後は，これを承継しつつ，第３の場合[4]を，①契約によらなくても他人の法益の保護を事実上引き受けた場合，②自己の違法な先行行為によって結果発生の危険を生じさせた場合，③他人の法益保護がその者の手に委ねられていた場合[5]など[6]と具体化・類型化する方向[7]が採られた。

---

1)　例えば，西田ほか編・注釈(1) 286 頁〔佐伯仁志〕。
2)　牧野・日本刑法(上) 125 頁。
3)　宮本・大綱 67 頁。法令，契約・事務管理と並んで，「法律に間接の規定がある場合」として故意又は過失による禁止違反の先行行為を挙げ，また「法律の規定に関係なく社会観念上課せられる場合」にも義務づけられると説く。(広義の) 法令上の義務と合意に基づく引受の２つの場合を挙げるのは泉二・総論 324 頁。ただし，過失先行行為に基づく作為義務を「法令の精神上」の義務として前者に含めており，公序良俗に義務の根拠づけを求める見解と大差がないと自認している（同 325 頁注(3)）。後者は，契約による根拠づけに近いといえよう。
4)　かなり一般的な形で条理等を援用する見解として小野・総論 102 頁，団藤・総論 149 頁。
5)　内藤・総論(上) 230 頁。②につき先行行為は無過失でもよいとする。
6)　類型化の内容は論者により微妙に異なる。江家義男「不作為犯」日本刑事法学会編『刑事法講座(1)』（有斐閣，1952 年）168 頁は，③に相当するものを物の管理者・人の監督者の危険防止義務とし，①②のほか信義誠実の原則に基づく告知義務を作為義務の根拠に挙げる（緊急救助義務については同 171 頁を参照）。これとほぼ同旨の見解として植松・概論Ⅰ 148 頁（②の先行行為は適法であってもよいと明示する），福田・総論 92 頁（加えて，探検隊のような危険共同体や生活共同体から生ずる義務を挙げる），大塚・総論 153 頁（②の先行行為に関する過失の要否等については「一律には論定し難」く，「具体的事態に応じて」判断されるとする），大谷・総論 136 頁（加えて，探検隊のような共同体の構成員の義務等を慣習に基づくものとして挙げる），曽根・総論 203 頁（形式的三分説を示しつつ，結果防止義務であること，作為と同価値であることとの限定を加える）。さらに，違法な先行行為及び社会観念に基づく作為義務（売主が注意を与える義務を例示）を挙げるのは佐伯(千)・総論 192 頁。

このような見解には，民法上の扶養義務（民877条）といった「法令上の作為義務が刑法上の作為義務を直ちに根拠づけるわけではな」く，「契約によって民法上の作為義務があることは，それ自体では，刑法上の作為義務を基礎づけない」。作為義務は法的義務だといいながら，「条理を作為義務の根拠として挙げるのでは，何の説明にもなって」おらず，刑罰法規の明確性の要請にも合わない[8]などの批判が向けられている。「形式的」三分説という呼称自体が，伝統的見解に対する消極的評価を内包しているともいえよう。

2 実質的三分説

もっとも，伝統的学説が上記の批判を想定していなかったわけではない。条理は法律上の義務ではなく，明確性にも欠けるとされる点について，義務の根拠づけを公序良俗に求めた論者は，「公の秩序善良の風俗といふことは，観念として明瞭を缺いて居らぬとは謂はぬ。しかしながら，之は，現代の法律系統に於ては最も基本的な観念であるし，又謂ふまでもなく，現に法律の明文に於て認められて居る所である」[9]と述べていた。また，「従来の学説が，作為義務の基礎として公の秩序善良の風俗に基く義務の外，更に，法令・法律行為等に基くところの作為義務を数へたのは適当ではなく，所謂法令・法律行為に基いて作為義務ありとせられる場合も，常に，公の秩序善良の風俗の概念に依って適当に拡張・制限せらるべきであって，不作為犯に於ける作為義務は，窮極的には単一的に，且つ，専ら，公の秩序善良の風俗の基準に従ってのみ決定せらるべきである」とする理解[10]も戦前から示されていた[11]。

加えて，作為義務の根拠を一般的な形で「作為をなすことが社会的に期待されてゐる」ことに求めた[12]うえで，「一定の法益が，行為者の作為に依存

---

7) なお，条理を除外したうえ，契約・事務管理も民法に規定されているという意味で「法令」に含まれるという理解から，「作為義務の統一的な発生根拠は『法規範』」とする見解として高山佳奈子「不真正不作為犯」山口厚編著・クローズアップ総論67頁。
8) 西田ほか編・注釈(1) 287頁〔佐伯〕。
9) 牧野英一「不作為の違法性」黒田誠＝牧野英一『行為の違法不作為の違法性〔増訂〕』（有斐閣，1920年）113頁。
10) 木村亀二「不作為犯に於ける作為義務」同『刑法解釈の諸問題(1)』（有斐閣，1939年）216頁。

して直接的に維持せられてゐる場合」13),「自己の作為に因り結果発生の危険を生ぜしめた」場合14),「自己の管理に属する物又は監護に属する人から，法益侵害の危険が生じた」場合15)という，義務が成立する3類型を提示する戦前からの見解も指摘することができる。このように，法令や契約という形式にはとらわれず，条理，公序良俗や社会的期待などを背景としながら，義務の根拠を類型化する方向は戦後においても，作為義務を「保証者・保護者の地位にある者の結果防止義務」，「先行行為に基づく結果防止義務」，「管理者の防止義務」の「おおよそ三つの場合」と述べる見解16)など17)に認めることができる。形式的三分説との相違を明らかにするために，実質的三分説と呼ぶことにしたい。

3　機能的二分説

近時の学説では，構成要件結果の実現を「回避する役割を行為者に認めるべきかは，行為者と当該刑罰法規の保護法益との関係，行為者と法益侵害の

---

11) 戦前の判例も成立根拠として法令，契約に言及していたものの，法令を厳格に適用したり，契約の成立や内容を精細に認定していたわけではなかった。もらい受けた赤ん坊（養親子関係にはない）に食物を与えず，5か月余りで死亡させた事案で，「被告は契約に因り被害者養育の義務」を負うとして不作為による殺人罪の成立を認めた大判大正4・2・10刑録21輯90頁，2歳のもらい子に対する不保護につき，養子縁組の法律上の成否にかかわらず，（とくに他の根拠を示すことなく）内縁の夫婦両名が等しく218条の保護責任を負うとした大判大正5・2・12刑録22輯134頁，同居させていた被雇用者を病気を理由に解雇し，自宅から即時退去させた事案で，雇主は「暗黙の約諾に因り」保護責任を負うとした大判大正8・8・30刑録25輯963頁などを参照。さらに，家屋に火が燃え移る状態にあるのを放置した事案で，「公の秩序善良の風俗」に照らし，「自己の家屋の燃焼を防止すへき」義務があるとして不作為による放火罪の成立を認めた大判昭和13・3・11刑集17巻237頁（同様のものとして大判大正7・12・18刑録24輯1558頁）がある。そこには牧野の所説の影響を見ることができよう。
　また，判例は，死体遺棄罪に関し，葬祭義務者は不作為による死体遺棄が可能で，同義務は法令又は慣習に基づくと戦前から解してきている。出産した子を砂中に埋めて窒息死させたうえ放置した母には「慣習上其死児の葬祭を為すへき責務」があるとした大判大正6・11・24刑録23輯1302頁，自己の所有する炭焼かまどに焼死体を発見しながら炭焼きを継続した者は「法令又は慣習に依り葬祭を為すへき責務」を負わないとした大判大正13・3・14刑集3巻285頁等を参照。
　なお，戦後の判例には，被害者の救護義務を定めた当時の道路交通取締法24条等を摘示したうえ，過失により通行人に重傷を負わせた「自動車操縦者は法令により『病者を保護す可き責任ある者』に該当する」と判示した最判昭和34・7・24刑集13巻8号1163頁など（大阪高判昭和30・11・1裁特2巻22号1152頁，東京高判昭和37・6・21高刑集15巻6号422頁）がある。

危険源との関係を考慮して実質的に決められるべき問題であ」り,「このような考え方……によれば,作為義務は,前者の関係で認められる法益保護義務と,後者の関係で認められる危険源監督義務とに二分される」とする機能的二分説[18]が有力に唱えられている。これには,各義務の実質的根拠が不明な点は形式的三分説と同様であり,また二分により「どのような解釈論的帰結が導かれるのかは,必ずしも明らかではない」との批判[19]がある。たしかに,主張者自身は実質的根拠を示していないものの,実質的三分説で考えられていた公序良俗や社会的期待(あるいは社会制度からの要請)といったものを挙げることは可能であろうし,作為義務が2つの類型に限られるとする解釈に相応の意義は認められてよいと思われる。

同説への疑問は,むしろ,実質的三分説が挙げていた「自己の先行行為に基づく作為義務」の類型を外している点に向けられよう。作為義務の成立は,もともと行為者と法益・危険源の間に保護・監視関係が存在し,当該法益に危険が迫る状態(以下,「危険切迫状態」と呼ぶ)の発生によってそれが個別の義務に具体化するケース(以下,「予定された作為義務」のケースと呼ぶ)と,行為者がそれまで無関係だった被害者の危険切迫状態を惹起し,あ

---

12) 江家義男「不純性不作為犯の理論構成」同『江家義男教授刑事法論文集』(早稲田大学出版部,1959年。初出は1940年)34頁。さらに神山敏雄「保障人義務の理論的根拠」森下忠先生古稀祝賀『変動期の刑事法学』(成文堂,1995年)214頁。

13) 江家・前掲注12)41頁。この場合に当たるかどうかは「法律の規定又は法律行為といふ,形式的標準に依って決定され得るものではなく,現実の社会生活を観察して,相互援助的連帯的な共同生活の緊密度に依って,実質的に決定」される,とする(同43頁)。

14) 江家・前掲注12)45頁。「他人の利益を侵害すべからざる不作為義務……は,その反面において,他人の利益を侵害すべき危険を生ぜしめたときは,その危険を除去すべき作為義務を含」み,「この作為義務に違反せる不作為は,不作為義務に違反せる作為と同価値の反社会性を有」することを理由とする。

15) 江家・前掲注12)46頁。この場合が根拠となる理由は,第2の場合と同様とする。「尚ほ,物の管理者又は人の監護者たる地位は,法律の規定又は法律行為の有無に拘らず,社会の共同生活を基礎とし,実質的に定めら」れる,と説明する。

16) 藤木・講義総論134頁。

17) 同様の見解として内田文昭「保障人的地位の根拠」阿部ほか・基本講座(2)100頁(先行行為は,義務に反する行為であることを要しないとする)。

18) 町野朔『刑法総論講義案Ⅰ〔第2版〕』(信山社出版,1995年)133頁。同様の見解として山中・総論234頁,高橋・総論156頁。なお,高橋は,義務の根拠を当該法益の保護に対する社会的期待だと述べている。

19) 西田ほか編・注釈(1)290頁〔佐伯〕。

るいはこれに遭遇したことを契機とするケース（以下,「偶然の作為義務」のケースと呼ぶ）とに分けられる[20]。問題が多いのは後者であり，これを実質的三分説が考えるように，先行行為をもって根拠づけるのが妥当かは措くとして，機能的二分説のように類型から外して「二分」してしまうのは適切とはいえないと解されるからである。

Ⅲ　一元的な根拠づけ

1　法益保護の事実上の引受・先行行為

　作為義務の類型化をめざす伝統的な学説に対しては，昭和50年代以降，作為義務の成立を一つの根拠をもって，しかも事実的要素に着目して説明する立場[21]が有力化している。

　まず，作為義務が成立する実体を「刑法上禁止された法益侵害という結果の不発生が不作為者に依存するという関係の発生」に求める具体的依存性説である[22]。論者によれば，依存性を基礎づけるのは，法益を維持する方向でこれを事実上引き受ける行為であり[23]，「引受」を認定する基準は，「法益の維持・存続を図る行為，……正確には結果の発生を阻害する条件行為の開始・存在」，「このような行為を不作為者が反復・継続していたという事実の存在」，「法益に対する排他性の確保」の3つ[24]とされる。しかし，同説には，法益の維持に向けた行為の反復・継続は，とりわけ偶然の作為義務のケースのもとでは過大な要求ではないか，危険源監視義務（管理者の防止義務）の類型は認めなくてよいのか[25]といった点で疑問が残る。

---

20)　このような区分を潜在的依存関係・顕在的依存関係と表現するのは神山・前掲注12)214頁。前者につき，作為義務の成立には，不作為者と被害者等との間に特別の事実関係があること，不作為者に何らかの法的義務があること，不作為者が当該法益を事実上支配する地位にあることを必要とする。

21)　詳細に検討を加える最近の論考として勝亦藤彦「不作為犯」曽根＝松原編・重点課題総論42頁。

22)　堀内捷三『不作為犯論』（青林書院新社，1978年）253頁。

23)　堀内・前掲注22)254頁。

24)　堀内・前掲注22)255頁，259頁，260頁。

次は，過失先行行為説である。即ち，「自然的事実としては……不作為には原因力が存しない。……これに対して，作為犯にあっては，作為に原因力がある……。それゆえ，不真正不作為犯がその存在構造上のギャップを乗り越えて，作為犯と構成要件的に等価値であるとされるためには，不作為者が原因を設定したと考えられる」，「つまり，不作為者がその不作為をなす以前に法益侵害に向かう因果の流れを自ら設定していた」場合でなければならず，しかも，原因の設定は「不作為者の故意・過失による場合」に限る[26]と主張されている[27]。これに対しては，「事前に先行行為があることによって事後の不作為と作為が存在構造上同じになるというのは論理的でない」[28]，「過失の先行行為から結果が生じた場合に，途中で結果回避可能性と結果の認識・認容があれば，過失犯が広く不作為の故意犯に転化してしまう」[29]といった批判が向けられている。

2　因果経過の排他的支配

一元的構成のもとで有力視されている事実的要素は，結果発生に向かって進行する「因果経過の排他的支配」である。論者は，「すでに発生している結果へと向かう因果の流れに介入せず，結果を防止しないという消極的態度である……不作為が作為と同価値であるためには，不作為者が結果へと向かう因果の流れを掌中に収めていたこと，すなわち，因果経過を具体的・現実的に支配していたことが必要だ」との基本的視点[30]に立って，「不作為者が

---

25)　堀内・前掲注22)258頁は作為義務としては「不十分」とする。もっとも，過失犯の注意義務を認めるべきだとも述べている。
26)　日髙義博『不真正不作為犯の理論』(慶應通信，1979年) 154頁。
27)　「自己の過失行為により右物件〔＝書類等〕を燃焼させた者」は「右物件の存する……建物に燃え移らないようこれを消火すべき義務」があると判示したものに最判昭和33・9・9刑集12巻13号2882頁がある。ただし，括弧書きで被告人が「残業職員」であると指摘しており，先行行為のみに根拠を求めているかは明確でない。さらに参照，東京地判昭和38・4・15判タ147号91頁。根拠づけの説明はないが，家屋への不法な侵入が先行した事案で消火の作為義務を肯定したものに甲府地判昭和36・6・29下刑集3巻5＝6号585頁，広島高岡山支判昭和48・9・6判時743号112頁等がある。
28)　中森喜彦「保障人説──その推移と意義」現代刑事法41号 (2002年) 6頁。
29)　西田ほか編・注釈(1) 287頁〔佐伯〕。
30)　西田典之「不作為犯論」芝原ほか編・現代的展開総論Ⅰ 89頁。

自己の意思に基づいて排他的支配を有し、または設定した場合」[31]、支配の意思に基づかない排他的支配（論者の用語では「支配領域性」）のもとでも、不作為者が「親子、建物の所有者、賃借人、管理者のように、その身分関係、社会的地位に基づき社会生活上継続的に保護・管理義務を負う場合」[32]であれば、作為義務を肯定できると説く。また、別の論者は、同様の基本的視点から、因果経過に対する排他的支配の存在を要求したうえで、法益に対する危険の自己の行為（違法であることを要しない）による創出・増加を要件に追加する。「危険創出行為が必要なのは、積極的に法益に危険を与える行為をしなければ処罰されることはない、という『自由主義に基礎を置く刑法の大原則』からの要請」とする[33]。

　排他的支配への着目は、侵害に至る因果経過を掌中に収め、他者の救助的介入を難しくする以上、支配者に対して作為を義務づけるのが妥当だと評価できる点からも、少なくとも支配が自己の意思に基づいて設定された場合に、これを作為義務の根拠とするのは支持できると思われる。判例でも、ひき逃げのケースで不作為による保護責任者遺棄（致死）罪が肯定されるのは負傷した被害者を車内に引き入れた事案がほとんどであること[34]を指摘できる。しかも、排他的支配が意思に基づいて設定された以上、自己の行為による危険創出までは要しないであろう。法益に危険を与える行為をそれとし

---

31)　西田典之「不作為犯論」芝原ほか編・現代的展開総論Ⅰ 90頁。
32)　西田典之「不作為犯論」芝原ほか編・現代的展開総論Ⅰ 91頁。
33)　佐伯仁志「保障人的地位の発生根拠について」香川達夫博士古稀祝賀『刑事法学の課題と展望』（成文堂、1996年）108頁、111頁。さらに佐伯（仁）・総論90頁。なお、後者では、危険創出は、作為と不作為の同価値性を認めるために自由保障の観点から要件となると説明されている。
34)　前掲注11)で挙げた、最判昭和34・7・24、大阪高判昭和30・11・1も被害者の車内への引き入れがあった事案である。他方、東京高判昭和37・6・21では被害者の引き入れはなかった。なお、東京高判昭和45・5・11高刑集23巻2号386頁は、運転中の乗用車から飛び降りて重傷を負った被害者を現場近くの畑の窪みに放置して逃走した事案で、「自己の先行行為に基き」、刑法218条の保護責任があるとしている。
　　被害者の引き入れがあった事案で根拠づけを示すことなく不作為による殺人（未遂）罪の成立を肯定したものとして横浜地判昭和37・5・30下刑集4巻5＝6号499頁、東京地判昭和40・9・30下刑集7巻9号1828頁、浦和地判昭和45・10・22刑月2巻10号1107頁（前掲最判昭和34・7・24を指示しており、道路交通法上の救護義務を根拠とする趣旨も窺える）、東京高判昭和46・3・4高刑集24巻1号168頁（上記・浦和地判の控訴審）等がある。

て処罰するのは格別，生じた危険の不解消まで刑事責任を負うとの帰結は自由主義にむしろ反するであろうし，実際的にも，交通事故で重傷を負った被害者を自車内に引き入れた者の救助義務の成否が事故を起こした者か否かで異なる理由がないからである。

　それでは，因果経過の排他的支配がなければ作為義務は否定されるのか。上記の論者らは，不作為者が「社会生活上継続的に保護・管理義務を負う」場合であっても，（支配の意思に基づかない）排他的支配（と危険創出行為）を要求する。かくして，「子どもが海で溺れているとき，他に救助可能な者が多数いるときは，父親の不作為が殺人罪を構成することはない」[35]ことになる。しかし，海に子どもを連れてきた父親は保護者という継続的な保護義務に基づいて救助義務を負うと考えるのが通常であろう。排他的支配の要求は，偶然の作為義務のケースでは支持しうるとしても，父親としての救助義務といった予定された作為義務のケースでは妥当しないと解されるのである。

Ⅳ　支配・引受の再構成

1　薬害エイズ刑事事件

　作為義務の根拠づけについて，当該法益に対する危険切迫状態の発生以前より存在する，不作為者と法益・危険源との間の規範的関係を視野に入れる必要があることを改めて意識させる契機となったのは薬害エイズ刑事事件と思われる。

　同事件は，HIV の混入した非加熱濃縮血液凝固因子製剤（以下，「非加熱製剤」と呼ぶ）の投与を受け，エイズを発症して死亡した者について，血友病の専門医（帝京大ルート），製薬会社の取締役ら（ミドリ十字ルート），（旧）厚

---

[35]　佐伯・前掲注33)110頁，西田・前掲注30)92頁。西田ほか編・注釈(1) 289頁〔佐伯〕は「周りに人がいても救助の意思を有していないのであれば，〔父親に〕排他性を肯定でき」るとする。しかし，排他的支配は，別の場所に遺棄するつもりで重傷の被害者を自車に引き入れた場合でも肯定されるように，救助の意思を要しない。排他的支配は「周りの人」にあり，父親には欠けると解される。

生省薬務局の生物製剤課長（厚生省ルート）の刑事責任（業務上過失致死罪）が問われたものであり，ミドリ十字ルートでは，取締役らが，販売済の非加熱製剤を回収する措置をとる義務等，厚生省ルートでは，生物製剤課長が，血液凝固因子製剤を製造・販売している製薬会社に対して非加熱製剤による危害発生を防止するために必要かつ十分な措置をとる義務等の成否が争点の一つとなった[36]。

Ⅲで紹介した一元的構成のうち，具体的依存性説に立った場合，製薬会社の取締役も（旧）厚生省の課長も，当該被害者の生命という法益の維持・存続を図る行為の開始などの要件を充たしたとはいえず，回収等の作為義務は認められないことになろう[37]。過失先行行為説のもとでも，製薬会社による非加熱製剤の出荷をもって先行行為と捉える場合，その時点で過失を認定するのは困難であろうし，（旧）厚生省の課長にいたっては，そもそも先行行為と目すべきものがあるのかとの疑問がある。因果経過の排他的支配に関しては，出荷済の非加熱製剤を排他的に支配しているのは販売店や病院・医師等であって，製薬会社にも（旧）厚生省の課長にも作為義務の成立する契機が欠けると解されるのである。

---

[36] その後，販売後のガス湯沸かし器を第三者が不正に改造したために一酸化炭素中毒による死傷事故が発生した事案で，同湯沸かし器の製造・販売会社の代表取締役社長等に点検・回収等の措置をとる義務があるかが争われたパロマ湯沸かし器事件がある。東京地判平成22・5・11判タ1328号241頁は業務上過失致死傷罪の成立を肯定。刑事製造物責任における回収等の作為義務に関する近時の詳細な論考として岩間康夫『製造物責任と不作為犯論』（成文堂，2010年）112頁，山中敬一「刑事製造物責任論における作為義務の根拠」関西大学法学論集60巻5号（2011年）999頁。

[37] 参照，堀内捷三「製造物の欠陥と刑事責任」研修546号（1993年）8頁。「自己の具体的な支配領域内に存する危険物についてのみ監視義務を認める見解」を自説と同趣旨としつつ，これによっても，「製造業者，卸売業者の手元を離れて流通している製造物については製品に対する排他性が確保されているとも，危険物が自己の支配領域内にあるともいえ」ず，製造会社にリコールの作為義務は生じないとする。ただし，傷害罪は不成立であるが，結果回避義務としてのリコールなどの措置を講ずべき義務に懈怠があったとして過失致傷罪が成立する余地はあるとする（同10頁）。

ドイツの判例を念頭に製造会社等の作為義務を否定する見解として神山敏雄「保障人義務の類型」岡山大学法学会雑誌44巻1号（1994年）24頁。

2 支配・引受の規範化

　以上のような状況のもと，結論的に，製薬会社の取締役らに，加熱製剤の販売を開始した時点において，「直ちに非加熱クリスマシン〔非加熱製剤の商品名〕の販売を中止するとともに，販売済みの非加熱クリスマシンの回収措置を取るべき業務上の注意義務」[38]を，(旧)厚生省の生物製剤課長に，薬品による危害発生の防止のために必要かつ十分な措置をとるべき業務上の注意義務[39]を肯定した判例を支持しつつ，学説では新たな理論構成が展開されている。共通する考え方は，法益・危険源の支配・引受の「観念化」ないし「規範化」である。

　ある論者は，「結果へと向かう現実の因果の流れを事実上排他的に支配した」ことに作為義務の根拠を求めつつ[40]，薬害エイズ事件に関しても，「法令や行政指導等により製品の品質管理システムが構築されて事実上運用がなされている場合又は製薬業者が製販ルートを掌握し，あるいは販売後も販売店を通じて徹底して製品等の管理を行っている場合」，製薬会社には製品に対する排他的支配があるといえる。また，国は「管理者及び監督者として，製薬会社や医師等を通じて，国内に流通する非加熱製剤を自己の支配管理下に置いている」[41]と述べて，危険源（非加熱製剤）を監視する義務を肯定する方向を示している。

　留意を要するのは，排他的支配という場合，従来は物理的・空間的なもの

---

[38] 大阪高判平成14・8・21判時1804号146頁。作為義務の成立根拠に関する直接の判示はない。原審は大阪地判平成12・2・24判時1728号163頁，上告審は最決平成17・6・29（公刊物未登載）である。

[39] 最決平成20・3・3刑集62巻4号567頁。非加熱製剤の相当量がHIVにより汚染され，これに感染してエイズを発症すると死亡に至る高度の蓋然性があったこと，同製剤の危険性の認識は必ずしも関係者に共有されておらず，医師や患者において感染回避を期待できなかったこと，国が明確な方針を示さずに対応を製薬会社等に委ねれば，引き続いて非加熱製剤の販売・使用が継続するおそれがあったことなどの状況は指摘されているものの，作為義務が何に由来するかについて直接の判示はない。第1審は東京地判平成13・9・28判時1799号21頁，控訴審は東京高判平成17・3・25東高刑時報56巻1＝12号30頁である。

[40] 北川佳世子「製造物責任をめぐる刑法上の問題点」早稲田法学71巻2号（1996年）200頁。

[41] 北川佳世子「薬害エイズ3判決における刑事過失論」法教258号（2002年）47頁。このような構成に賛意を示すのは甲斐克則「欠陥製品の製造・販売と刑事過失」斉藤豊治＝日髙義博＝甲斐克則＝大塚裕史編『神山敏雄先生古稀祝賀論文集(1)』（成文堂，2006年）166頁。

が念頭に置かれていたと思われるところ，品質管理システムや製販ルート，国による管理・監督といった観念的・規範的支配へと変質している点[42]である。この点を明確にして次のように述べる論者も見られる。「作為義務は……，危険源または法益に対する排他的支配を自ら設定した場合に生じる」[43]，法令の存在は作為義務の成立と直結はしないものの，「被告人のような国家公務員に作為義務を認めるにあたっては，法令上の権限が重要な意味をもつ」[44]，「被告人と，非加熱製剤に直接的な支配をしていた医師や製薬会社との間には，法令を背景とした規範的・事実的な支配関係が存在し，いわば間接的に危険源を支配していた」といえる[45]，と。

支配の「排他性」に関しては，これを要求すれば同時犯の承認と矛盾するとして不要とする指摘[46]がある。この論者は，作為義務の成立に「排他性は必須の要件ではなく，不作為者による結果原因の支配，すなわち，結果回避についての引受け・依存の関係が肯定されればよ」く，そのような「結果の原因の支配は，……①危険源の支配と②法益の脆弱性の支配に分け」られると説く[47]。後者の法益の脆弱性という類型をめぐっては，以下のように敷衍しつつ公務員の作為義務を根拠づける見解も主張されている。即ち，公務員は，その作為義務を「本来国家が負っているものを，それと結びついている任務の引受けに伴って引き受けることとなる」。「被害者である個々人は医薬品の危険性を判断できないので，……危険に対して無保護な状態にある」

---

[42] 北川佳世子「欠陥製品回収義務と刑事責任」斉藤ほか編・前掲注41)201頁では，市販後の製品に対する（旧）厚生省や製造業者による安全監視という事実上の支配・依存関係の存在が強調されている。しかし，そのような事実は，システムや行政的規制による監視が実際に機能していることを示すものであって，監視的支配の性質が規範的であることを否定するものとはいえないと思われる。

[43] 林（幹）・総論158頁。

[44] 林（幹）・判例刑法17頁。

[45] 林（幹）・判例刑法21頁。

[46] 山口・総論88頁。そこで言及されているわけではないが，薬害エイズ事件で，製薬会社の取締役と（旧）厚生省の課長の両者には不作為犯が成立しえないといった例が考えられる。

[47] 山口・総論89頁。同90頁には，②の例として，「行政機関の主管事務に係る領域において法益を保護する」作為義務，「潜在的な危険源となる製品を製造販売した企業」の回収等の作為義務が挙げられている。物理的危険創出行為（正犯性の要件として排他的支配を付加する）と法益・危険源に対する意識的引受のいずれかがあればよいとするのは島田聡一郎「不作為犯」法教263号（2002年）116頁。

一方で，医者は「医薬品について十分な情報を得て，かつ，それに基づいて適切な判断をなし得るとは限らず」，製薬会社も「安全性よりも自社の損失回避（在庫処分）を優先しがち」であるなど，いずれも十分に危険回避の機能を果たさない場合が想定される。そこで，国民の無保護性を埋め合わせるために，国家は「自らその危険阻止任務を引き受け，実際にそれを遂行すべき担当部署を作り，……〔そこに〕強力な介入権限を」与えている[48]，と。ここでは「引受」の対象が個別被害者の脆弱な法益それ自体ではなく，保護を任務とし，介入権限を有する担当部署の地位という規範的なものである点を確認する必要があろう。

さらに，「排他的支配」に代えて，当該の者が「最も効率的に（低コストで）結果回避措置（期待される作為）をなしうる主体」であること（結果回避の効率性）を基本に，作為の命令のもつ自由に対する制約に配慮し，「行為者が自らの意思に基づいて，結果に実現した危険と行為者自身との間に，他者が介入する可能性を減少させる関係が成立することを受け入れたという事情」の存在という限定（行為選択の自由の事前的保障）を加える[49]として，作為義務の規範的な根拠づけを試みる見解（効率性説）が提唱されている。刑事製造物責任に関しては，その者が，「製品に関する危険情報を掌握」し，当該結果回避措置を行う「具体的な権限を有している」場合，「主体」の要件が，法益に対する潜在的な危険源である製造物の「安全性に関する情報が集中する職務上の地位に就いた」などの事情により「事前的保障」の要件がそれぞれ充たされ，作為義務が成立すると説いている[50]。

3　規範化のもたらしたもの

作為義務の根拠づけの規範的構成は，「支配」という概念を用いない効率

---

[48]　齊藤彰子「公務員の職務違反の不作為と刑事責任」金沢法学49巻1号（2006年）94頁。
[49]　鎮目征樹「刑事製造物責任における不作為犯論の意義と展開」本郷法政紀要8号（1999年）354頁，356頁。
[50]　鎮目・前掲注49)368頁，370頁。公務員の作為義務に関しては同「公務員の刑法上の作為義務」研修730号（2009年）17頁を参照。欠陥製造物から生じるリスクを消費者側に移転させる解決は妥当でないとして製造業者等の危険回避措置を義務づけるのは神例康博「欠陥製造物の回収とその限界に関する覚書」板倉宏博士古稀祝賀『現代社会型犯罪の諸問題』（勁草書房，2004年）191頁。

性説において明瞭であるが，他の立場においても「支配」・「引受」の内容に変化をもたらしていると思われる。脆弱な法益・危険源に対する「支配」や法益保護の「引受」とは，当該の者が法益の保証者・保護者，危険源の管理者である（／になる）ことと同義と見られ，格段の内容を伴うものではないと解されるからである。

　加えて，支配・引受から作為義務が導出される背景に（法令や契約に限られない）「規範」があるとすれば，近時の見解は，作為義務の根拠を条理，公序良俗や社会的期待に求めつつ，「保証者・保護者の地位にある者の結果防止義務」，「管理者の防止義務」の類型を掲げた実質的三分説と（残りの1類型を除いて）どれほど相違するのか，はなはだ疑わしく思われる。2で掲げた諸見解では，根拠づけの事情として情報の集中や権限の存在が指摘されることが多い。情報や権限は作為可能性を支え，作為義務の前提事情となる。しかし，義務の根拠づけとしてそれだけでは不十分であり，法令やシステム・制度が，ある者（地位）に情報を集中させ，権限を与えている趣旨とそこから生じる「権限を行使せよ」との法的・制度的な期待を持ち出さざるをえないのではないかと批判してもよいであろう。

V　まとめ

　作為義務は刑法上の義務であり，刑法以外の法令や契約は直接の根拠にはならない。重要なのは，（法令や契約から生じることもある）脆弱な法益を保護し[51]，あるいは，通常人では対処困難な危険源を監視する[52]規範的関係が成立していることである。このような関係があれば，当該の者が作為に出ることへの法的・制度的，あるいは，（法や制度を背景としない関係のもとでは）社会的期待が生じ，現実に当該法益が危険切迫状態に陥ったとき，期待が刑法上も尊重に値するものであれば，刑法上の作為義務となる。予定された作為義務の実質はこのようなものと考えられる（Ⅳ3）。

　他方，それまで無関係であった被害者の危険切迫状態を惹起した，あるいは，そこに遭遇したケースでは，「不作為者が自己の意思に基づいて排他的支配を有し，または設定した場合」に，偶然の作為義務が成立する[53]と解

される(Ⅲ2)。危険切迫状態の惹起者・遭遇者には「被害者を救助せよ」との社会的期待が向けられるものの,刑法上の作為義務を肯定するためには,一般的には[54],因果経過を自らの意思で物理的に支配して他者の救助的介入を難しくすることまで要請すべきように思われるからである。

51) 典型例は幼児に対する保護関係である。判例は,法律上の親子関係を不要とする(前掲注11)の判例を参照)ほか,現実に保護を引き受けていなくても出産した母親に作為義務を肯定する。参照,東京高判昭和35・2・17下刑集2巻2号133頁,福岡地久留米支判昭和46・3・8判タ264号403頁。その他,その「全生活面を統御していた」被害者に「医師による治療を受けさせるべき法的作為義務」があったとして不作為による殺人罪を肯定した東京地八王子支判昭和57・12・22判タ494号142頁(判決は,自ら重傷を負わせたという先行行為,治療の引受,自己の支配領域内における被害者の存在を併せて挙げる),ホテルの一室で同意のうえで覚せい剤を注射したところ錯乱状態になった被害者を放置して退室した事案(法益の危殆化が予測されるケース)で保護責任者遺棄致死罪を肯定した最決平成元・12・15刑集43巻13号879頁,親権者から被害者の「養育監護を委託されて引き受けた」者は,「その体調や病状等に応じた適切な監護を行う義務」を負い,被害者の死亡後も,「慣習ないし社会通念上,その死体についても監護義務」を負うとして,不作為による殺人罪及び死体遺棄罪の成立を肯定した福岡高宮崎支判平成14・12・19判タ1185号338頁などを参照。
52) 判例につき前掲注36),38),39)を参照。居住家屋の燃焼を防止する義務に関して,前掲注11)の大判大正7・12・18,大判昭和13・3・11のほか,大阪地判昭和43・2・21下刑集10巻2号140頁,東京高判昭和55・1・21東高刑時報31巻1号1頁,東京地判昭和57・7・23判時1069号153頁(重過失の先行行為を重視する)等を参照。
53) 判例につき前掲注34)を参照。「自己の責めに帰すべき事由により患者の生命に具体的な危険を生じさせた上,……患者の親族から,重篤な患者に対する手当てを全面的にゆだねられた」者は「直ちに患者の生命を維持するために必要な医療措置を受けさせる義務を負う」として,不作為による殺人罪を肯定したものとして最決平成17・7・4刑集59巻6号403頁。
54) 「当該交通事故に係る車両等の運転者その他の乗務員」に救護を義務づける救護義務違反罪(道交72条1項・117条)は例外の一つといえる。

第3章

侵害に先行する事情と正当防衛

I　はじめに

　刑法36条は，急迫不正の侵害に対して（正当防衛状況），自己又は他人の権利を防衛するため，やむをえずにした行為（防衛行為）は，正当防衛として処罰されないと規定する。もっとも，条文上明示されていない[1]ものの，ある時点で正当防衛状況が存在し，これに対して相当といえる防衛行為が行われたとしても，そこに至るまでの事情によっては，正当防衛の成立が制約を受けることがあると一般に考えられている[2)3)]。

　それではどの限度で制約されるのか。この問題に関して重要とされてきた判例が最決昭和52・7・21刑集31巻4号747頁（以下，「昭和52年決定」と呼ぶ）である。集会の準備中，敵対する集団からの襲撃を予想してバリケードを築いておいたところ，予想どおり襲撃があり，バリケード越しに応戦した行為に共同暴行罪（暴力1条）等の成否が争われた事案であり，同決定は，「刑法36条が正当防衛について侵害の急迫性を要件としているのは，予期された侵害を避けるべき義務を課する趣旨ではないから，当然又はほとん

---

[1]　旧刑法（明治13年太政官布告36号）では，正当防衛は，各則である「第3編身体財産ニ対スル重罪軽罪」「第3節殺傷ニ関スル宥恕及ヒ不論罪」中の314条において「身体生命ヲ正当ニ防衛シ已ムコトヲ得サルニ出テ暴行人ヲ殺傷シタル者ハ自己ノ為メニシ他人ノ為メニスルヲ分タス其罪ヲ論セス」と規定され，さらにただし書において，「但不正ノ所為ニ因リ自ラ暴行ヲ招キタル者ハ此限ニ在ラス」として，相手方の暴行を自ら招いたケースについて明文で規制が加えられていた。

[2]　これに対して，一般的な形で正当防衛の成立を制約することに批判的な見解として浅田・総論235頁。先に挑発を受けたとしても，それに乗って挑発者（防衛者）を攻撃してはならないのであり，その攻撃はやはり違法といわざるをえないとする。古い見解として大場・総論下546頁。

ど確実に侵害が予期されたとしても、そのことからただちに侵害の急迫性が失われるわけではない」。しかし、「単に予期された侵害を避けなかったというにとどまらず、その機会を利用し積極的に相手に対して加害行為をする意思で侵害に臨んだときは、もはや侵害の急迫性の要件を充たさないものと解するのが相当である」と判示して、正当防衛の成立を認めなかった。

さらに、注目を集めた近時の判例として最決平成20・5・20刑集62巻6号1786頁（以下、「平成20年決定」と呼ぶ）がある。ゴミ捨てをめぐる口論から、甲がいきなり乙を殴打して（第1暴行）逃走し、乙が自転車で追いかけて甲を背後から殴打したところ、甲が特殊警棒で乙を殴打して傷害を負わせた（第2暴行）との事案で、同決定は、「甲は、乙から攻撃されるに先立ち、乙に対して暴行を加えているのであって、乙の攻撃は、甲の暴行に触発された、その直後における近接した場所での一連、一体の事態ということができ、甲は不正の行為により自ら侵害を招いたものといえるから、乙の攻撃が甲の前記暴行の程度を大きく超えるものでないなどの本件の事実関係の下においては、甲の本件傷害行為は、甲において何らかの反撃行為に出ることが正当とされる状況における行為とはいえない」として、甲の第2暴行（傷

---

3) 正当防衛の成立に対する制限とは異なるが関連する議論として、攻撃者による侵害を招く原因となった、防衛者による先行する違法な行為と、防衛行為により攻撃者に生じた結果をもって、防衛者に犯罪の成立を認める「原因において違法な行為（actio illicita in causa）」の理論がある。ある論者は次のように説いている。「防衛行為の違法性は、正当防衛により……阻却される」としても、「防衛行為から遡り、挑発行為（原因行為）と発生した法益侵害との間の関係を問題とする場合、この挑発行為については正当防衛の要件は認めることができないから、この行為との関係では、侵害された法益の『法益性は失なわれず』、従って、挑発行為（原因行為）と法益侵害との間に、因果連関・責任連関を認めうる限り、挑発行為者に発生した法益侵害についての刑事責任を問いうる」（山口厚「自ら招いた正当防衛状況」『法学協会百周年記念論文集(2)』〔有斐閣、1983年〕751頁）。挑発行為（原因行為）は「正当防衛状況、ひいては法益侵害を惹起する相当程度の危険性が認められる」（同755頁）ほか、「『急迫不正の侵害』」が予期されて、しかもそれを回避することに特段の負担がない場合」であること、即ち、事前の侵害回避義務が肯定されなければならない（山口・総論120頁）、と。同理論を支持する見解として大嶋一泰「挑発行為と正当防衛(1)」福岡大学法学論叢17巻4号（1973年）551頁（違法・有責な挑発行為が先行する場合に正当防衛自体を制限することも認める）、松原・総論163頁（自招侵害のもとで必要性・相当性要件を厳格化したうえ、正当防衛が肯定されてもなお原因において違法な行為の法理により自招行為に犯罪成立の余地を肯定する）。なお、「誘発の事実があれば、別に防衛の結果について全体として故意又は過失の責任」を認める先駆的な主張として宮本・大綱85頁、97頁。

害罪）に正当防衛の成立を否定した[4]。

　2つの決定は結論を等しくするものの，そこに至る道筋には違いがある。昭和52年決定は，侵害の単なる予期では急迫性は否定されないとしながらも，正当防衛を制約する事情としてやはり「侵害の予期」があることを，平成20年決定は，相手方の侵害を誘発し，自ら招いたこと，いわば「侵害の惹起」があることを先行事情として重視したと見られる。これら2つの観点は，正当防衛の成立が制約を受ける場面をどのように捉え，どのように要件を立てるかに関して大きな意味をもつ。前者では，侵害を予期したことの防衛行為に与える影響が，後者では，侵害を惹起する行為の法的性質が重要となってくるからである。以下では，各々の観点から正当防衛の成立に対する制限について考察する。

II　「侵害の予期」の観点から

1　積極的加害意思の存在

　侵害の急迫性とは「法益の侵害が現に存在しているか，または間近に押し迫っていることを意味し，その侵害があらかじめ予期されていたものであるとしても，そのことからただちに急迫性を失うもの」ではないとするのが判例[5]・通説[6]であり，「侵害の予期」のもとで正当防衛の成立範囲を限定す

---

4) 平成20年決定以前に，侵害の予期ではなく防衛者による侵害の惹起に重点を置き，同決定に近い判断を示している裁判例として福岡高判昭和60・7・8刑月17巻7＝8号635頁（急迫性，防衛行為性をともに否定），東京地判昭和63・4・5判タ668号223頁（被害者から受けた侵害は「被告人が防衛行為に出ることを正当化するほどの違法性をもたない」とする），東京高判平成8・2・7判時1568号145頁（急迫性，防衛行為の相当性をともに否定）があり，他方，被害者からの攻撃が予期される場合に積極的加害意思の有無をもって判断する昭和52年決定の枠組を用いている裁判例として東京高判昭和60・6・20高刑集38巻2号99頁（急迫性を否定），札幌高判昭和63・10・4判時1312号148頁（誤想過剰防衛を肯定），札幌地判平成元・10・2判タ721号249頁（反撃行為に至る「状況全体からみて」積極的加害意思が認められるとして急迫性を否定），東京地判平成8・3・12判時1599号149頁（意図的挑発ではない点も併せて正当防衛を肯定），千葉地判平成9・12・2判時1636号160頁（挑発の不存在と併せて正当防衛を肯定），大阪高判平成14・7・9判時1797号159頁（正当防衛を肯定）がある。

るにはプラスαの要素が必要となる。昭和 52 年決定は,「その機会を利用し積極的に相手に対して加害行為をする意思」にこれを求めたと解される。

　判例のこのような構成には一定の支持があるものの,積極的加害意思の内容や正当防衛が否認される根拠は明らかでない。同決定の調査官解説は,防衛者の加害行為は「その意思が相手からの侵害の予期に触発されて生じたものである点を除くと,通常の暴行,傷害,殺人などの加害行為とすこしも異なるところはな」く,「違法であるというほかはない」。「相手の侵害に急迫性を認めえないのは,……本人の攻撃が違法であって,相手の侵害との関係で特に法的保護を受けるべき立場にはなかったから」だ[7]と述べている。しかし,反撃行為だけを見れば「防衛」の範疇に入るのに,なぜ正当防衛の成立が制約されるのかが論じられているとすれば,反撃は「通常の加害行為」だとの回答はかみ合っていないことになろう。別の最高裁判決[8]の調査官解説は,上記の説明を支持しながら,積極的加害意思の内容を「同種同等の反撃を相手方に加えるという苛烈な行為……に出ることを決意し,成行き如何によっては防衛の程度を超える過剰行為に出ることも辞さないという意思」[9]と敷衍している。しかし,事前に生じた防衛の程度を超えることも辞さない意思をもって相手方の侵害に反撃したとしても,予期を欠く過剰防衛とは意思の成立時点が異なるだけであり,防衛者がおよそ法的保護を受けるべき立場にないとまでどうしていえるのかは不明である。学説では,「被侵害者の反撃行為に防衛の意思が欠けている」[10]とも主張されるが,結局,防

---

5) 最判昭和 46・11・16 刑集 25 巻 8 号 996 頁。
6) なお,前掲注5)最判昭和 46・11・16 以前は,被害者からの不正の侵害を「当然予期したところ」(最判昭和 24・11・17 刑集 3 巻 11 号 1801 頁),「充分の予期を持ち且つこれに応じて立ち向い敏速有力な反撃の傷害を加え得べき充分の用意を整えて」いた(最判昭和 30・10・25 刑集 9 巻 11 号 2295 頁)として急迫性が否定されていた。これに対して,学説では,戦前から,予期があっても正当防衛を認める立場が多数であった。参照,勝本勘三郎『刑法要論上巻総則』(明治大学,1913 年) 240 頁,大場・総論下 546 頁,牧野・日本刑法(上) 354 頁,泉二・総論 370 頁。
7) 香城敏麿「判解」同『刑法と行政刑法』(信山社,2005 年) 31 頁。積極的加害意思のもとで急迫性を否定する学説として団藤・総論 235 頁,荘子・総論 227 頁(急迫性は「法益侵害を忍受したくない意思」を考慮して判断され,「手段として利用する意思」のもとに加害に及んだ場合は急迫性は認められないとする),高橋・総論 267 頁。
8) 最判昭和 60・9・12 刑集 39 巻 6 号 275 頁。
9) 安廣文夫「判解」最判解刑事篇昭和 60 年度 149 頁。

衛行為の時点における防衛意思の欠如が問題なのであれば，事前の積極的加害意思を別に取りあげる意味はない[11]ことになる。あるいは，積極的加害意思が「侵害に臨むときの『心構え』のようなもの」[12]なのだとすれば，違法性阻却事由たる正当防衛の成否を内心の心情にかからせるのは不適切[13]との批判が向けられよう。

2 防衛の準備への影響

　積極的加害意思は，正当防衛状況にいきなり直面しても生じうるものであり，侵害を予期したことと直接には関係しない。侵害の予期のもとで正当防衛の成立範囲を制約する要素として同意思が根拠づけられない原因はそこにあると思われる。かくして，学説では，侵害の予期を，防衛の準備，防御の態勢に影響するものとして考慮する見解が唱えられている。

　その一つは，「侵害が予期されているばあいには，被侵害者は，それを阻止するために準備すること（迎撃態勢をつくること）が可能となり，……迎撃態勢が強化されればされるほど，迎撃者（防禦者）の法益が侵害される危険性は弱くなる。さらに，防禦者が，防禦するにとどまらず積極的に加害す

---

10) 大塚・総論383頁注(4)。中野・総論192頁注(8)，福田・総論155頁注(1)，大谷・総論276頁。防衛者の「実質的な要保護性を否定するだけのより積極的な攻撃意思」がある場合に正当防衛が否定されるとするのは山口厚「正当防衛論の新展開」曹時61巻2号（2009年）33頁。なお，積極的加害意思が防衛行為の必要性・相当性に解消されるべきだとするのは野村・総論222頁。

11) 被害者の攻撃に対する相当程度の予期があったとされるケースで積極的加害意思の検討を行っている裁判例において，同意思の内容が反撃時の防衛意思と重なっていると見られるものがある。参照，大阪高判昭和53・6・14判タ369号431頁（過剰防衛を肯定），東京地判昭和56・3・31判タ453号170頁（誤想過剰防衛を肯定），福岡高判昭和58・4・27判タ504号176頁（反撃の際，「単なる防衛の意思のみに止まらず，この機に乗じ積極的にAを殺害する意思で対抗」したとして急迫性を否定）。

12) 橋爪隆『正当防衛論の基礎』（有斐閣，2007年）235頁。なお，判例は，「一見，反撃者の認識・心構えの如何のみにより急迫性の有無が左右されるかのような表現」を用いているが，「刃物等を持ってわざわざ出かけて行く，挑発的態度をとるなどの『争いを好むような態度（好争的行動）をとって，予定したような侵害を招いた』と認められる場合に，急迫性を否定する」立場だと理解し，支持するものに斎藤信治「急迫性（刑法三六条）に関する判例の新展開」法学新報112巻1＝2号（2005年）393頁がある。「好争的行動」が侵害の挑発に当たるとすれば，判例を，侵害の予期・積極的加害意思の枠組ではなく，Ⅲで扱う「侵害の惹起」のもとで処理していると見ていることになろう。

る意思を有しているばあいには、防禦者の法益が侵害される可能性は失われ、むしろ逆に、防禦者の方が侵害者としての性質さえおびてくることになる」。「防禦者が侵害を予期し積極的に加害する意思を有しているばあいには、侵害の急迫性が失われる」[14]と主張している。しかし、「防禦者の法益が侵害される可能性」を失わせること自体は防衛行為として相当であるし、これを超えた積極的に害を加える攻撃もその準備だけでは足りず、現実に攻撃に出る必要があるとすれば、それは単なる過剰防衛ではないかとの疑問が向けられる。

別の見解は、侵害の予期のもとで問われているのは、「客観的な準備行為をしたうえでの防衛行為の妥当性、侵害の回避可能性」、即ち、防衛行為の必要性・相当性の判断であり、「相手方の侵害を予期しえた場合には、その侵害の強さに対応する防衛手段を準備する余裕がありうるが、そのような場合には相対的な意味での必要最小限度手段性がまもられなければならない」[15]としており、基本的に支持できる方向と思われる[16]。詳言すれば、相手方の侵害が時期及び程度において十分に予想される場合、被侵害者は自らを守りうる手段のうちで、侵害者にとっても損害・危険のより少ないものを選択することが可能となる。これは、予期のない場合と較べて、防衛行為の相当性が厳格に判断され、ときには補充性の限度にまで縮減すること、即

---

13) 橋爪・前掲注12)236頁。なお、積極的加害意思の認定は、行為者の供述と並んで、「行為者と相手方の従前の関係、侵害の予期の程度、行為者の反撃の準備の状況、侵害に臨んだ理由、相手方が攻撃に至るまでの経緯、反撃の態様等の客観的事情を総合して」行う（栃木力「正当防衛(1)」小林充＝植村立郎編『刑事事実認定重要判決50選〔上〕〔補訂版〕』〔立花書房、2007年〕59頁）などとされる。客観的事情に基づく認定の必要性は指摘されるとおりだとしても、認定の対象である積極的加害意思の内容をまず明確にすることが先決問題と解される。

14) 川端博『正当防衛権の再生』（成文堂、1998年）24頁。同旨、明照博章「積極的加害意思が急迫性に及ぼす影響について」法律論叢72巻1号（1999年）87頁。「侵害発生の危険性すら解消するほどの、過大な邀撃・加害の準備」のもとで侵害の急迫性を否定する見解（小暮得雄「判批」昭和53年度重判解〔ジュリ693号〕〔1979年〕161頁）も同様と思われる。

15) 内藤・総論(中)333頁、346頁。

16) 参照、伊東研祐「『侵害の予期』、『積極的加害意思』と防衛行為の『必要性』」研修710号（2007年）7頁、9頁、照沼亮介「侵害に先行する事情と正当防衛の限界」筑波ロー・ジャーナル9号（2011年）133頁（「侵害の回避可能性が存在する場合には、行為者の主観面において心理的な余裕を認定できる可能性が生まれ、客観面において保全法益の安全性の向上・選択する手段の危険性減少を認定できる可能性が生まれる」ので、「そうした事実を基礎として防衛行為の成否を判断すればよい」とする）。

ち，現実に行われた防衛行為が過剰防衛である，あるいは，相当な防衛行為からの逸脱の程度が大きいとして過剰防衛ですらないと評価される余地が拡がることを意味する。例えば，予期される襲撃を確実に防禦できるのであれば，バリケードを築くことが相当な防衛行為であり，これを築かずに攻撃者を引き入れて強い暴行を加えるのは，──予期がなかったならば正当防衛や過剰防衛とされるとしても──もはや過剰防衛でもなく，通常の傷害罪になる。このように考えられるのである。

3 事前の侵害回避義務

近時，侵害が予期される場所に出かけること，そこにとどまることが許されない──事前の侵害回避義務が課せられる──場合がないかという形でも議論されている。

この議論を本格的に展開した論者は次のように述べる。正当防衛では，生命等の被侵害者の個人的利益に「『現場に滞留する利益』が加算され……，これによって侵害者の利益に対する原則的優越性」が導かれる[17]。この「現場に滞留する利益」に要保護性が承認されるのは，被侵害者の自宅などの生活上重要な利益がそこに存在する場合のほか，利益にそれほどの重要性が認められなくても，「もっぱら他人の利益を侵害する目的で現場に滞留する」ケースなどを除外して，滞留が正当な利益と評価される場合である。これらの場合には現場からの退避義務は課せられない[18]。「現場に滞留する利益」の要保護性は原則として侵害切迫時を基準に判断される。ただし，「事前の危険回避行為を要求したとしても，それが行為者にとって特段の負担を意味しないような場合には，その限りにおいて危険回避を義務づけ」てよい。この義務に反して「侵害を回避せずに正当防衛状況が現実化した場合には，そこにおける利益衝突はいわば表見的なものにすぎず，……規範的な観点からは，切迫したものと評価されないとして，侵害の急迫性を否定」することが可能となる[19]，と。侵害回避義務の成立には，侵害の切迫及びその

---

17) 橋爪・前掲注12)75頁。
18) 橋爪・前掲注12)81頁。
19) 橋爪・前掲注12)89頁，92頁。侵害回避義務違反につき同324頁。

回避可能性について十分な認識があること[20]，又は，（例外として）認識を欠いても，侵害を招致することが確実といえる状況にあること[21]が必要とされる一方，違法な先行行為の存在は不要とされている。

「行きたい場所に行く利益や，その場に留まる利益」の要保護性を考慮すべきだとの認識を上記の見解と共有しながらも，侵害者側の利益，とりわけ生命の価値にも配慮する必要があるとして，「生命に危険の高い防衛行為については，安全に退避する等他に侵害を避ける方法がない場合に限って認められる」[22]とする見解も唱えられている。具体的には，確実に予期される「侵害から身を守るために相手の生命に対する危険の高い防衛行為が必要になることを認識している場合」，防衛者は「住居や職場に適法に居」たとしても，侵害回避義務を負い，「生命に対する危険の高くない防衛行為については，……侵害を回避することに特段の負担がない場合」，やはり侵害回避義務を課せられる。この「義務に反して，侵害の場所に出向いて行ったり，侵害を待ち受けて，防衛行為を行った場合には，正当防衛が否定される」[23]とされている。

これらは，「侵害の予期があっても回避は要しない」とする考え方に反省を迫る意義深い主張といえる。もっとも，「現場に滞留する利益」が正当防衛による違法性阻却を根拠づける要素であるとの前提に立ったとしても，「行きたい場所に行く」こと，「その場に留まる」ことは，違法でない限りそれ自体で要保護性のある「利益」ではないのか，「生活の本拠」であること，「もっぱら他人の利益を侵害する目的」ではないこと，あるいは，「特段の負担」があることといった付加価値までなぜ必要なのか，指摘される「付加価値」は正当防衛を肯定（ないし否定）すべきだと論者が考える類型を掲げるものではないのかといった疑問は残るように思われる。

---

20) 同様の見解として栃木・前掲注13)56頁。さらに参照，佐藤文哉「正当防衛における退避可能性について」『西原春夫先生古稀祝賀論文集(1)』（成文堂，1998年）240頁，242頁。

21) 橋爪・前掲注12)309頁，316頁，同「正当防衛論の最近の動向」刑事法ジャーナル16号（2009年）9頁。

22) 佐伯仁志「正当防衛と退避義務」『小林充先生・佐藤文哉先生古稀祝賀刑事裁判論集(上)』（判例タイムズ社，2006年）102頁。

23) 佐伯・前掲注22)104頁。

Ⅲ 「侵害の惹起」の観点から

1 自招行為の主観面

　防衛者が自ら侵害を惹起したという観点は，古くから[24]，「名を正当防衛に藉りて他人を害する目的を以て不正の侵害を挑発するやうな場合は権利の濫用に外ならない」[25]などとして，意図的挑発のもとでは正当防衛の主張を排除するという形で論じられてきた[26]。もっとも，自招行為の主観面として相手方の侵害に対する意図がなぜ必要かについて実質的に論及されるようになったのは比較的近時のことである。この点を巡って，ある論者は，正当防衛を支える個人保全の原理によれば，「攻撃に身をさらすという危険を自ら創出した」意図的挑発者に正当防衛権による保護を認める必要はなく，また，法確証の原理によっても，同原理は「クリーンハンドの原則に従う」のであり，意図的挑発者が「『法』の立場に立って法秩序の擁護を行うことは許されない」[27]と主張し，別の論者は，自招行為と反撃行為が一体のものといえるとき，侵害の「招致者は不法の側に立ち，比喩的に言えば自らも不正の侵害者」となるとの理解のもと，主観的には，自招行為の時点で「反撃の意思」——それは「当該状況を所為計画に従って意識的に操縦しようとする主観的違法要素としての意図」とされる——が不可欠だと述べている[28]。

　相手方からの侵害を予見しつつ，その機会に攻撃を加える意図まではなかった故意的惹起において正当防衛の成立を認めない立場も，従来より主張

---

24) 戦前において勝本・前掲注6) 242頁，牧野・日本刑法(上) 354頁，泉二・総論383頁，岡田庄作『刑法原論総論〔増訂改版〕』（明治大学出版部，1917年）274頁（防衛行為としての要保護性の欠如を理由とする）。
25) 草野豹一郎『刑法要論』（有斐閣，1956年）59頁。
26) 権利濫用を挙げるものとして江家・総論101頁，急迫性の要件を否定するものとして荘子・総論228頁，平野・総論Ⅱ 235頁（「相手を挑発する行為あるいは攻撃を予想しながら相手に近づく行為が，相手の攻撃を利用してこれを傷つけようとしたとみられうる場合」に急迫性を否定），防衛意思の欠如を挙げるものとして木村亀二『犯罪論の新構造(上)』（有斐閣，1966年）252頁，団藤・総論238頁がある。また，複数の要件を指摘するものとして植松・概論Ⅰ 165頁，168頁，藤木・講義総論176頁。
27) 山中・総論488頁。

されていた[29]。しかし，近時，この立場は少数説[30]であり，侵害の予見を欠く過失的惹起を含めたうえで，防衛行為に出る余地を残す構成が有力化している。この構成は，正当防衛の根拠を自己保存の要請と法秩序の防衛に求めたうえで[31]，意図的挑発の場合は，自己保存の要請が働かないとして正当防衛を否定し，「挑発行為が過失か条件つきの故意でおこなわれた場合」は，防衛者を保護する必要はあるものの「法秩序を防衛する必要は減ってくる」として，できる限り侵害の回避ないし防御的防衛で対処し，それが不可能な場合に「『攻撃的な防衛』をおこなうことができる」[32]というように主観面に応じた段階的解決をはかる見解[33]のほか，相手方の侵害の「有責な」惹起として一括したうえで，自招行為の「主観的態様，客観的性質，およびそれと攻撃との間の時間的密着性，因果関係の相当性の有無などの具体的事情を総合的に考慮して」，防衛者の法益保護の利益が減少すると考えられる場合，「防衛行為の相当性の範囲に制限が課される」[34]との解決も示されている。

　以上の主観面の問題に関しては，まず，侵害惹起が意図的な場合に限る理由があるとはいえない点を指摘できる。故意，過失により侵害を惹起した者

---

28) 橋田久「自招侵害」研修 747 号（2010 年）10 頁。「意図的な招致者……の反撃行為は法確証の観点から正当防衛とは成し得ない」とする（同 11 頁）。なお，「結論的に正当防衛の成立が制限される範囲については」橋田説とほぼ同様としながら，防衛者自身が「招致行為の時点から反撃までの事象経過を意図的にコントロールし，狙い通りの結果を生じさせた」ことに求める見解として照沼・前掲注 16) 151 頁。

29) 小野・総論 124 頁。社会的相当性の欠如を挙げるものとして福田・総論 158 頁，大谷・総論 286 頁（法確証の利益の不存在も指摘する）。防衛行為の相当性で処理するものとして米田泰邦「正当防衛と反撃回避義務」平場安治博士還暦祝賀『現代の刑事法学(上)』（有斐閣，1977 年）216 頁（正当防衛が否定されるのは「原則として故意の重大な違法行為」であり，その場合でも，侵害が軽微といえなければ，受忍義務までは負わないとする）。

30) 近時の見解として吉田宣之『違法性の本質と行為無価値』（成文堂，1992 年）96 頁。正当防衛の正当化根拠を法確証の利益と個人保全の利益に求める「権利濫用説」に立ちつつ，意図的ないし故意的挑発の場合，「挑発行為と防衛行為とを価値的に一体と考えることにそれほどの無理はない」のに対して，「過失及びその他の有責な挑発に基づく防衛行為」は挑発との価値的一体性を認めるのが困難であり，正当防衛権の濫用とはいえないからだとする。さらに同「『自招防衛』と正当防衛の制限」判時 2025 号（2009 年）11 頁。

31) 齊藤誠二『正当防衛権の根拠と展開』（多賀出版，1991 年）54 頁。

32) 齊藤・前掲注 31) 209 頁。ほぼ同様の見解として中空壽雅「自招侵害と正当防衛論」現代刑事法 56 号（2003 年）32 頁。

の手が「クリーン」とはいいきれないし，挑発だけでは攻撃者の行為を「操縦」できない．即ち，自招行為から侵害を経て自らの反撃に至る経過を「操縦」できない以上，操縦しようという「意図」を重視するのは適切でないと解されるからである。併せて，侵害を招く事態の多様性を考えれば，過失による惹起を含めて「自招侵害」としたうえで正当防衛の成否を検討する方が実際的と考えられる[35]。もっとも，平成 20 年決定は自招行為の際の主観面に触れておらず，調査官解説では，「本件のような事案においては，被告人の侵害行為に対する主観的状態のいかんにかかわらず，正当防衛は許されない」とされ[36]，また，自招行為に過失を要しないとする学説[37]も主張されている。しかし，落ち度のない行為から侵害を招いても正当防衛が制限を受けなければならない理由は明らかでない[38]，というよりもそのような帰結は不当ではないかと思われる。

2　自招行為の客観面

自招行為の客観面については，まず，挑発行為が「社会倫理的に非難されるべきもの」にとどまらず，「そのものが，『違法』であること」[39]を要求するのが学説の多数である[40]。平成 20 年決定は，「被告人は不正の行為により自ら侵害を招いた」と述べているが，そこでの「不正」を刑法 36 条にい

---

33)　その他，大塚・総論 385 頁。「過失による挑発行為であって，その過失が軽微なものであるとき」には，正当防衛の余地を認めるが，「防衛行為がやむをえずにしたものといえるかについては，一般の場合と比べてかなりな制限が伴うべき」だとする。同様の見解として川端・前掲注 14) 90 頁。さらに，意図的挑発では，法確証の客観的利益が欠けるので正当防衛は否定され，有責な挑発では，法確証の客観的利益が減少するので，防衛行為の必要性の程度が低下して正当防衛が制限されるとすると説くのは内藤・総論(中) 336 頁，曽根威彦「正当防衛と積極的加害意思」曽根・重要問題総論 90 頁。井田・総論 288 頁は，意図的挑発やこれに準ずるケースでは，防衛者の要保護性が完全に否定されて正当防衛の成立の余地がないのに対して，過失の挑発では「せいぜい『やむを得ずにした行為』が通常より厳しく認定されることがありうるにすぎない」とする。

34)　山本輝之「自招侵害に対する正当防衛」上智法学論集 27 巻 2 号（1984 年）165 頁，212 頁。意図的挑発では，「自招行為が，侵害を創出し，防衛行為を行う必要性を 100％創出したといえる」ので正当防衛が否定され，「故意による場合，過失による場合と移行するごとに，そのパーセンテージは減少していき」，正当防衛は制限を受けるとするのは岡本昌子「正当防衛状況の創出と刑法三六条」『大谷實先生喜寿記念論文集』（成文堂，2011 年）440 頁。主観面で過失も不要としつつ，不正な侵害者の利益の要保護性と防衛者の利益の要保護性の相関において防衛行為の必要性・相当性が確定すると説くのは松原・総論 163 頁。

わゆる「不正」と同義と解するならば，「可罰的なものに限られない違法」の意味となり，多数説と立場を等しくすると考えられる。違法性が要求される理由は，「社会的（社会倫理的）には好ましくない行為であっても，それが法律で禁止されていな」ければ，法的にはそれに耐えねばならず，耐えることなく行われた「侵害に対して法秩序を防衛する必要がある」[41]，あるいは，「適法行為を理由として正当防衛権という権利を奪い，以てその行為を間接的に違法と成すのは矛盾であ」り，法秩序の統一性に反するから[42]などと説明されている。

さらに，侵害を招致・惹起したといえるためには，自招行為との間に法的な因果関係が必要となろう[43]。これには，「招致行為に対する相当な反応が如何なるものかを厳密に示すことはできない」以上，これを要求する実践的意義は小さいとの指摘[44]もあるものの，自招行為がなくても，相手方は侵害に及んだであろうといえるケースも考えられることから，要件としてなお立てるべきだと思われる。加えて，平成20年決定は，自招行為と相手方の攻撃が「直後における近接した場所での一連，一体」の関係にあるとの事実を指摘しており，学説において，両行為の時間的・場所的近接性を要求する

---

35) 参照，仙台地判平成18・10・23判タ1230号348頁（「洋出刃包丁を持ち出して被害者に示した」ことから受けた暴行は「被告人にとって十分に予測可能なもの」で急迫性を欠く），長崎地判平成19・11・20判タ1276号341頁（被害者が「被告人に暴行を加えることが，社会通念上，通常のこととして予想されるとまで認めることはできない」として「急迫不正の侵害」要件の充足を肯定）。さらに，被害者に向けて椅子を蹴りつけた行為は，その攻撃を積極的に挑発していないが誘発しているとして，「相当性が認められる範囲がより限定される」と判示するものに大阪高判平成12・6・22判タ1067号276頁がある。もっとも，仲間の暴走族グループと勘違いして敵対するグループの集合場所に不用意に乗り込み，グループ名を名乗ったために鉄パイプ等による暴行を受けた事案で「闘争を挑発する意図」がなかったとして正当防衛状況を肯定した東京高決平成元・9・18高刑集42巻3号151頁など，意図的挑発に限るように読める裁判例も認められる。

36) 三浦透「判解」曹時63巻11号（2011年）297頁。

37) 髙山佳奈子「『不正』対『不正』状況の解決」研修740号（2010年）8頁，松原・総論163頁。

38) 三浦・前掲注36)297頁は，「自招行為という不正な行為と侵害行為という不正な行為との間に……非常に密接な関係がある場合」は「正対不正の関係ともいうべき正当防衛を基礎付ける前提を基本的に欠」くと述べている。しかし，自招行為がなぜ「不正」で足り，「不正・有責」であることを要しないかを明らかにしなければならないのであって，単にどちらも「不正」で釣り合っているというだけでは理由づけとはいえないであろう。

39) 山中・総論485頁。

見解45)が唱えられている。正当防衛の成否を判断する資料は，原則として相手方による「急迫不正の侵害」なのであり，拡張を認めるとしても正当防衛状況から時間的・場所的に隔たった事情まで含めるのは妥当でない46)とすれば，そのような近接性の要求は支持されてよいと解される。

最後に取りあげられるのは，平成20年決定が指摘する，侵害者の「攻撃が被告人の……暴行の程度を大きく超えるものでない」との事実の意味である。これについては，「同じ程度の反撃なら許されるなどとはいえ」ず，「どの程度までなら正当防衛を否定するかを，客観的に判断する理論的な根拠」があるわけでもない47)ことから，当該事案における事実の指摘であって，要件ではないと考えるべきであろう。防衛者が予見できないような攻撃を受けた場合には，相手方の侵害に対する過失が認められず，正当防衛は可能であるから48)，不都合も生じないと思われる。

IV　まとめ

「侵害の予期」及び「侵害の惹起」の観点から，正当防衛の成立範囲がど

---

40) 反対，木村（阿部増補）・総論257頁（「違法たると否とを問わ」ないとする），吉田・前掲注30)『違法性の本質』99頁（「社会倫理に違反する」挑発，さらには合法的な挑発であっても「社会的相当性を越える場合」に正当防衛を否認する）。なお，前掲注35)長崎地判平成19・11・20は，防衛者の「あっ当たった」という発言が意図的挑発等に当たるかを検討している。
41) 齊藤・前掲注31)210頁。
42) 橋田・前掲注28)6頁。
43) 山中・総論485頁。「挑発行為と攻撃・防衛行為の間の客観的帰属連関が，挑発という危険の範囲内で生じること」を要件として掲げる。
44) 橋田・前掲注28)9頁。
45) 山中敬一『正当防衛の限界』（成文堂，1985年）302頁，橋田・前掲注28)7頁。
46) 橋田・前掲注28)7頁は，招致行為と反撃行為が一体として「不正」であることを必要とする立場から，自招行為と相手方の侵害との「物理的外形的近接性」という要件を導き出している。しかし，相手方の侵害が間に介在する招致行為と反撃行為に，規範的に一体の「不正」性を肯定できるかには疑問があろう。
47) 林(幹)・判例刑法50頁。
48) 「挑発的な罵声を発したこと」から受けた暴行が「被告人らの予期，予測を遥かに超える激しいもの」だったことなどを指摘し，急迫不正の侵害を肯定した裁判例に大阪高判平成7・3・31判夕887号259頁がある。

のように制約されるべきかを検討してきた。2つの観点のうちで優先して検討されるのは「侵害の惹起」の観点と思われる。相手方からの侵害を必要もなく惹起した者は，侵害を予期していただけの者よりも正当防衛権に大きな制約を受けてしかるべきだといってよいだろうからである。

　自招侵害として正当防衛が制約を受ける要件としては，客観的には，自招行為が可罰的でなくてもよいが違法であること，相手方の侵害をそれと時間的場所的に近接して直接に，かつ，帰属可能に惹起したこと，主観的には，侵害の惹起について予見可能性（過失）があることが挙げられる。相手方の不正な侵害を（可罰的でないとしても）違法に（過失を責任に位置づける立場では，さらに有責に）惹起した者は，正当防衛状況の出現に法的な責任を負担させてよいし，負担すべきでもあると考えられることが，それらの要件を立てる実質的な理由と思われる（Ⅲ）。さらに，反撃者は，侵害の危険に自ら身をさらした（自己保全の要請の否定），法秩序の擁護者の立場にない（法確証の必要の否定），あるいは，不正の側に立っている（正対不正の関係の欠如）などと根本原理に遡ってどのように説明するかは各々の立場による。

　以上の要件が充たされた場合の効果，即ち，正当防衛が具体的にどのような制約を受けるかについては，自招行為のもつ規範的性格を考慮して判断せざるをえず，また現在の刑法が故意犯と過失犯に異なる評価を与えていることに鑑みれば，故意的な招致と過失的な招致を区別したうえで，前者では正当防衛が否定され，後者ではその成立が制約を受けると考えるべきかと思われる。これは，意図的挑発とそれ以外の挑発で区別する点でやや異なるものの，基本的に近時の多数の学説[49]に見られる解決といえる（Ⅲ 1）。

　自招侵害を上記の要件のもとで捉えると，相手方から一方的に襲撃されるといった，侵害を惹起する行為が欠ける場合や，適法に面前に赴く，社会的に見て礼を失する言葉を口にするなど，違法とはいえない行為から相手方が攻撃に及んだ場合，自招侵害を理由に正当防衛は制限されないことになる。しかし，「侵害の予期」の観点のもとでは，攻撃を受けるだろうとの十分な予期があるとき，事前に侵害を回避することは義務づけられないとしても，

---

[49]　参照，前掲注32），33）。

侵害に備え，防禦の態勢を作る余裕があり，侵害者にとっても損害・危険のより少ない防衛手段を選択しうるので，行われた「防衛」行為が過剰である，あるいは，もはや過剰ですらなく通常の犯罪であるとして処理されると解される（Ⅱ２）。

第4章

錯誤に基づく被害者の同意

I はじめに

　法益主体が法益を処分する意思を有している場合，他者により法益を「侵害」する行為があったとしてもその違法性を否定する（法益によっては，減少させる）事由が「被害者の同意」である。解釈論的には，違法性の否定をどのように説明するのか[1]，同意は構成要件該当性の阻却事由か正当化事由か，犯罪類型によりそれは異なるのかなどにつき見解の相違があるものの，法益主体の処分意思（自己決定）に違法性を否定する実質的根拠があることは一般に承認されている。この処分意思が有効であるためには，法益主体の同意能力を前提に，判断の基礎事情に錯誤がないことと心理的圧迫がないことが必要とされる。これら2つのうち議論の多い前者について，主として総論的な視点から検討を加える。

II 判断の基礎事情

1 被害者規準説

　錯誤に基づく同意の有効・無効について，戦前の体系書では，「同意は詐欺強迫に因らさることを要するは勿論なり」[2]など，簡単な言及にとどまっており，詳しい検討が加えられるようになったのは戦後[3]，しかも比較的近

---

[1]　①法益に法益性ないし要保護性が欠ける（大谷・総論253頁，前田・総論74頁，243頁），②同意に基づく社会的相当行為である（福田・総論180頁，大塚・総論417頁），③侵害法益に優越する自己決定の利益がある（曽根・総論125頁）などと説明される。

時に至ってのことといえる。

　この問題について判例は，強盗の意図を隠して「今晩は」と挨拶し，家人が「おはいり」と答えたのに応じて住居に入った事案で，「真実においてはその承諾を欠く」として住居侵入罪の成立を肯定した最大判昭和24・7・22刑集3巻8号1363頁や，被告人に追死すると欺かれた被害者が自ら毒を仰いで死亡した偽装心中の事案で，被害者の「決意は真意に添わない重大な瑕疵ある意思である」として自殺関与罪ではなく殺人罪を適用した最判昭和33・11・21刑集12巻15号3519頁[4]など，その事実を知っていれば承諾しなかったであろう場合に同意を無効とする，即ち，被害者の動機錯誤を広く考慮する態度を示している。これは錯誤した事実の重要性を被害者自身に判断させる見解ともいえるので，本章では「被害者規準説」と呼ぶことにしたい[5]。

　有力な学説はこのような判例に支持を与えてきた。もっとも，多くは，「その承諾は，真意に出たものとはいえないから，無効と解すべき」[6]などとして判例を追認するにとどまっており，なぜ被害者に規準を求めるのか，とりわけ，その場合，同意が無効とされる範囲が拡がりすぎないのかについて考察が及んでいたとはいえなかった。

---

2) 泉二・総論409頁。さらに，大場・総論下533頁（同意の有効要件として「（二）自由意思に出てたること（三）真摯なること」を挙げる），葉清耀『刑法同意論』（有斐閣，1933年）353頁（「不誠摯若くは非任意に罹りたる」同意は無効とする。なお，同書359頁では，詐欺に基づく承諾は民法上取消可能にとどまるが，刑法上は無効と補足されている），木村亀二「被害者の承諾と違法性」同『刑法解釈の諸問題(1)』（有斐閣，1939年）337頁（「承諾者の単なる錯誤に基く場合」と「行為者の欺罔に基く場合」のいずれも，「承諾者の真意と行為者の真意とが一致せざるが故に有効なる承諾の成立せざるものと解すべき」だとする）。
　　このような状況のもとで注目されるのは，「錯誤に基く承諾は，其の承諾たるに支障なきものと解す。錯誤か行為者の詐欺に因る場合に於ても尚然るへし。錯誤は承諾者の意思の作用を拘束するものに非されはなり」と説く牧野・日本刑法(上)405頁注(8)である。もっとも，錯誤に基づく不自由な判断がどうして承諾者を拘束するものでないのかは明らかでない。
3) 戦後でも，錯誤による承諾は有効でないとのみ述べる総論の体系書を認めることができる。例えば，木村（阿部増補）・総論285頁，団藤・総論222頁。
4) 偽装心中のケースで殺人罪を認めた判例として仙台高判昭和27・9・15高刑集5巻11号1820頁，名古屋高判昭和34・3・24下刑集1巻3号529頁。
5) 「重大な錯誤説」といった用語も見られる。しかし，錯誤が重大であれば，どの立場でも同意は無効なのであって，問題は重大性を判断する規準と思われる。

2 法益関係的錯誤説

以上の有力説と拮抗して、被害者の動機錯誤を考慮すべきではなく、法益処分の内容と意味を理解していれば、同意は有効とする見解も唱えられた。ただし、こちらも、偽装心中に関する先の最高裁判決を引きながら、「死ぬこと自体には錯誤なく同意しているのであるから、……妥当な結論とは思われない」[6]などと簡単に述べるだけであり、なぜ動機の錯誤が考慮されてはならないのか、そのような処理は貫徹できるのかについて実質的な検討を欠いていた。このような問題点を意識しつつ、犯罪類型ごとに検討を行って洗練・深化させた構想が法益関係的錯誤説であった。

同説を早くから主張し、有力化に寄与した論者は次のように説いている。刑法が「各構成要件にそれぞれの保護法益を相互に区別して規定している趣旨は、法益侵害に対する被害者の承諾を考えるうえでも……尊重される」。「もし、ある構成要件の保護法益と無関係な利益についての欺罔行為を、被害者の承諾を無効にすることを通じて当該構成要件で処罰するならば、……実質的には当該法益を錯誤が関係する別の法益に変換することになるか、あるいは、欺罔から自由であるという意思活動の自由一般を保護することにな」る[8]。「民法での議論にみられるように、動機の錯誤という概念は法律

---

6) 大塚・総論419頁、420頁注(5)。さらに、福田・総論182頁、183頁注(6)、西原春夫『刑法総論上巻〔改訂版〕』(成文堂、1998年) 275頁、内田・概要(上) 414頁、大谷・総論255頁。なお、荘子・総論296頁注(7)は、被害者に錯誤があるだけでなく、「行為者が相手方の瑕疵ある承諾に原因を設定した」ことが重要だとする。

7) 平野・総論Ⅱ 256頁(同意が違法減少事由であることを指摘しており、法益関係的事象の認識で足るとする趣旨に読める)。さらに、中野次雄「被害者の承諾」小野慶二 = 中野次雄 = 荘子邦雄『総合判例研究叢書刑法(1)』(有斐閣、1956年) 111頁(ただし、中野・総論183頁は、承諾が行為者の自己目的を達成するために欺罔により得られた場合には、原因において違法な行為の理論により行為の違法性は否定されないとする)、植松・概論Ⅰ 185頁、内藤・総論㈢592頁、中義勝『講述犯罪総論』(有斐閣、1980年) 153頁(動機錯誤は考慮すべきでないとしながら、偽装心中のケースは、「精神的圧迫もからむ」ので、動機錯誤にすぎないと割り切るのは困難とする)、町野朔「被害者の同意」西原春夫 = 宮沢浩一 = 阿部純二 = 板倉宏 = 大谷實 = 芝原邦爾編『判例刑法研究(2)』(有斐閣、1981年) 216頁(「行為の法益侵害の危険性と無関係な行為者の心理状態までをも同意の対象とすべきではない」とする)、川端・総論328頁。

8) 佐伯仁志「被害者の錯誤について」神戸法学年報1号 (1985年) 59頁。

効果意思が存在しない場合以外の非常に広い意味を持ち得る」ところ,「刑法においては, 錯誤が意思表示の動機に存するかどうかではなく, 法益関係的かどうかで判断されるべきである」9),と10)。

　何が法益関係的錯誤になるのかについて, 論者は, 保護法益の性質によって変わるとし, 生命・身体や逮捕監禁罪における「立ち去る自由」など,「それ自体において保護される法益では, 法益を処分していること及びその範囲についての錯誤と, 法益の性状についての錯誤」(傷害罪では個々の生理的機能だけでなく身体の全体的機能が問題となる) が, 性的自由や住居権など「対人的関係において保護される法益」では, 以上に加えて「承諾の相手方に関する同一性の錯誤」も, さらに,「財産のように利用価値・交換価値において保護される法益では, 法益処分の経済的・社会的意味についての錯誤」も併せて法益関係的錯誤に当たる11)と主張した12)。

3　自由な意思決定説

　法益関係的錯誤説には,「刑法は法益が侵害されるからではなく, それが被害者の意思に反するから処罰する」のであり13), 欺罔に基づく承諾が無効とされるのは, 被害者が「その自己決定にもとづいてその法益を犠牲にしたとはいえない場合」と考えるべきではないか14)との異論が向けられた。

---

9)　佐伯・前掲注8)60頁。

10)　さらに山中敬一「被害者の同意における意思の欠缺」関西大学法学論集33巻3＝4＝5号 (1983年) 300頁。「同意が, 法益ないしその保護に関する部分的放棄である, すなわち, 場所や時間, 相手, 客体などにつき限定された放棄をなそうとする意思であるとの認識に立って, これらの点についての錯誤があった場合に『要素の錯誤』であると解する考えを基礎視角」とすることを提唱する。

11)　佐伯・前掲注8)122頁。

12)　後述の, 他利的目的の錯誤のケースも法益関係的錯誤とするかどうかなどの点で相違はあるものの, 基本的に本説を支持すると見られるのは西田・総論192頁, 堀内捷三『刑法総論〔第2版〕』(有斐閣, 2004年) 183頁, 浅田・総論207頁, 須之内克彦「被害者の瑕疵ある意思に基づく行為の取扱い」同『刑法における被害者の同意』(成文堂, 2004年) 123頁, 塩谷毅『被害者の承諾と自己答責性』(法律文化社, 2004年) 21頁, 小林憲太郎「いわゆる『法益関係的錯誤』の意義と限界」同『刑法の帰責』(弘文堂, 2007年) 227頁, 曽根＝松原編・重点課題総論72頁〔若尾岳志〕。

13)　林美月子「錯誤に基づく同意」内藤謙先生古稀祝賀『刑事法学の現代的状況』(有斐閣, 1994年) 31頁。

法益に関係するかどうかではなく，被害者の意思決定の自由に着目すべきだというのである。もっとも，この立場でも，処分された法益の程度や種類について欺罔されるなど，被害者に法益関係的な錯誤がある場合は，（具体的な）法益侵害に対する承諾がそもそも存在しない[15]などとして，承諾の効力が否定される。本説の主眼は同意が無効とされる範囲を法益関係的錯誤説よりも拡げる点にあったのである。

ある論者は，猛獣が檻を破って公衆を危険にさらしているとの虚偽の事実を電話で飼主に告げて同意を得，猛獣を殺したといった緊急避難（類似）状況を誤信させた場合にも器物損壊罪を成立させてよいとする。その状況が「現実だとしたら，行為者の行為は正当化され」，被害者は不本意でも同意せざるをえない，即ち，「被害者は脅迫による強要と同様の心理的強制状態に陥っており，同意は自由な決定によるものとはいえない」から[16]である。また，別の論者は，緊急避難（類似）状況を誤信させた場合のほか，熱狂的なファンに売る意図を隠し，「献血週間」と騙してタレントから採血するなど，「他人の利益のために法益を犠牲にしようとする目的」を欺罔した場合も承諾を無効とする。この場合，「全体のプロセスは，承諾をした者の行動の自由のあらわれとはいえず，その意思に反している」から[17]だとされる。

以上のうち，緊急避難（類似）状況の錯誤については，法益関係的錯誤説においても，緊急避難のために法益の処分も仕方がないという法益の法的価値に関して錯誤が生じているとの理由により，承諾は無効と解されている[18]。この錯誤のもとでは，合理的に判断する被害者はありもしない正当化状況を前にして同意せざるをえなくなっており，「ありもしない正当化状況」に着目すれば法益関係的錯誤となる一方，「押しつけられた合理的判断」を重視すれば意思決定の自由の侵害と捉えられる[19]ことになろう。それでは，被害者による法益処分の判断が「合理的」といえるのは，（仮に事実とすれば）侵害が正当化される場合だけなのか。後者の，他利的目的の欺罔の

---

14) 齊藤誠二「欺罔にもとづく承諾」吉川経夫先生古稀祝賀『刑事法学の歴史と課題』（法律文化社，1994年）164頁，175頁。
15) 齊藤・前掲注14)176頁。
16) 林・前掲注13)32頁。さらに曽根・総論125頁，高橋・総論319頁。
17) 齊藤・前掲注14)176頁，178頁。

ケースについて，法益関係的錯誤説の論者は，臓器を提供しないと子が死亡するすると欺罔したように，「脅迫によって得られた同意と同程度に『自由でない』と解し」うる場合[20]，即ち，強制に基づく同意に準じる場合は別として，同意は有効と考えており，この問いを肯定する。逆に否定するのが承諾を無効とする先の見解である。しかし，「承諾をした者の行動の自由のあらわれ」ではないという理由づけはわかりにくい。この点は，「献血」に社会的な意義が認められており，それを仮装して採血に応じさせるのは，「合理的判断の押しつけ」であり，意思決定の自由を害しているとなおいえるとの説明は可能かと思われる[21]。

　いずれにせよ，被害者は客観的に合理的といえる意思をもつ場合しか保護されないのかは問題となる。自由な意思決定説のなかでは，「自由意思の有無は，あくまで被害者本人の意思に即して判断され」るべきだ[22]との見解も唱えられている。具体的には，「被害者が……処分した法益にどれほどの価値を認めていたか……，他方，処分することによってもたらされると信じた利益にどれほどの価値を認めていたか」を検討したうえで，「被害者自身の価値観にとって，もたらされると信じた利益の価値が処分される法益の価

---

18) 佐伯(仁)・総論219頁。さらに山口厚「欺罔に基づく『被害者』の同意」『田宮裕博士追悼論集(上)』（信山社，2001年）331頁。猛獣の「価値を基礎付けている事情についての錯誤」は法益関係的錯誤とする。
　　なお，山中・前掲注10)345頁は，早い時期から「緊急避難状況に準ずる状況」の錯誤があれば同意は無効と主張していた。理由は，「その決意は価値的に自由になされたとは言い得ない」からとされていたが，現在では，「価値に拘束された動機の錯誤によって，自己の法益の相対的価値を錯誤」したから（山中・総論215頁）と修正されている。
19) 付言すれば，現実に「正当化状況」があれば，同意は「押しつけられたのではない」合理的な判断であり，有効と評価される。具体的な事案で被害者が精神的に大きく動揺していたとの事情が加われば，強制に基づく同意に相応して無効となろうが，錯誤に基づく同意とは別の問題である。
20) 佐伯(仁)・総論220頁。参照，山口・前掲注18)331頁。なお，佐伯・同頁では，被害者の自由な意思決定という点から，「被害者に心理的強制を加える手段として欺罔が用いられる場合」も，同意は無効となるとされている。
21) 献血や医学実験のような「法益保全のために確立されたシステムに資する目的を害する場合も，いわば社会連帯の動機は保護されるべき」だとして同意を無効とするのは森永真綱「欺罔により得られた法益主体の同意」川端博＝浅田和茂＝山口厚＝井田良編『理論刑法学の探究(4)』（成文堂，2011年）144頁。
22) 林幹人「錯誤に基づく被害者の同意」『松尾浩也先生古稀祝賀論文集(上)』（有斐閣，1998年）249頁。基本的に支持すると見られるのは松原・総論136頁。

値をはるかに凌駕するために，もはや衡量の余地なく問題の法益を処分せざるをえないと考えたのであれば，彼はその法益処分の意思決定について，不自由である」23)と主張する。

　この見解には，得られると信じた利益が処分利益を「はるかに凌駕」することがなぜ必要かとの疑問が向けられよう。強制に基づく同意を無効とするには，「やむにやまれず」承諾したとの事情が要求されるとしても，錯誤に基づく同意を無効とするには，「わけもわからず」承諾したといえれば十分であり，得られると信じた利益が実は処分利益を下回ることを知らずにした「同意」は無効と解しうるように思われる24)。もっとも，これでは，被害者が個人的に重要と考える利益について錯誤していれば同意は無効となり，被害者規準説に立ち戻ることになる。

4　行為者への錯誤の帰属可能性

　近時は，同意の有効性を判断する際に，錯誤を惹起し，あるいは利用した者との関係を視野に入れるべきだとする見解も主張されている。

　ある論者は次のように説く。「内容的には刑法的に重要な欺罔・錯誤があっても，直ちに法益侵害行為が構成要件に該当し，違法性を備えるわけではな」い。「行為者が『錯誤を利用してはならない地位』を有している場合，つまり法益侵害結果について帰属主体たりうる場合にのみ，構成要件該当性，違法性が肯定されうる。……欺罔により得られた同意の問題は，客観的帰属論，正犯論の問題に解消される」。緊急避難（類似）状況の錯誤のケースも同様であり，行為者に犯罪が成立する根拠は，「法益主体が余儀なくされた法益処分に対して答責的である」ために，「客観的帰属が肯定される」点に求められる25)，と。

　行為者の「錯誤を利用してはならない地位」を考慮する必要性は，いわゆる目利き詐欺を例に説明される。商品の壺を安物と誤解している骨董品店の

---

23)　林・前掲注22)250頁。
24)　これに対して，錯誤のケースと脅迫のケースを区別することなく，「一定程度被害者に心理的強制が加えられた場合には，同意は無効となる」とするのは上嶌一高「被害者の同意(下)」法教272号（2003年）81頁。
25)　森永・前掲注21)166頁。

主人から勉強家の素人が高価と知りつつ格安で購入したとしても詐欺罪は成立しないと考えられる。プロである骨董品店の主人との関係では買主に告知義務がないからである。そうだとすれば，安物の壺であると偽って骨董屋の主人にその毀損に同意させた場合でも，器物損壊罪を認めるべきではない。この帰結を説明するには，行為者が「錯誤を利用してはならない地位」にはないという客観的帰属論の考え方を援用せざるをえないとする[26]。

別の論者は，行為者により「侵害を目的として欺罔・強制が行われた場合」，あるいは，行為者が「既存の錯誤・強制状況を義務に反して取り除かなかった場合」，被害者の承諾は有効でないと主張する。錯誤・強制を全く受けない真の「自由」を保障することは刑法の任務ではない。何某かの制約を免れない「自由を，更に（法益侵害を目的として）奪った場合に〔初めて〕，被害者の自律的な決定は否定」されると解すべきだから[27]である[28]。

以上の主張は，被害者が陥っている錯誤について行為者に帰属できなければ犯罪は成立しないとする点では支持できると思われる。しかし，同意の有

[26] 森永・前掲注21)156頁。その他，動機の錯誤の場合，「承諾そのものは有効である……が，承諾を得るに至った過程に違法・不当な要因があった場合には衡平の観点から，行為者は被害者の承諾による違法性の減少を援用することはでき」ないとする見解として野村・総論262頁がある。また，法益主体（被害者）に着目して，その錯誤につき落ち度が認められるか否かで有効性を判断する見解として近藤和哉「錯誤に基づく同意について」神奈川法学40巻1号（2007年）262頁。被害者の軽率さを行為者に転嫁すべきでないとの考え方による。しかし，この考え方を推し進めれば，被害者の財物管理に落ち度があれば盗んでも窃盗罪は不成立ともなりかねず，解決の方向性に疑問があるように思われる。

[27] 佐藤陽子『被害者の承諾』（成文堂，2011年）217頁，194頁。佐藤は，被害者の承諾を「行為態様に係る合意」，「法益侵害性に係る合意」，「同意」の3つに分ける「三元説」を主張している。承諾の有効性を本文のように判断するのは後二者においてである。「行為態様に係る合意」とは，「構成要件のメルクマールが（主に行為態様との関係で）特別な形における被害者の意思侵害に関係しているときに，その特別な形における意思侵害を排除する承諾」（同書24頁）とされ，その「有効性については，各論の文言の解釈に左右される」（同書217頁）とする。三元説については，さらに同「被害者の承諾における三元説の意義について」川端ほか編・前掲注21)101頁を参照。

[28] 「被害者が同じ認識に基づき同じ心理的強制を受けるとしても，行為者の関与の如何によって，被害者の同意が有効であったり，無効であったりする」と説くものとして上嶌・前掲注24)81頁。錯誤に対応する事実が現実に存在すれば違法性阻却が認められる場合以外の緊急状態の錯誤について，「法益主体が法益処分の性質を十分に認識しつつ，行為者によって主観的な二律背反状況に陥らされた点にその本質を有する」として，「欺罔によって当該錯誤を作出した者」との関係で同意の効力を否定すべきだとする見解として西田ほか編・注釈(1)358頁〔深町晋也〕がある。

効性と錯誤の帰属の可否は別の問題であって，前者が後者に解消されるわけでも，後者を含めて前者が判断されるわけでもないことは確認を要する。例えば，行為者により傷害を負わされた被害者が，第三者の指示する誤った治療法に従ったために死亡したケースでは，行為者への錯誤の帰属可能性とは関係なく，死に対する被害者の意思が不自由であったかどうかが判断されることからもそれは示されよう。

　加えて，行為者に錯誤を帰属できる事情が積極的に存在しなければ犯罪が成立しないとするのは狭すぎると解される。他者の法益を侵害すれば原則として犯罪の客観面は充足される。他者が瑕疵ある意思に基づいて処分する法益を侵害しても同様であろう。法益処分に関する他者の錯誤は行為者に帰属されるのが原則と考えられるのである（故意犯の成立には被害者の錯誤に対する故意が必要である）。先の設例で，勉強家の素人に詐欺罪が成立しないのは，相手が骨董品店の主人であるためにその錯誤の帰属が例外的に否定される（告知義務なし）からである。しかし，骨董品店の主人という地位は取引の場面でしか意味をもたないとすれば，器物損壊罪に関してそれは錯誤の帰属を妨げない。錯誤を認識している勉強家の素人に器物損壊罪が成立することに矛盾はないと思われる。

5　被害者規準説の再検討

　Ⅰで述べたように，被害者の同意に違法性を否定する効果を認める実質的根拠が法益主体の処分意思（自己決定）の尊重にあるとすれば，錯誤の重要性は，客観的・合理的にではなく，被害者自身の意思に基づいて判断することが出発点[29]になると思われる。問題は適切な限定をどのように図るかである。

　この点について，次のような見解が主張されている。「当該客体をいかに利用・処分するかという法益処分の自由も法益の内容・構成要素をなすか

---

[29]　近時，被害者規準説を基本的に維持すると見られるのは佐久間・総論196頁（「通常人が法益を放棄するだけの客観的状況を偽装」することを要求），井田・総論324頁（ただし，同325頁注26)は，「被害者の自由意思が失われているかどうかが重要なのではなく，被害者の法益の要保護性が失われるかどうかが本質的」と述べている）。

ら，法益処分の目的について欺罔され錯誤に陥った場合」は「法益関係的錯誤にあたる」。「法益処分の自由の保護適格・要保護性」という「視点からみた場合，財産や自由といった，一定の目的を実現するためにそれを処分することが本来予定・想定されている法益については，法益処分の自由は（原則として）保護の対象となりうる」といってよい。例外は，殺人を請け負うと欺罔するなど，「違法な目的のために財産を提供するような場合」である。他方，「それ自体が（他の目的に供されてはならないという意味で）自己目的であると解される生命については，一定の目的のために生命を処分することが事実上あったとしても，そうした処分の自由は刑法上保護の対象とされるべきではない」。身体についても，「その侵害が生命に危険をもたらす場合には，生命保護の見地から，処分の自由は認められない」。これらの法益のもとでは，目的の錯誤が考慮されず，処分は有効となる[30]，と。

　法益処分の自由を法益の内容と考えるかはひとまず措くとして，錯誤による承諾は原則として無効であり，ただ，被害者が抱く違法な目的までは尊重すべきでなく，そこに錯誤があっても同意を有効とする前段の主張は基本的に支持できると思われる。付言すれば，違法な行為を行うと騙して財物を交付させる場合に広く詐欺罪を認める判例[31]・通説の立場を考えれば，違法な目的とは，例示される，殺人の請負といった「著しく違法な」目的に限られよう。さらに，法が尊重するに値しないという点では，見栄や虚勢，単なる好き嫌いといったとるにたらない動機に関して錯誤があっても有効な承諾ありとしてよいと解される。以上に対して，生命・身体という法益をめぐる後段の主張には疑問が向けられる。それらの法益は自己目的であって条件付の処分が許されないならば，他の目的に供するための処分の承諾は，錯誤の有無にかかわらず，すべて無効となるはずだからである。「生命処分の動機において欺罔された偽装心中事件」において被殺者の錯誤が考慮されないのは，論者が説くように「生命処分の自由は保護の対象とならない」から[32]

---

30) 山口厚「法益侵害と法益主体の意思」山口編著・クローズアップ各論 16 頁，17 頁注。
31) 大判明治 42・6・21 刑録 15 輯 812 頁（紙幣偽造に必要と偽って金員等を交付させた行為に詐欺罪を肯定），最判昭和 25・12・5 刑集 4 巻 12 号 2475 頁（闇米購入のためと偽って 6000 円を交付させた行為に詐欺罪を肯定）。
32) 山口厚「法益侵害と法益主体の意思」山口編著・クローズアップ各論 17 頁。

ではなく，相手方の死を期待する「著しく違法な」動機だからではないかと思われる。

Ⅲ　錯誤の類型的検討

誤認される要素に着目して若干の検討を行う。

1　行為者の同一性・資格など

教授による手術の執刀に同意していたのに実習生が執刀したケースにつき，「両者の執刀に手術の効果・安全性にとって実質的差異がないならば，法益関係的錯誤とは言えない」として傷害罪を否定する見解[33]が見られる。しかし，そこでの傷害罪の実質が身体の完全性侵害というよりは医療行為の専断性にあるとすれば，執刀者が誰かに関する患者の意思は「単なる好き嫌い」でない限り尊重されてよいであろう。さらに，殴打に対する同意という通常のケースにおいても，誰が行うかの錯誤は同意を無効にするように思われる[34]。

性的自由は，法益関係的錯誤説でも対人的関係において保護される法益とされる。もっとも，準強制わいせつ罪・準強姦罪の成立要件である抗拒不能は，被害者に同一性を誤信させただけでは認められない点は留意を要する[35]。

法益関係的錯誤説は，住居侵入罪に関しても，侵入する者の同一性の錯誤は同意を無効にすると解している。ただし，これと区別された人の（外見から認識できない）属性の錯誤に基づく承諾は有効とする[36]。しかし，人は名

---

[33]　佐伯・前掲注8)73頁。小林・前掲注12)233頁は，患者がその者による「手術をどれほど強く拒否していたとしても」，傷害罪は不成立とする。

[34]　太宰治の「走れメロス」には，メロスと親友セリヌンティウスが一瞬でも友を疑ったことを恥じ，お互いに「私を殴れ」と言って殴り合う，よく知られたシーンがある。ここで，もし刑場に詰めかけた群衆の一人がしゃしゃり出て殴打したならば，暴行罪を適用してもよいだろう。

[35]　行為者を情夫と誤信していた事案で準強姦罪の成立を認めたものに仙台高判昭和32・4・18高刑集10巻6号491頁がある。しかし，被害者は深夜暗い部屋に寝ていて，夢うつつで意識がおぼろであったなどの事情が加わっての判断と見るべきであろう。

前や外観だけでなく職業や趣味，人間関係等々によっても同定される。人の同一性の判断資料として人の属性は重要なのであって，住居侵入罪を否定するためにこれを排除するのは，人の意思の有効性を判断する方法としては不適切と思われる。

詐欺罪に関する裁判例には，医師の資格を詐称して診察し，適応する薬を適正な価格で販売する行為[37]や，偽造した医師名義の証明書を用いて医師の指示等がなければ購入できない薬を対価を支払って購入した行為[38]に詐欺罪を否定したものがある。相手方が医師であること，真正の証明書を有することを被害者が信頼していたのであれば，その信頼は法的保護に値し，薬を交付する意思は無効といわざるをえない。それらの裁判例は，財産的損害という別の要件の欠如を理由に詐欺罪を否定したと解される。

2　処分されるもの自体の質や量

この要素をめぐる錯誤が承諾を無効にすることに争いはないと見られる。足の上に木の球を落とすと偽って鉄の球を落としてより重い傷害を負わせる，1時間だけと偽って5時間監禁する，粗悪品だと偽って所有する壺を毀損するなどのケースでは，被害者に有効な同意があったとはいえず，傷害罪，監禁罪，器物損壊罪が成立する。

ただし，法益関係的錯誤の例として挙げられることのある，重い病で余命は3か月と欺罔して同意を得て殺害するケース[39]については，先が短いから死ぬという動機は法的におよそ受け入れられず，その意味で「著しく違法」であるから，錯誤を考慮すべきではないと解される[40]。同意を無効と

---

36) 属性の錯誤を一般に有効とするのは佐伯・前掲注8) 96頁。外見上判断可能な属性の錯誤を無効とする見解として和田俊憲「住居侵入罪」法教287号（2004年）60頁，小林・前掲注12) 236頁，伊藤ほか・アクチュアル各論108頁〔齊藤彰子〕。
37) 大決昭和3・12・21刑集7巻772頁。「相手方は毫も財産上不正の損害を被りたる事実なく又被告人に於て之に因り特に不法の利益を享受したるものと謂ふを得」ないからとする。
38) 東京地判昭和37・11・29判タ140号117頁。「薬事行政上の規制をくぐったに止まり何ら個人的財産上の法益を侵害するものでないから詐欺の罪に当らない」とする。
39) 佐伯・前掲注8) 67頁，林・前掲注22) 239頁。
40) 林・前掲注13) 45頁は，「残りの生命についての欺罔・錯誤を法益関係的欺罔・錯誤とすることは，同一人物の中ではあっても生命のあいだに差を認めることであり」，是認できないと批判する。支持するものとして塩谷・前掲注12) 40頁。

するには，安楽死に準じるような事情も併せて仮装したとか，（強制に基づく同意のように）精神的に大きく動揺して承諾した[41]とかいった事情が付け加わる必要があろう。また，詐欺罪では，Ⅱ4で挙げた目利き詐欺のケースのように，行為者に告知義務が否定されることで犯罪自体は不成立となる場合が考えられる。

3　処分により生じる効果

詐欺罪に関しては，市場価格相当の治療器具をその効能を欺罔して販売した事案で詐欺罪を肯定した裁判例[42]があり，法益関係的錯誤説でも，被害者の財産処分の目的に関する錯誤があれば承諾の効果が否定されると考えられている。

他方，多額の金銭を支払うと偽って死ぬことに同意させたようなケースについては，法益関係的錯誤説から承諾を有効とする有力な主張がある。これを無効とすれば，生命という法益が「それ自体の価値ではなく金銭との交換価値において保護されることになる」[43]からだとされる。しかし，「それ自体の価値」として生命を保護しようとする場合，Ⅱ5でも指摘したように，条件を付した承諾は錯誤の有無を問わずすべて無効となろう。生命の処分にも条件を付しうるとしたうえで，金銭の支払を条件とすることが著しく違法とまでいえないとすれば，その錯誤のもとで同意を無効としてもよいように思われる[44]。

---

41) 殺人の間接正犯を肯定したものであるが，参照，福岡高宮崎支判平成元・3・24 高刑集42巻2号103頁。
42) 最決昭和34・9・28刑集13巻11号2993頁。
43) 佐伯・前掲注8)70頁。さらに同73頁参照。傷害に対する承諾も同様に有効であり，例えば，「高く買うと欺されて採血に応じた」者に対する傷害罪は成立しない。ただし，傷害罪では身体の全体的機能が保護の対象であることから，「治療的侵襲が身体の健康状態にとって持つ意味を錯誤なく認識していなければ」，承諾は無効とされる。
44) 暴行罪や傷害罪との関係でも同様に考える立場において，カツラに使いたいので5000円支払うと偽って頭髪の切除を承諾させたようなケースは暴行罪と詐欺罪の観念的競合になると解される。同旨，森永・前掲注21)146頁。これに対して，山口厚「法益侵害と法益主体の意思」山口編著・クローズアップ各論19頁注35は重い詐欺罪の成立を肯定することで足りるとする。

4　処分後の事態

　法益関係的錯誤説は，献血事例について傷害罪を否定するものの（Ⅱ 3），社会的目的を偽って寄付をさせる形態には詐欺罪を肯定する。「人間が財産的給付によって得ようとするのは経済的利益だけでなく社会的目的の達成も含まれる」から[45]とされる。

　裁判例には，第三者に引き渡す意図を秘して銀行から預金通帳等を[46]，航空会社から搭乗券を[47]交付させる行為に詐欺罪を肯定したものがある。銀行や航空会社は，預金通帳や搭乗券が受交付者以外の者により使用されないことに正当な関心を有しており，そこに錯誤があれば処分は無効といわざるをえない。裁判例の結論に疑問が残るとすれば，銀行や航空会社にさしたる財産的損害が生じるとも思えない両事案においてなお告知義務ありとした点にあることになろう。

　住居侵入罪や監禁罪に関して，相手方が立入りや場所的拘束により果たそうとする目的を被害者が錯誤していた場合の処理も議論されている。被害者規準説を批判する学説は，立入りや（期間等を含めた）場所的拘束自体に同意があれば十分であり，その他の事情に関する錯誤を考慮すべきではなく[48]，このような錯誤しかない場合にまで犯罪成立を認める判例[49]を妥当でないとする。たしかに，被害者規準説では被害者の承諾が有効とはいえないであろう。そうだとしても，建造物への立入りや場所的な拘束は日常的かつ頻繁に行われており，個々の立入り・拘束目的に対する被害者の承諾の有無に犯罪の成否を拠らせるのは不適当であることから，行為者は立入り等の

---

[45]　佐伯・前掲注8)116頁。精確には，詐欺罪の財産犯的性格から，「客観化可能で具体的給付に内在し，かつ経済的に重要な目的」の達成に錯誤がある場合に詐欺罪の成立は限定される（同 117 頁）。
[46]　最決平成 19・7・17 刑集 61 巻 5 号 521 頁。
[47]　最決平成 22・7・29 刑集 64 巻 5 号 829 頁。
[48]　佐伯・前掲注8)82頁，87頁，98頁。
[49]　参照，住居侵入罪につきⅡ 1 で掲げた最大判昭和 24・7・22，監禁罪につき最決昭和 33・3・19 刑集 12 巻 4 号 636 頁（被害者の母親の入院する病院に行くと偽って，別の場所に行くように言い含めておいた運転手の運転するタクシーに乗車させた事案で監禁罪を肯定），広島高判昭和 51・9・21 刑月 8 巻 9＝10 号 380 頁（移動した先で強姦する意図を隠して被害者を自動車に乗車させた事案で監禁罪を肯定）。

目的を告知する義務を負わないとの――詐欺罪におけると同様の――構成により，住居侵入罪や監禁罪の成立を否定することはなお可能ではないかと思われる。

Ⅳ　まとめ

　被害者の同意に構成要件該当性の阻却や正当化の効果を認める実質的根拠を法益主体の処分意思（自己決定）の尊重に求める以上，錯誤に基づく同意の有効性は，基本的に，誤認された事実を被害者自身が重要と考えるか否かにより判断される。ただし，被害者が抱いた目的が著しく違法であるか，とるにたらない些末なものである場合，その錯誤を考慮する必要はなく，同意はなお有効と評価される（Ⅱ 5）。
　錯誤に基づく同意が無効であれば，法益は侵害されており，原則として犯罪は成立する（故意などの主観的要件の充足は別に必要である）が，被害者の錯誤を行為者に帰属すべきでない例外的な事情があれば，不成立となる。このような例外的処理は，詐欺罪において告知義務の否定という形で行われている（Ⅱ 4）。さらに住居侵入罪や監禁罪においても同様の構成を採りうるように思われる（Ⅲ 4）。

第5章

故意における事実の認識

I　はじめに

　「故意」をどのように規定するかをめぐっては，犯罪論体系上の位置づけ，違法性の意識ないしその可能性との関係，正当化事情の認識・錯誤の取扱など，古くから激しい論争が繰り広げられてきている。しかし，犯罪（違法性）を基礎づける事実の認識が「故意」に含まれることに異論はないといってよい。もっとも，このような「事実認識としての故意」（以下では，「事実的故意」とも呼ぶ）に関しても，意思的要素の考慮のしかた（未必の故意と認識ある過失の限界づけ），客観的事実と認識に齟齬が生じた場合の処理（具体的事実の錯誤・抽象的事実の錯誤の取扱）など，やはり古くからの周知の争点が存在する。本章では，それらと並ぶ争点の一つ，違法性と区別された「事実」の認識とは何かを取りあげる。その際，個別ケースにおける事実的故意の肯否は行為者の認識内容の微妙な相違に左右されることから，そこにはあまり立ち入らず，前提となる判断の枠組に重点を置いて判例・学説の整理を進める。

II　事実の錯誤か法律（違法性）の錯誤か

　故意における事実認識に関してよく知られる古い判例にたぬき・むじな事件判決[1]がある。当時の狩猟法5条を受けた同法施行規則2条2項が狩猟鳥獣に「狸」を挙げて狩猟期間等を定めていたところ，被告人は狩猟期間外に

---

1) 大判大正14・6・9刑集4巻378頁。

たぬきを捕獲したとして起訴された。判決は，傍論ながら，自分は「むじな（十文字狢）」を捕獲していると認識していたとの被告側の主張に次のように答えて「犯意を阻却する」とした。被告人は「十文字狢は禁止獣たる狸と別物なりとの信念の下に之を捕獲したるものなれは狩猟法の禁止せる狸を捕獲するの認識を缺如したるや明か」である，と。もっとも，この判決の前年に，やはり狩猟法施行規則2条2項が狩猟鳥獸として掲げる「鼯鼠（むささび）」を狩猟期間外に捕獲した事案で，「もま」を捕獲していると認識していたとの被告側の主張を，「鼯鼠即ち『もま』を『もま』と知りて捕獲したるものにして犯罪構成に必要なる事実の認識に何等の欠缺あることなく唯其の行為の違法なることを知らさるに止る」として有罪を言い渡したむささび・もま事件判決[2]が出ていた。両判決の論理を統一的に理解することは困難を伴うといわざるをえない。

　戦前の学説は，両判決と同様，行為者の誤信を事実の錯誤か法律（違法性）の錯誤かに分けて問題を処理していた。「事実の条件を定むる法規の錯誤は延て以て罪の構成要素の不認識を来し事実の錯誤を招致する」[3]など，広く故意阻却を認める見解や，「法の錯誤によって違法の意識が缺けてゐる場合」としたうえで，錯誤に過失があればなお故意責任がある[4]，逆に，「取締規則の認識が犯意の要件」だとして消極に解する[5]などの見解のほか，有力に唱えられたのは，法律の錯誤を二分して一部を事実の錯誤とする見解であった。そこでは，刑罰法規自体の錯誤と当該「刑罰法規以外の法律の錯誤，即ち自己の行為に対して法律上の効果を生するの前提と為るへき法律関係を規定する法規に付ての錯誤」を分け，後者について[6]，あるいは，窃盗罪における物の他人性のような「構成要件の中の規範的要素に該当したところの性質についての不知又は誤解」について[7]，事実の錯誤とされた。

---

2) 大判大正13・4・25刑集3巻364頁。
3) 岡田庄作『刑法原論総論〔増訂改版〕』（明治大学出版部，1917年）193頁。さらに勝本勘三郎『刑法要論総則』（有斐閣，1913年）219頁（非刑罰法規の不知・錯誤に限られないことを明言する），泉二・総論481頁（「犯罪構成事実たる法律関係の不知を来す可き法律の錯誤は畢竟罪となる可き事実に関する錯誤に外なら」ないとする）。
4) 宮本・大綱170頁，146頁。
5) 瀧川幸辰「法律の錯誤と狩猟法違反」同『刑事法判決批評第2巻』（立命館出版部，1937年）90頁。

しかし，事実の錯誤か法律（違法性）の錯誤かを分けるならば，前提として事実の錯誤とは何か，精確には，事実を認識しているとはどういう心理状態をいうのかが明らかでなければならない。そこに十分な検討を加えることなく，刑罰法規の「構成要素」や前提となるべき「法律関係」に着目する学説には重大な問題があった。概念のそのような抽象的レベルでは，事実の錯誤とも法律の錯誤ともいえるからである。目前の動物を「むささび」ではなく「もま」と信じていたと捉えれば事実の錯誤，狩猟法（施行規則）の掲げる「狸」に「むじな」は含まれないと考えたと見れば法律の錯誤となる。非刑罰法規ないし規範的要素の錯誤に関しても同様である。「物の他人性」という抽象的レベルでは，民法等の解釈を誤った違法性の錯誤とも，結局，自分の物と思ったという事実の錯誤ともいえる。常に事実の錯誤で故意を阻却すると説くのは結論の先取りであろう。当時の学説状況のもとでは，2つの大審院判決に見られた論理的齟齬は十分に想定内だったのである。
　故意の成立に必要な事実認識の内容を特定しないという判例の態度は，両判決に限られたわけではなく，しかも戦後しばらくまで続く。家畜市場法により当該期日・場所での家畜の売買・交換が禁止されていることの認識を欠

6）牧野・日本刑法(上) 222 頁。ただし，牧野は，「法律の錯誤に関し，所謂自然犯と所謂法定犯とを区別」する考え方（同 217 頁）に立ち，法規範の認識が要求される法定犯では，非刑罰法規が「其の刑罰法規の内容を為すものと見る可きものたるに拘はらず，其の錯誤は同時に事実の錯誤となる」（同「法律の錯誤と法定犯」同『刑法研究第1巻』〔有斐閣，1919 年〕305 頁）として，自然犯と異なる処理を行う。その他の刑罰法規・非刑罰法規二分説として山岡萬之助『刑法原理〔訂正増補版〕』（日本大学，1920 年）165 頁，大場・総論下 718 頁。

7）木村亀二「錯覚防衛と法律の錯誤」同『刑法解釈の諸問題(1)』（有斐閣，1939 年）344 頁。さらに参照，草野豹一郎「所謂狸狢の判決に就て」同『刑事判例研究巻(5)』（巌松堂書店，1940 年）230 頁。「犯罪構成要件に該当する事実に〔は〕法律的価値判断〔が〕……含まれ居る」として規範的要素と事実的要素の区別を認めないため，広く故意阻却を認める第1の見解と結論的に等しくなっている。戦後の学説として荘子・総論 385 頁。

8）大判大正 14・11・27 刑集 4 巻 680 頁。同様に，規則や告示の誤解について法律の錯誤として故意阻却を認めない裁判例として大判昭和 15・9・12 刑集 19 巻 579 頁（商工省告示），最判昭和 25・12・26 刑集 4 巻 12 号 2627 頁（衣料品配給規則）。さらに参照，大判大正 11・11・17 刑集 1 巻 666 頁。自己の行為が医師法の禁止する無免許の「医業」であることの認識を欠いた事案で，そのような認識は「素より其の犯罪の成立に必要ならず」とのみ述べて無免許医業罪の成立を肯定する。また，公務執行妨害罪に関して，執行行為が不適法との誤信を違法性の錯誤とするものに大判昭和 6・10・28 法律評論 21 巻諸法 69 頁，大判昭和 7・3・24 刑集 11 巻 296 頁がある。

いた事案で，禁止区域・期間を指定する地方長官の「告示の内容を知らさるの故を以て罪を犯す意なしと為すを得す」とのみ述べて同法違反の罪を肯定した判決[8]は，単純に法律の錯誤と解したからだと思われる。「メタノール」等の譲渡，所持等を禁止する有毒飲食物等取締令1条[9]の違反に問われた事案で，「メタノール」と異なる「メチルアルコール」と認識していたとの被告側の主張を，仮に両者が「同一のものであることを知らなかったとしても，それは単なる法律の不知に過ぎない」とした戦後の判決[10]も同様である。

　非刑罰法規の錯誤は事実の錯誤とする処理を行う裁判例も認められる。封印等破棄罪に関して，「民事訴訟法其の他の公法の解釈を誤り被告人か……差押存せすと錯誤し又は封印等を損壊するの権利ありと誤信したる場合に於ては本罪の犯意を阻却する」とした決定[11]がそれである。戦後でも，寺院規則が失効したと誤信し，その規則に定める手続によらずに総代の選任や新寺院規則の制定を行ったうえ，寺院登記簿の変更登記を行った事案につき，「被告人は右規則の適用を誤った結果刑法第157条第1項の罪の構成要素たる事実の錯誤を生じた」として公正証書原本不実記載等罪の故意を否定した原判決を維持したもの[12]，首輪を付けた鑑札のないポインターを撲殺した行為等が器物損壊罪，窃盗罪に問われた事案で，県の「警察規則〔＝飼犬取

---

9) 条文は，「メタノール又は四エチル鉛を含有する飲食物は之を販売，譲渡，製造又は所持することを得ず〔。〕メタノールは飲食に供する目的を以て之を販売，譲渡，製造又は所持することを得ず」である。なお，同令は昭和21年1月30日に勅令52号として出されたものであるが，同年6月18日の改正（勅令325号）で過失犯も処罰する規定が導入されている。

10) 最大判昭和23・7・14刑集2巻8号889頁。さらに「メチール」が含有しているかもしれないと認識していた事案において同罪の故意を認めたものとして最判昭和23・12・7刑集2巻13号1702頁。

11) 大決大正15・2・22刑集5巻97頁。先に本文で挙げた家畜市場法に関する同種事案で，禁止区域・期間を指定する地方長官の告示は「禁令法規の内容を成す」から，告示の不知は違法性の錯誤であって故意を阻却しないとしたものに大判大正5・5・6刑録22輯696頁，輸出入品等に関する臨時措置に関する法律違反の事件で，同様に，告示（同法の委任を受けた商工省告示）が刑罰法規の一部をなすことを強調して故意を肯定するものに大判昭和15・11・7刑集19巻737頁がある。さらに，住居侵入罪に関して，「刑罰法規の解釈を誤り犯罪行為を法律の認容したる行為なりと信した」としても法律の錯誤にすぎないとの前提のもと，「仮令弁護士の意見に依り侵入するも罪とならすと告けられ之を信したりとするも畢竟刑法第130条の解釈を誤りたる」にすぎず，同罪の成立を妨げないとしたものとして大判昭和9・9・28刑集13巻1230頁。

締規則〕等を誤解した結果鑑札をつけていない犬はたとい他人の飼犬であっても直ちに無主犬と看做されるものと誤信していた」のであれば,「錯誤の結果判示の犬が他人所有に属する事実について認識を欠いていた」可能性があるとして,両罪の成立を肯定した原判決を破棄したもの[13]が挙げられる。

III 社会的意味の認識

事実の錯誤か法律（違法性）の錯誤か,あるいは,刑罰法規自体の錯誤か非刑罰法規の錯誤かという,少なくとも問題設定としては適切といいがたい区別論から,故意に必要な認識内容を問う立場へと転換が図られるのは戦後になってからと思われる。

判例では,先にも挙げた有毒飲食物等取締令1条違反の罪に関して,その成立には「『メタノール』〔等〕であることを認識して同条の禁止する行為を行ったことを要し,これを認識しないで右禁止する行為を行ったのでは……〔同〕罪は成立しない」,「飲用に供すると身体に有害であるかもしれないと思ったというだけでは,直ちに被告人等が判示品物はメタノールであるかも知れないと思ったものとはいえない」として故意を否定したもの[14],わいせつ物頒布等罪の故意には,「問題となる記載の存在の認識とこれを頒布販売することの認識があれば足り,……猥褻性を具備するかどうかの認識まで必要とし」ない[15],物品税法上の無申告製造罪[16]に関して,ブランコ等が

---

12) 最判昭和26・7・10刑集5巻8号1411頁。原判決は東京高判昭和25・11・29刑集5巻8号1417頁。

13) 最判昭和26・8・17刑集5巻9号1789頁。器物損壊罪における物の他人性の認識につき同様の立場と見られるのは東京高判昭和34・10・1東高刑時報10巻10号392頁。

14) 最判昭和24・4・23刑集3巻5号610頁。同旨,最判昭和24・2・22刑集3巻2号206頁。なお,「メタノール」の認識があれば,有毒性の認識を欠いても同取締令1条違反の罪の故意として十分とするものに最判昭和23・3・20刑集2巻3号256頁がある。別に過失致死罪の成立が肯定されている。

15) 最大判昭和32・3・13刑集11巻3号997頁。後に,この判示を踏襲しつつ,上映された映画がわいせつ性を具備しないと信じたことに相当の理由があるとして「刑法175条の罪の犯意を欠く」としたものとして東京高判昭和44・9・17高刑集22巻4号595頁。

16) 昭和25年の改正後の物品税法18条1項は「政府に申告せずして……第1種若しくは第2種の物品を製造したるもの」（1号）について刑罰を規定しており,「玩具」,「遊戯具」は「第1種丁類42」に掲げられていた。

物品税課税物件であり，その製造を政府に申告する必要があることを知らなかった事案につき，被告人らに「本件物品製造の認識自体についてはなんら欠くるところがな」く，「本件は事実の錯誤をもって論ずべき場合に当らない」[17]として故意を肯定したもの，封印等破棄罪の故意に関して，「差押の標示が公務員の施したものであること並びにこれを損壊することの認識あるを以て足りる」と判示したもの[18]などが挙げられる。

もっとも，最初の有毒飲食物等取締令に関する判決には，「メタノール」という名称の認識を重視することが果たして妥当か，「メチルアルコール」との認識で故意の認定に十分とするようにも解されるⅡで掲げた判決と整合するのか，2番目と3番目の判決には，外形的事実が認識されていればよいようにも読めるが，それは適切かといった疑問が向けられる。また，最後の判決は，外形的事実を超えて「公務員の施した」標示という認識を要求するものの，その根拠が示されているとはいえないとの難点を指摘しうる。

判例の不分明な状況が続くなか，学説では，構成要件要素のうち，記述的要素「の認識は単純な認識であれば足り」るが，規範的要素の認識は「意味の認識」を要し，それは「専門家的認識たる必要はなく，行為者の属する社会の一般人の判断において理解せられている程度の意味の理解」が行為者にあればよい[19]，あるいは，罰条が「規範的要素を包含する場合」，「法的評価に並行する社会一般の評価もしくは裁判官の法的評価と方向を同じくする行為者所属の社会層の価値判断をわきまえておればよい」[20]とする見解——社会的意味の認識を要求する説[21]——が通説化する[22][23]。

---

17)　最判昭和34・2・27刑集13巻2号250頁。
18)　最判昭和32・10・3刑集11巻10号2413頁。本罪に関しては，さらに最判昭和32・8・20刑集11巻8号2090頁。必要な認識内容について明確な判示はなく，「公示札の趣旨を知悉し，本件杉立木11本が現実に執行吏の占有中であることを知」っていた以上，「右杉立木は警察より仮還付せられたものと誤信し，仮還付のあった以上これを伐採してもよいとの意思表示が警察からなされたものと思」ったとしても違法性の認識がなかったにすぎないとする。
19)　木村（阿部増補）・総論213頁。
20)　佐伯（千）・総論251頁。

Ⅳ 事実認識の規範化・実質化

1 行政法的規制や処分に対する認識

通説で問題となる場面の一つは，行政法等による規制の認識を欠く場合の処理である。一定の区域における一定の行為を禁止するゾーン規制を例にとると，判例は，Ⅱで述べたように，家畜市場法に基づく規制の認識の欠如を「法律の錯誤」として故意を肯定した判決も見られたものの，追越禁止場所を示す道路標識等を見落としていたケースで，「追越禁止区域内で他の自動車を追い越すという認識」が必要として追越禁止違反の罪[24]の故意を否定したもの[25]，「銃猟の場所が銃猟禁止区域に属することを知らなかったことは，狩猟法第21条第1項第2号に定める『銃猟禁止区域において銃猟した』罪を構成する事実の認識を欠」くとしたもの[26]など[27]があり，法的規制の認識を要求する立場と解される。

社会的意味の認識説からは，「禁止区域」の認識までなくとも，「社会の一般人の判断において禁止区域と理解される程度の意味」が認識されていれば十分となろう。もっとも，道路標識等により追越禁止場所が設定されている場合は，それでは足りず，「道路標識等の認識」がやはり必要と思われる。上掲の下級審裁判例も同旨であるし，学説でも，この場合，「設置された標

---

[21] 中野・総論215頁，井上正治『刑法学総則』（朝倉書店，1951年）136頁，平野・総論Ⅰ169頁，福田・総論110頁，213頁，中義勝『輓近錯誤理論の問題点』（法律文化社，1958年）113頁，内藤・総論（下Ⅰ）1054頁，川端・総論285頁（ただし，物の他人性などの「法律的事実」については構成要件的錯誤と違法性の錯誤の区別による処理を行う〔同頁〕），山中・総論672頁。なお，重井輝忠「事実認識と故意」阪大法学49巻5号（2000年）174頁（「当該行為者が属する社会における一般人が当該条文を知れば認識するであろう行為事情の認識」とする）。

　事実的故意として意味の認識を要求しつつ，事実の錯誤（構成要件的錯誤）と法律の錯誤（違法性の錯誤）の区別による処理も維持する見解として団藤・総論294頁，313頁（意味の認識と並行的評価の認識とは「区別されるべき」〔同295頁注(9)〕とする），大塚・総論181頁，187頁。

[22] 福田平「事実の錯誤と法律の錯誤」同『総合判例研究叢書刑法(16)』（有斐閣，1961年）39頁は，昭和30年代半ばにおいて，意味の認識を要求する立場を「最近の通説」とする。

識等と当該場所そのものとがいわば一体となって，その場所が追越禁止区域を構成している」から，「行為者が追越禁止の標識等に気づ」いて「追越禁止区域である」と認識することを要する[28]との説明が見られる。そのような処理と故意を「社会的」意味の認識とする立場との整合性[29]が問われることになる。

　行政庁の処分に関する判例には，浴場の営業許可の名義を父親から会社に変更しようとしたところ，法的にできないとの報告を顧問弁護士から受けたため，県会議員等に働きかけて「許可申請事項変更届」を県に受理させ，許可台帳の記載を訂正させたうえ営業を継続した行為について，被告人は「変更届受理により被告会社に対する営業許可がなされたものと認識していた」などとして公衆浴場法上の無許可営業罪[30]の故意を否定した最高裁判決[31]がある。理由は必ずしも明らかではないが，許可があったと社会の一般人の判断において理解される程度の意味が認識されていたからと考えた[32]のであれば疑問であろう。「許可」といった法的行為に関しては，社会ではなく行政法の見地から一応「許可」といえるもの――無効にせよ「許可証」の交付など――の認識がなければ故意を阻却すべきでないと思われるからであ

23) 同様の判断を行う裁判例として東京地判昭和34・12・25判時214号32頁（「道路交通取締法第7条第1項，第2項第3号の無謀操縦となる酩酊運転」の故意について「犯人が正常な運転ができない虞があると判断すると否とに拘らず，一般に正常な運転ができない虞があると認められる程度に酒に酔っているその酩酊の度合の認識があることを以て足る」とする)。
　社会的意味の認識で問われているのは，社会の一般人が法の規定する事態を正しく認識しているとすればどのような内容となるか，どのような言葉で表現するかという仮定的判断であって，社会が現実に（誤信を含めて）法律上の概念をどのように認識しているかではない。この点で疑問の残る裁判例として札幌高函館支判昭和26・3・9判特18号120頁（被告人が認識した「洗濯ソーダと〔物価統制令において統制品とされる〕炭酸ソーダとは別個のものであると思うのが一般」だとして故意を阻却），神戸地判昭和33・7・22一審刑集1巻7号1080頁（「民事訴訟手続の知識に乏しい普通の一般人」は裁判上の和解によって仮処分の効力が失われると誤信するとして，仮処分の公示書を剥離する行為に封印等破棄罪の故意を否定)。
24) 道路交通法30条は，「車両は，道路標識等により追越しが禁止されている道路の部分……においては，他の車両……を追い越すため，進路を変更し，又は前車の側方を通過してはならない。（後略）」と規定する。罰則は同法119条1項2号である。
25) 東京高判昭和30・4・18高刑集8巻3号325頁。さらに，横断禁止の標識を見落としたケースにつき，禁止違反の罪の故意を否定したものとして大阪高判昭和28・4・28判特28号21頁。
26) 東京高判昭和35・5・24高刑集13巻4号335頁。

る。

　行為者の認識が事実の詳細に及ばなくてよいとしても,「法的評価に並行する社会一般の評価」の認識をもって十分とする結論が当然に導かれるわけではない。事実認識の内容を「規範的に」画定する考え方もまた唱えられている。

2　違法性の意識を可能にする事実の認識

　事実的故意を規範的に構成する立場で現在有力なのは,違法性の意識を可能にする事実の認識をもって故意とする見解である。例えば,「その認識内容では,およそ一般人が,本来違法の意識をもつはずがない,といえる場合」は事実の錯誤,「本来なら違法性の意識が喚起されることが期待されるだけの事実認識をそなえていながら,錯誤により違法でないと思った」場合を法律の錯誤[33]),あるいは,「犯罪事実の認識が故意責任において必要となる実質的意味は,その認識があれば違法性の意識が喚起され反対動機の形成

---

27) 禁止区域の認識を故意犯成立に必要とする趣旨と解される戦前の裁判例として大判大正3・12・24刑録20輯2615頁（禁漁区域における捕魚），大判大正11・11・28刑集1巻709頁（銃猟禁止区域における銃猟），大決昭和12・3・31刑集16巻447頁（要塞地帯法に基づく撮影等の禁止区域における撮影）がある。ただし，後2者は，明文のない過失犯処罰を肯認することで結論的に犯罪成立を肯定している。なお，火薬類取締法を受けた同法施行規則が「火薬類の投棄海面が陸地より8キロ未満でまたは，水深が200米未満である」海中投棄を違法としている以上，「右の事情を認識していないとき」は犯意を阻却するとしたものに大阪高判昭和38・7・19高刑集16巻6号455頁がある。

28) 福田平「行政犯における事実の錯誤と法律の錯誤との限界」判タ1004号（1999年）11頁。さらに平野・総論Ⅰ172頁，団藤編・注釈(2)Ⅱ356頁〔福田平〕。なお参照，重井輝忠「行政刑法における事実認識と違法性の意識」阪大法学50巻3号（2000年）83頁。行政法上の規制に関する知識を「事実認識の範疇にも属するが,それと同時に,違法性の意識の前提としての規範知識でもある」とする。これに対して，そのような認識は意味の認識を超えており，違法性の意識の問題とするのは南由介「意味の認識の限界と禁止の認識」法学政治学論究59号（2003年）315頁。

29) 差異的な処理を承認するのは田中久智「規範的構成要件要素の研究」法政研究（九州大学）31巻5＝6号（1965年）521頁。「『差押』，……『銃猟禁止区域』等のように『法技術的に構成された意味（法律的意味）がその本質的内容をなす要素』では，裁判官も行為者もひとしく，その法技術的に構成された意味（法律的意味）を認識していなくてはならない」のに対して，「物の『他人性』等のように『文化的・社会的意味をその本質的内容とする要素』では，……その社会的意味の認識があれば充分」とする。さらに，同「事実の錯誤と違法性の錯誤の区別」八木國之先生古稀祝賀『刑事法学の現代的展開(上)』（法学書院，1992年）162頁。

が可能になる点にあるから，……構成要件に該当する事実のうち違法性の意識を喚起すべき事実……に関する錯誤」は事実の錯誤[34]といった説明[35]がそれに当たる。

最高裁判例にも，覚せい剤輸入罪・所持罪（覚せい剤取締法 13 条・14 条・41 条・41 条の 2）における「覚せい剤」の認識に関して，「化粧品，なかんずく，バスパウダーであると思っていた」との被告側の主張を，被告人には「覚せい剤を含む身体に有害で違法な薬物類であるとの認識があ」り，それは「覚せい剤かもしれないし，その他の身体に有害で違法な薬物かもしれないとの認識はあったことに帰する」として両罪の故意を肯定したもの[36]がある。そこでは，「覚せい剤」の認識を要求するかのような「故意を認定するための伝統的な表現」が用いられてはいる[37]ものの，多様な規制薬物の中で「最も厳重な規制を受ける薬物であ」る覚せい剤の故意には「重処罰を根拠づけるだけの事実の認識」が必要と考えられ，「規制薬物であると認識しており，その中から覚せい剤を除外していなかったというだけでは……不

---

30) 公衆浴場法 2 条 1 項は「業として公衆浴場を経営しようとする者は，都道府県知事の許可を受けなければならない」と規定する。罰則は同法 8 条 1 号である。
31) 最判平成元・7・18 刑集 43 巻 7 号 752 頁。
32) 判決をこのように理解するのは大谷實「判批」判評 379 号（判時 1352 号）74 頁，川端博「判批」法セ 424 号（1990 年）124 頁。ちなみに香城敏麿「判解」同『刑法と行政刑法』（信山社，2005 年）66 頁は，構成要件該当事実に対応する自然的事実の認識はあったけれども，「行政処分という特異な事情が介在したことを理由として事実の錯誤を認めた」判決であると解説している。
33) 藤木・講義総論 217 頁。
34) 大谷・総論 348 頁。さらに松原久利「違法性の意識」川端博＝浅田和茂＝山口厚＝井田良編『理論刑法学の探究(2)』（成文堂，2009 年）115 頁。「違法・責任評価の基礎となる事実の社会的意味内容の認識」としつつ，「そこには，類型的に直接違法性の意識が喚起可能となるような程度の認識が含まれる」とする。
35) 西原春夫『刑法総論下巻〔改訂準備版〕』（成文堂，1993 年）470 頁。「法律が……，違法性の意識への直接的な期待が可能になるよう犯罪事実の認識を完成させるべきだとの期待しかできない場合……，事実の錯誤として故意の阻却が認められる」とする。同旨の説明として曽根・総論 194 頁，洲見光男「『あてはめ』の錯誤と故意」早稲田大学大学院法研論集 47 号（1988 年）121 頁，129 頁（違法性の意識を喚起しうるかどうかの判断の標準は「法規の対象となっている通常人」とする）。さらに前田・総論 157 頁，164 頁。
36) 最決平成 2・2・9 判時 1341 号 157 頁。
37) 第 1 審・東京地判昭和 63・10・4 判時 1309 号 157 頁は「日本に持ち込むことを禁止されている違法な薬物である，との認識」で足りるかのように判示する。最高裁決定は「覚せい剤を含む」とする点でこれとは異なる。

十分」[38]とすれば，決定要旨は「身体に有害で違法な薬物類であるとの認識」に重点を置いて理解されるべきこととなろう。このように違法性の認識から事実的故意を導く態度は，上記の有力説と考え方を等しくすると思われる[39]。

　有力説は，故意責任の本質を違法性の意識の可能性に求め，事実認識としての故意の内容をこれに関連づける考え方[40]を背景にもつ。これには，まず，そのような事実認識の存在が肯定されれば，改めて違法性の意識の可能性を取りあげる余地がなくなるとの批判がある[41]。事実認識があるだけでは類型的に違法性の意識が可能といえるだけで，個別的な検討のもとで責任が阻却される余地があるとも指摘[42]されるものの，一般人が違法性を意識

---

38) 中森喜彦「判批」刑法判例百選Ⅰ〔第5版〕(2003年) 75頁。なお，「覚せい剤の『高度の有害性』の認識を認めるためには，有害性の程度の認識はある意味で非常に不明確なので，覚せい剤やヘロインを指し示す何らかの概念による把握が実際上必要にならざるをえない」と指摘するのは山口厚「判批」刑法判例百選Ⅰ〔第3版〕(1991年) 85頁。

39) 前掲注36)最決平成2・2・9が出るまでの薬物犯罪に関する下級審判例については中森喜彦「麻薬・覚醒剤に関する認識・故意」判タ721号 (1990年) 72頁を参照。麻薬所持罪につき，医師であった父親の死亡後，「薬ならなんでも一通りはあると思っていた」として故意を認めたもの (東京高判昭和25・11・15判特13号28頁。さらに福岡高判昭和26・1・22判特19号1頁)，覚せい剤原料譲受罪につき，「塩酸エフェドリン」の認識に加えて「違法性の認識」があれば事実認識として欠けるところはないとしたもの (東京高判昭和49・7・9刑月6巻7号799頁) がある一方で，覚せい剤所持罪につき「覚せい剤原末であることの認識」を要するとして結論的にも故意を否定したもの (大阪高判昭和30・10・10裁特2巻20号1041頁。なお参照，仙台高判昭和54・10・29判時973号137頁)，覚せい剤原料譲渡罪につき，「塩酸エフェドリン」だけでなく「覚せい剤原料」の認識を要するとしたもの (東京高判昭和49・11・11刑月6巻11号1120頁)，麻薬の中でも規制の厳格な「塩酸ヂアセチルモルヒネ」や「ヘロイン」については「麻薬」であるとの認識では足りないとしたもの (東京高判昭和29・3・8東高刑時報5巻2号62頁，東京高判昭和60・11・6判時1216号148頁) など具体的な規制内容に相応する認識を重視する態度が示されていた。決定後は，毒物及び劇物取締法施行令の規定する「トルエン……を含有するシンナー」につき，「身体に有害で違法な薬物を含有するシンナー」との認識があれば足りるとしながら，「当該シンナーにはトルエンが含有していないと思っていた」とすれば，吸入目的所持罪の故意が欠けるとしたもの (東京地判平成3・12・19判タ795号269頁)，覚せい剤を手荷物に隠匿して輸入しようとした事案で，被告人には「反対動機を作出することのできる具体的な根拠となりうる事実の認識」が欠ける，あるいは「未だ違法薬物を隠匿所持していることの認識を未必的にも有していたと推認」できないとして覚せい剤輸入罪の故意を否定したもの (千葉地判平成17・7・19判タ1206号280頁，千葉地判平成19・8・22判タ1269号343頁) など，違法な薬物の認識に重点を置いて説示されている。やや異なる判示をするのは福岡高判平成5・8・23判タ854号289頁であり，大麻所持罪に関して，大麻取締法にいう「『大麻草』の認識としては，……一般に『大麻』と呼ばれている植物であること」の認識で足りるとする。

できれば，行為者は意識できなくてもなお故意があると説くことに無理は否めないであろう。より根本的な疑問は，意識の対象となる「違法性」をどのようなレベルにでも設定できる点，換言すれば，本説が事実的故意の内容を積極的に示してはいない点に向けられる。上記の最高裁決定がそうであるように，「違法な」薬物という抽象的レベルで考えるならば，故意の内容を希薄化しうる。他方，各構成要件のレベルに設定すると，そのように個別化された違法性が認識可能となるためには「構成要件に該当する事実の認識」が必要となる。いずれにせよ，これでは事実認識の内容を積極的に語っているとはいえないのである。

3 認識内容の実質化

故意の内容を「違法」という評価に関連づけてではなく，違法（・有責）とされる実体に対する認識として規定する立場も主張されている。犯罪の実質は法益侵害であり，「故意は法益侵害の認識であるということもでき」るけれども，「故意としての認識は厳密な法的意味の認識である必要はな」く，「犯罪事実を保護法益の観点から理解される意味内容において認識していること」で十分，即ち，「社会的意味における法益侵害性の認識，つまり社会的有害性の認識が故意である」[43]，あるいは，「構成要件とは，構成要件を定めた法規によって保護されている〔前法的に存在する〕利益に対する侵害類型に他なら」ず，「かかる前法的評価として」，「事後的な構成要件関係的な評価が可能である程度に特定化され」た利益侵害の認識，即ち「構成要件関係的利益侵害性の認識」が故意である[44]とする見解や，「『犯罪のカタログ』としての構成要件は，各犯罪に固有の不法・責任の類型である」から，故意としては当然に「構成要件の内容をなす不法・責任事実の認識が必要」

---

40) 故意には違法性の意識を喚起させる「提訴機能」と表現されることもある。後述の批判とも重なるが，提訴機能は「犯罪事実の認識」を前提としており，「犯罪事実の認識」とは何かを直接に規定するわけではない点に留意を要する。必要とされる事実認識の内容に相応して喚起される「違法性」の内容も変わるし，逆もいえる。「提訴機能を発揮するように事実認識の範囲を画定せよ」と説くだけでは，議論の循環にすぎない。

41) かくして，事実の認識と違法性の意識の可能性を「実質的故意判断として統一的に理解する」のは前田・総論168頁。

42) 松原久利『違法性の錯誤と違法性の意識の可能性』（成文堂，2006年）30頁。

となる[45]として，責任に属する事実の認識も加えて要求する見解がそれである。

　これらは，認識内容を積極的に提示する点において，違法性の意識を可能にする事実とする先の見解よりも優れているものの，文言という形式から離れ，社会的有害性，利益侵害性，不法・責任事実としてこれを実質化したことにより，故意が「構成要件に該当する客観的（外部的）事実という手がかりを失った，任意に設定可能な不明確なものになる」[46]との批判が向けられることとなる。

4　法規制の根拠となった属性の認識

　事実的故意の対象はやはり犯罪事実ないし構成要件に該当する事実として形式的に捉えたうえで，その実質化は意味のレベルでの認識で十分とすることにより図る方法がやはり妥当に思われる。問題は，Ⅳ１で指摘したように，「社会的な」意味に規準を求めてよいかである。

　この点をめぐっては，麻薬・覚せい剤の認識を念頭に置きつつ，「法規制の基礎となった事実の属性が認識されていればよ」い[47]とする見解が主張され，さらに，意味の認識のこのような把握を一般的に展開した論者により次のような説明が与えられている。「あらゆる構成要件要素は何らかの理由

---

43)　石井徹哉「故意の認識内容とその認定」早稲田法学会誌42巻（1992年）11頁。さらに長井長信『故意概念と錯誤論』（成文堂，1998年）193頁。「構成要件に記述された個々の客観的構成要件要素ないし事実の認識を通して得られた，当該構成要件の保護する『法益』を自らの行為によって具体的に侵害ないし危殆化する意思」が構成要件的故意であり，そこでの「法益」とは，「行為者の行為によって因果的に変更しうる具体的・現実的利益」をいうとする。また，林幹人「構成要件該当事実の錯誤と違法性の錯誤」同『刑法の基礎理論』（東京大学出版会，1995年）63頁，71頁は，行為者の意識において，構成要件上の概念に対応する内容をもつものの認識が行為者にあればよいとしながら，このような「故意の通俗化」の限界として，「問題の犯罪によって保護しようとしている法益の侵害・危険の認識」を要するとする。

44)　齋野彦彌『故意概念の再構成』（有斐閣，1995年）188頁，196頁。

45)　町野朔「法定的符合について(下)」警察研究54巻5号（1983年）8頁。さらに秋葉悦子「覚せい剤取締法違反罪の故意(2・完)」警察研究61巻10号（1990年）44頁。

46)　内藤・総論(下Ⅰ)980頁。直接には最後に挙げた不法・責任事実の認識説に向けられた批判である。

47)　中森・前掲注39)74頁。

によって構成要件要素となっている。……すべての要素が独自の存在意義をもって刑罰法規の中に規定されている以上，これに該当する事実もまた刑法が着目した意味において認識されなければならない。……故意には，刑法が着目する属性の認識が必要である」[48]，と。

故意が「事実」の認識だとしても，それはあくまで犯罪として「刑法的に色づけられた事実」である。そうだとすれば，認識されるべき「意味」を規定するのも「社会」ではなく「法規制の主体」と解すべきであろう。法規制の根拠となった意味・属性が何かを特定することもまた容易ではないものの，方向性としては支持できる考え方[49][50]と思われる。

V　まとめ

刑罰規定上の概念に関してそこに当てはまらないとの誤信が行為者にある場合，さらにその誤信が事実の錯誤かどうか——誤信にもかかわらず，なお事実は認識していたといえるかどうか——が検討されなければならない。抽象的概念レベルでの誤信が事実の錯誤と法律（違法性）の錯誤のいずれであるかを考えても，実体は結論の先取りであって，問題の適切な解決をもたら

---

[48]　髙山佳奈子『故意と違法性の意識』（有斐閣，1999年）185頁。

[49]　西田・総論214頁，247頁，山口・総論191頁（「当罰的な行為を画するために立法者により着目された属性の認識」），松原・総論245頁，安田拓人「錯誤論（下）」法教274号（2003年）93頁（「当該構成要件が設けられた根拠としての意味」の認識）。なお，井田・総論381頁は，「各刑罰法規の解釈を通じて行為規範を具体化し，これにあたる事実が行為者によって認識されていれば」，事実的故意はあるとする。

[50]　近時の判例につき，薬物事犯に関するものは前掲注39)を参照。その他では，大量の偽造ビール券を国内に持ち込んだ事案で，「『ヤバイ物』（何か不審な点のある物）という認識」があっても，委託者らによる「悪事に関係した書類であると考えていた蓋然性が高い」として偽造有価証券輸入罪の故意を否定した名古屋地判平成8・5・16判時1578号142頁，民間車検場の役員に車検の不正手続に関して金銭を提供した事案で，みなす公務員であることを知らなくても，「民間車検場の職員が陸運局と同様の法的効果を生ずる検査を行っていることを認識していた」，「公務員とみなされること……の実質的根拠となる事実の認識はあった」として贈賄罪の故意を認めた東京地判平成14・12・16判時1841号158頁，15人分あった座席の後方6人分が取り外されていたが，道路交通法で乗車定員11人以上とされる大型自動車に当たる車両について，そのような「席の状況を認識しながらこれを普通自動車免許で運転した被告人には，無免許運転〔罪〕の故意を認めることができる」とした最決平成18・2・27刑集60巻2号253頁がある。

すわけではない（Ⅱ）。

　事実的故意における認識の対象は，あくまで「構成要件において個別化された事実」という形式的なものと考えるべきである。違法の実質を法益の侵害・危殆化に求めるからといって，法益侵害・危殆化行為一般が処罰されるわけではなく，可罰的行為は構成要件により個別に規定されなければならない。このことは故意にも妥当すると解されるからである。主観面での罪刑法定主義の保障といってもよい（Ⅳ3）。また，「違法性の意識を可能にする事実」として規範化する立場も支持できない。そこでは，認識すべき実体について積極的には何も示されていないのである（Ⅳ2）。

　犯罪事実・構成要件該当事実は，裁判官が事実認定に用いるような，当該概念の詳細な内容のレベルではなく，意味のレベルで認識されればよい。自己の行為のもつ意味が理解されていれば，故意があったといえるからである。ただし，そこでの「意味」とは，当該事実に対する「法的評価に並行する社会一般の評価」ではなく，法規制の基礎とされた意味・属性として理解される（Ⅳ4）。

第6章

間接正犯・不作為犯の着手時期

I　はじめに

　間接正犯や不作為犯における未遂の成立がいつかはかつてほどには論じられなくなっている。通常の作為犯について「今日の多数説は，既遂結果惹起の現実的危険性ある行為の開始（あるいは，危険の発生自体）に実行の着手の基準を認める実質的客観説を採用している」[1]ことから，「行為の開始」時期が一般に早期化する間接正犯では，「行為時以降の未遂成立があり得ることを認める」べきだとして，「行為とは独立の結果として位置づけ」られる「危険の発生」に規準が求められ[2]，また，行為の外形に着目できない不作為犯では，なおさら結果としての危険の発生を未遂の成立時期とせざるをえないと考えられているのであろう。

　違法論において「結果」を重視する立場からは，それは当然にも見えるものの，留意を要するのは，この立場でも「結果」の帰属される「行為」が特定されなければならない点である。医師が患者を殺害する意図のもと情を知らない看護師に命じて致死性の薬物を注射させようとしたが，注射の直前に看護師が不注意で注射器を落として壊したという間接正犯の教科書事例でも，事案を少し変えて，医師が注射液の入った注射器を用意し看護師を呼んで指示しようとする直前に緊急の電話が入って対応に気をとられているうちに，看護師が気をきかせて注射器を持って出た場合，医師を殺人未遂罪に問えるかは「指示しようとした」段階で「行為」があったといえるか否かの判断にかかっている。このように「行為」の始期が重要な論点となることは，

1）　西田ほか編・注釈(1) 661頁〔和田俊憲〕。
2）　西田ほか編・注釈(1) 666頁〔和田俊憲〕。

実行行為の開始に未遂犯の成立を肯定する伝統的な立場には一層妥当する。叙上の問題意識を背景にしながら、間接正犯や不作為犯の未遂成立時期について検討を加える。

初めに間接正犯と不作為犯の関係を整理しておく。間接正犯は、(共犯関係にない) 他者 (道具) の行為を利用した既遂に至る因果経過を作為で起動させる形態をいう。他者の行為以外の物理現象等を利用する場合で、時間的・場所的に離れた行為により犯罪を遂行する形態 (例えば、時限爆弾による殺人) は離隔犯と呼ばれて概念的に区別されるものの、機械化・システム化された人の行為を利用する場合 (例えば、爆発物の送付を宅配業者に委託する) などの中間的な形態もあり、本章では間接正犯に含めて考察する。次に、不作為犯は、自然現象、(共犯関係にない) 他者や被害者自身が既遂に至る因果経過を起動させた場合、あるいは、行為者が自ら起動させたものの、故意を欠くなどの理由により間接正犯が成立しない場合に、犯罪実現を阻止するために義務づけられた作為に出ない形態をいう。以下、不作為犯の着手時期から取りあげる。

II 不作為犯の着手時期

1 不作為犯か作為犯か

行為者が「義務づけられた作為」を行わない不作為の間に、なんらかの「別の作為」を行っていることは少なくない。不作為犯の着手時期を論じる前提として、そもそもそこで不作為犯が問われているのかについて検討しておきたい。一般に、不作為犯は作為犯が成立しない場合に考慮すればよいと言われるものの、なんらかの「別の作為」が作為犯を成立させるか否かの判断は必ずしも容易ではないからである。

近時の下級審裁判例に、過失の運転行為で重傷を負わせ、失神して身動きのとれない被害者を自車に乗せて運転を再開し、約10分後に被害者を人目につかない杉林内に遺棄したケースにおいて、「『被害者を病院に連れて行かずに置き去りにした』という不作為」犯としてその成否を争う弁護側に対し

て，作為犯と構成して殺人未遂罪の成立を認めたものがある。重傷を負った被害者を夜間で気温が低く，不衛生な杉林内に運んで放置するという「被告人の行為は，医師による緊急治療の機会を奪い，頭部の重傷を進行・増悪させたり，エネルギー消耗により免疫力を低下させたり，傷口から菌が侵入し髄膜炎や感染症を引き起こしたりするおそれが強」く，「被害者の生命に対する新たで重大な危険性を生じさせるもので」「殺人の実行行為に該当する」[3]と判示する。そこでは，杉林内に運んで放置するという「作為」に新たな危険創出・増加があると指摘されているのであり，作為犯の成否を判断する視点としては支持できると思われる。しかし，判断の内容には疑問が残る。挙げられている被告人の行為の危険性のうち，医師の救助機会の喪失，傷害の進行・増悪，免疫力の低下は「救助の不作為」から生じたものであるし，髄膜炎や感染症のおそれの惹起はそれ自体として殺人の実行行為として取りあげるほどの新たな危険創出・増加とはいえないであろうから[4]である[5]。

故意の不作為犯を考えうる状況では，その間の「作為」は，先行して存在する法益侵害に至る危険を格段に高めたといえない限り，作為犯として評価すべきでない[6]と解される。新たな危険創出・格段の危険増加がないのであ

---

[3] 佐賀地判平成19・2・28裁判所HP, LEX/DB28135252。

[4] 本件評釈である日髙義博「作為犯か不作為犯か」専修ロージャーナル4号（2009年）155頁は，「本事案の場合，遺棄現場に捨て去ったことから直ちに死の結果が引き起こされるとは言い難」く，「むしろ，放置後の時間的経過とともに死の危険性が増幅し，被害者はそのまま救助されなければ死亡するに至るというものである」から不作為犯とすべきだと主張する。

[5] 自動車事故の被害者を別の場所に運んで遺棄した佐賀地判に類似の事案で，不作為による殺人未遂罪の成立を認めたものに横浜地判昭和37・5・30下刑集4巻5＝6号499頁，浦和地判昭和45・10・22刑月2巻10号1107頁，東京高判昭和46・3・4高刑集24巻1号168頁（浦和地判の控訴審）があるものの，いずれも不作為犯とした理由を示していない。学説では，被害者を車から引きずり降ろして危険な戸外に放置する「作為」に着目しながらも，「拳銃でうつとか日本刀で刺すといった典型的な」作為による殺人と「同視できるかどうかという価値判断を必要と」する点で不真正不作為犯として扱われてよいとする評価も見られる。参照，浦和地判に関する木村栄作「判批」警察学論集24巻11号（1971年）118頁，福田平「ひき逃げと不作為による遺棄罪・殺人罪」研修354号（1977年）13頁。

[6] 日髙・前掲注4）155頁は，より一般的に，瑕疵ある運転により重傷を負わせた被害者を「場所的に移転して遺棄するという現象的には作為に見える行為が介在したとしても，それが新たな因果の流れを設定するものでない限り，法によって期待された救助行為をしないという不作為の枠組みを変更することにはなら」ないと述べる。

れば，作為犯として処罰する実体が欠けること，作為犯の処理により作為義務の要件が骨抜きにされかねないこと，公訴時効の起算点が不作為（未遂）から後の「作為」の時点に恣意的に移されるおそれがあることなどに，その理由が求められる。

2　作為義務に着目した規準

(1)　真正不作為犯の未遂

　不作為犯の未遂の成否は，伝統的には作為義務に着目し，さらに真正不作為犯と不真正不作為犯に分けて論じられていた。ただし，ここでの真正／不真正は，不作為による遂行が明文で規定されているか否かではなく，結果の発生が犯罪成立の要件とされているか（不真正不作為犯）否か（真正不作為犯）で区別されている点に留意を要する。このような意味での真正不作為犯について，未遂を否定する見解が学説では当初有力であった。

　作為義務は，溺れている者の救助のように刻一刻と危険が増大するため即座の履行を要するものもあるが，幼児に食事を与えるといったその履行にある程度時間的な幅が存するものもある。後者の場合，作為義務が成立した最初の時点と義務履行により犯罪実現の回避が可能な最後の時点が考えられることになる。否定説は，最初の時点で作為に出なくてもなお義務履行は可能である以上，着手未遂は認められず，最後の時点を過ぎてしまえば，既遂に達しているので，終了未遂もありえない，したがって，真正不作為犯に未遂はない[7]と論じたのである。

　これに対して，肯定説は着手未遂はありうるとして次のように説いた。「一定の時期に一定の作為義務の履行が成立すると謂ふが為めには，其の時期以前に於て其の履行に取掛からねばならぬ場合が多い。一般の経験上適当とさる可き時期に其の履行に取掛からねばならぬ場合に於て，其の作為を為

---

[7]　明確に説明するのは大場・総論下 798 頁。他の否定説として小疇伝『新刑法論』（清水書店，1910 年）385 頁，勝本勘三郎『刑法要論総則』（明治大学，1913 年）149 頁，岡田庄作『刑法原論総論〔増訂改版〕』（明治大学出版部，1917 年）327 頁，島田武夫『日本刑法新論総論』（松華堂，1924 年）346 頁，泉二・総論 522 頁，安平政吉『日本刑法総論』（巌松堂書店，1944 年）564 頁，正田満三郎『刑法における犯罪論の批判的考察』（一粒社，1962 年）171 頁。比較的近時の支持者として団藤・総論 357 頁，福田・総論 233 頁。

さざるときは，その履行が成立す可き時期を俟たずして，不作為犯の実行の開始があったと謂はねばならぬ」[8]，と。義務を履行すべき最後の時点から履行に必要な時間を逆算した時点の経過をもって未遂を肯定するこのような考え方は，最後の時点の前に履行を不能にする事態が生じるなどしない限り，実際上ほとんどは既遂に至るものの，理論的にはありうるものとして支持を拡げた[9]。

(2) 不真正不作為犯の未遂

不作為と併せて結果の発生が要求される不真正不作為犯では，義務を履行すべき最後の時点を過ぎても，外部的事情から結果が発生しないとの事態が生じうる。かくして，通説は終了未遂を肯定し，さらに着手未遂も結論的にありうると考えていた。ここで留意を要するのは，真正不作為犯において未遂を否定した立場でも不真正不作為犯では着手未遂を肯定する論者が見られたこと[10]，及び，真正不作為犯において未遂を肯定した立場でも，不真正不作為犯での着手未遂の成立時期は異なって解されていたことである。後者に関して，論者は次のように説いている。

「義務の履行が期待せらるる場合に於て其の義務の履行を為さぬといふこ

---

8) 牧野英一「不作為犯の未遂」『刑法研究(2)』（有斐閣，1921年）121頁。実行未遂もありうると説くのは宮本英脩『刑法学粋』（弘文堂書房，1931年）370頁，371頁注1。否定説に立つ大場も，保護責任者遺棄罪を例に引きながら「相当時期の瞬間に至るまで保護の準備を為さゞる行為又は明に保護を為さゞるの意思を認むへき他の行為を為す場合」は考えられるとしていた。しかし，これらは同罪の「保護を為さゞる行為」には当たらないとして，結論的に着手未遂を否定したのである（大場・総論下798頁）。

9) 草野豹一郎「不作為犯と未遂罪」『刑事判例研究(5)』（巌松堂書店，1940年）268頁，井上正治『刑法学総則』（朝倉書店，1951年）191頁。肯定説に立ちつつ，真正不作為犯の未遂を処罰する現行規定はないとするのは久礼田益喜『刑法学概説〔増訂版〕』（巌松堂書店，1943年）304頁，吉田常次郎「行為の段階」法学新報66巻5号（1959年）251頁，植田重正『刑法要説総論〔全訂版〕』（三和書房，1964年）137頁（参照，牧野・日本刑法(上)317頁注27）。これに対して，住居侵入罪の未遂（刑130条後段・132条）を例として挙げるのは佐伯（千）・総論307頁，308頁注1，市川秀雄「実行の著手」日本刑法学会編『刑事法講座(2)』（有斐閣，1952年）400頁，木村（阿部増補）・総論371頁，植松・概論Ⅰ319頁，大塚・総論255頁。

10) 大場・総論下799頁，岡田・前掲注7)327頁，泉二・総論522頁，安平・前掲注7)564頁。真正不作為犯も不真正不作為犯も作為義務に反する不作為を中核とし，結果発生の要否で区別されるとすれば，前者では義務違反によって未遂を認めず，後者では未遂犯が成立すると主張するのは困難に思われるが，その点の立ち入った説明は見られない。

とは，其の犯意の遂行が確定的に外部に表明されたものと見て差支ないと考へる」。母親が子を餓死させるために 1 回目の食事を与えなかった場合，「其の第 1 回の食餌を与へぬといふことに於て，既に危険の第 1 歩が成立して居る」のであり，「只其の危険は後の行為に因りて比較的容易に恢復し得られるといふに過ぎない」[11]，と。そこには，作為義務が成立してその履行が要請される最初の時点の経過という早い段階で着手を認める見解[12]が示されている。根拠は，実行の着手一般に関する主観説にあるものの，論者自身が「義務の不履行といふことを論拠」としても自説は主張可能だと述べている[13]ように，（作為により回避が期待される）危険に着目する客観説とも矛盾するものではないといえる。

　(3)　小　括

　これまでの議論を不作為犯の着手時期の観点からまとめると，①作為義務を履行すべき最後の時点（以下，最終時規準と呼ぶ），②義務の履行に必要な時間を考慮した①に切迫した時点（以下，切迫時規準と呼ぶ），③作為義務の履行が要請される最初の時点（以下，最初時規準と呼ぶ）が着目されてきたといえよう。

　まず，最終時規準は義務を履行するには遅すぎる段階になってようやく実行の着手（とその終了）を肯認するものであり，作為義務に注目して適切に未遂の成立時期を画そうとする立場では支持しがたく思われる。他方，義務の不履行があれば未遂の罪責を負ってしかるべきだとの判断を最もよく反映

---

11)　牧野・前掲注 8) 107 頁，114 頁。支持するのは宮本・前掲注 8) 366 頁，370 頁，草野・前掲注 9) 263 頁，久礼田・前掲注 9) 304 頁，市川・前掲注 9) 400 頁，植松・概論 I 319 頁（ただし，「適時の」作為を怠った場合としていて，作為義務の開始時点かどうかは微妙である），大塚・総論 173 頁。

12)　論者が，真正不作為犯の未遂では，前述のように，義務を履行すべき最後の時点から履行に必要な時間を逆算して導かれる切迫した時点に着手を肯定したことと整合するのかとの疑問は残る。昭和 40 年代に不作為犯の未遂の議論を総括した齊藤誠二「真正不作為犯の未遂」成蹊大学政経論叢 17 巻 3=4 号（1968 年）237 頁，及び，同「不真正不作為犯の未遂」成蹊大学政経論叢終刊記念論文集(上)（1968 年）299 頁は，「作為義務者が，作為義務をなすべき時点にいたるも，それをなさざる場合」，「それ自体によって，すでに法益侵害の危険性が表示せられている」として，真正・不真正不作為犯を通して，「作為義務の開始時点をもって，その実行の著手とみる」べきだと主張しているのは，結論の当否はともかく論理的には一貫していると思われる。

13)　牧野・前掲注 8) 114 頁。

するのは最初時規準といえる。しかし、これには、作為義務が成立していても、その履行が可能な間は、いつ履行するかを決定する自由が行為者に認められてよいはずだとの批判が向けられる。義務の履行を後回しにしていたところ、予想外の事態が発生して履行不能となった場合に責任を問えなくなるとの不都合はあるとしても、刑罰の介入から自由な領域をできるだけ確保するとの自由主義的要請を超えるものとまではいえないであろう。最初時規準にも疑問が残る。これら2つの規準の問題性を考慮すれば、切迫時規準は、真正不作為犯に着手未遂を認めようとする立場から唱えられたものであるが、不真正不作為犯を含めて基本的に支持されてよいと解される。もっとも、作為義務の履行が事実上できなくなる時点まで未遂犯が成立しないとするのは、法益の保護には薄い面があることも否めない。

3 「作為（手放し）」に着目した規準

この点で注目されるのは、作為義務に反する不作為それ自体とは異なる、不作為者の行う「作為」に着目して未遂犯の成立を認める見解であり、やや時代が下がり、昭和50年代後半から登場する。確認を要するのは、先行して存在する法益侵害に至る危険を格段に高める「作為」はそこから除外されることである。1で検討したように、そのような危険創出・増加を招く「作為」はそれ自体として作為犯として評価されるからである。

論者は、帰宅すれば何をおいてもまずコーヒーを飲むという夫Xの習慣を熟知していた妻Aが、その殺害を意図してインスタントコーヒー粉末瓶のなかに毒薬を混入してXの帰宅を待っていたとの事例を挙げて次のように説いた。AによるX殺害に向けた「不作為の実行行為はXの生命の危険を防止すべき最後のチャンスを徒過する時点……、Xがまさにコーヒ瓶に接近してこれからコーヒを作ろうとするとき」に認められる。「そのときに結果発生の具体的危険があるものと考え」られること[14]による。併せて、「Aが、Xが帰宅してコーヒーを飲むのを妨止する客観的可能性を自身から遮断する状況を作成する」場合、例えば、「Aが自室でXの帰宅数時間前に睡

---

14) 中義勝「実行行為をめぐる若干の問題」同『刑法上の諸問題』（関西大学出版部、1991年〔論文の初出は1985年〕）186頁。

眠薬を服用し，即座に深い昏睡状態におちいったというような場合」も同様である。このような客観的な「手ばなしがあるなら，事態は——偶然的障害がないかぎり——その通常の進路をたどってX死亡という結果に到達することはほぼ確実なのであるから，その手ばなし自体に法益侵害の具体的危殆化を認め」られるからである15)，と。

そこでは，最終時ないし切迫時規準と並んで「客観的な手放し」という「作為」に着目した規準が掲げられている。両者は一元的に危殆化規準として捉えられるというのが論者の理解である16)ものの，これは精確でないと思われる。Aが自室で睡眠薬を服用して昏睡状態に陥ったとしても，毒入りコーヒーを飲んでXが死亡する危険が直接的に高まるわけではない。客観的な手放しは，法益侵害の危険増加を招く作為ではなく，義務づけられた作為の遂行を困難にする「作為」であり，その意味で間接的な——不作為犯に固有の——危険増加でしかないからである。以上が確認されるならば，手放し規準は支持されてよい17)と解される。間接的にとどまるけれども危険増加をもたらすほか，行為者には（一定の限度で）作為義務を履行しない自由があるとしても，義務を履行できなくする自由までは容認すべきでないからである。精確に表現すれば，「『作為義務の内容とされる作為』の遂行を実質的に困難にする作為」が行われる場合，切迫時前でも未遂が認められるこ

15) 中・前掲注14)191頁。加藤敏幸「不真正不作為犯の未遂について」関西大学法学論集32巻1号（1982年）172頁，207頁，野村稔『未遂犯の研究』（成文堂，1984年）313頁（「手放し」という表現は用いていない），山中・総論722頁，井田・総論405頁（ただし，作為義務の発生以前でも手放しがあれば実行の着手を認めるべきだとする）。
16) 中・前掲注14)194頁。参照，加藤・前掲注15)190頁，194頁，205頁（手放しにより生じる危険は「切迫化していないが，しかし，結果を必然化せしめる危険，即ち，実質的な，法益侵害の具体的危険を意味する」とする），野村・前掲注15)315頁注14（危険が客観的に切迫していなくても，「危険の進行を事象の自然的経過にゆだねたときは，……行為者の態度は法益の危殆化を直接的に切迫するものと評価できる」とする）。
17) 浦和地判・前掲注5)が，不真正不作為犯の「着手の時期は客観的にみてことさらその義務を放棄したと認められる時点」とし，当該事案について，「未必の殺意をもって被害者を車外にひきずりおろした時点に着手の開始を認めることができ，同人を放棄して逃走したと認められる時点をもって実行の終了」と判示しているのは，手放し規準に拠ったと見られる。なお，不作為による殺人未遂罪を肯定した裁判例には，前掲注5)掲記のもののほか前橋地高崎支判昭和46・9・17判時646号105頁があるが，いずれも着手時期に関する立場は明らかでない。

とになる。

4 危険結果に着目した規準

作為義務に着目して未遂犯の成立時期を画してきたこれまでの見解に対して，近時では，危険結果の発生に規準を求める見解が次のように有力に主張されている。「期待された作為義務の不履行を実行行為とし，作為義務違反の開始をもって実行の着手とする」伝統的な見解によれば，「不作為の故意と作為義務違反行為があれば，ただちに実行の着手を認めることになる。この解決は，……実質的客観説……の立場からみるとき，実行の着手を無限定に早めるものといわざるをえない」。なお，結果発生の具体的危険の認定に際しては，「最後の救助の可能性が現実に残っているかどうかのみが基準となる」わけではなく，例えば，「親が殺意をもって幼児に食物を与えなかった」事例では，「幼児が餓死寸前にいたらなくても，著しく苦しみだしたとき（健康が害されて死の具体的危険が生じたとき）は，最後の救助の可能性が残っているとしても，……不作為による殺人の未遂を認めうる」[18]，と。

とりあえず整理を要するのは，結果発生の具体的危険と作為義務の関係であろう。結果発生の具体的危険が発生した時点でも，結果回避が可能な限り，作為義務は存在する。ただし，それまでのものとは内容を異にする別の作為義務となる。例えば，幼児の健康が害されて死の具体的危険が生じた時点では，「幼児に食物を与える」との作為義務はもはや妥当せず，おそらく「幼児を直ちにかかりつけの病院で治療を受けさせる」でも足りず，危険のより高い程度に相応した，「幼児を直ちに施設の整った病院で治療を受けさせよ」との別の作為が命じられる。換言すれば，危険結果の発生に規準を求める見解は，当該危険の実現を回避する「作為義務違反の開始をもって実行の着手とする」立場と実質的に異ならない[19]のである。

かくして伝統的見解との相違は，それが結果発生の可能性のより低い段階

---

18) 内藤・総論(下Ⅱ)1245頁。さらに宗岡嗣郎「可罰未遂の限界」九大法学39号（1980年）152頁，171頁，西原春夫『刑法総論上巻〔改訂版〕』（成文堂，1993年）328頁，大谷・総論366頁，曽根・総論217頁，松宮・総論238頁。なお，危険結果に着手の規準を求めつつ，真正不作為犯では異なる時点で未遂の成立を認めるのは西原・前掲書327頁（作為義務の成立時点），大谷・総論370頁。

で作為義務を認める点にあることになる。義務づけられる作為の内容は個々の事情に即した解釈に委ねざるをえないとしても、一般的にいえば、具体的危険が発生するまで、即ち、結果回避が困難になるまで義務を認めないのは妥当でないと思われる。未遂犯の成立を「無限定に早める」との批判については、2(3)及び3で検討したように、切迫時規準や手放し規準による「限定」が可能なことを指摘できるうえ、（結果回避の可能性の高い）作為義務を履行すべき最後の時点を過ぎても未遂犯を不成立とするのでは、刑法上作為を義務づけた意味を失わせる（結果回避の困難な作為義務のみを認めるに等しい）との反批判を向けうるであろう。

III 間接正犯の着手時期

1 利用行為に着目した規準

(1) 伝統的な学説

間接正犯の形態では、他者に犯罪を実行させようとして錯誤に陥れたり、意思を抑圧したりする利用行為の開始に未遂犯の成立を認める見解が古くから唱えられていた[20]。比較的詳しく説明する論者は、実行の着手時期一般について形式的客観説を支持したうえで、次のように述べている。「間接正

---

19) 作為義務に着目する伝統的見解には「行為の法益侵害結果との関連性……に、独自の意味を認めて」おらず、「結局意思そのものの処罰を認める」ものだとの批判が向けられることがある（宗岡・前掲注18）138頁）。しかし、作為義務は、そのままでは結果発生に至る状況を前提にしているのであり、法益侵害結果との関連性を有する。義務履行の不作為が「意思そのものの処罰」という評価は誤りといえる。

20) 主観主義の立場からも背後者の主観面が重視される帰結として利用行為説が支持された。即ち、「犯意の成立か其の遂行的行為に因りて確定的に認めらるるとき」に実行の着手を肯定する主観説のもと、間接正犯の場合、「利用者か被用者に対して為す行為に就き之を論せさるへから」ず（牧野・日本刑法(上)254頁、258頁、469頁。市川・前掲注9）390頁、398頁、江家・総論157頁）、「行為者の『全体的企図』……を基礎として当該構成要件の保護客体に対して直接危殆化に至るところの行為の中に犯罪的意思が明確に表現せられた時に実行の着手がある」とする「主観的客観説」のもと、「『直接の危殆化』……ということは行為が必ずしも行為の結果に対して時間的・場所的に近接することを要する意味ではないから、恐喝文書を郵送に付する行為をすれば恐喝罪の実行の著手がある」（木村（阿部増補）・総論345頁、同頁注4）などと主張された。

犯者の犯罪たる行為の著手は直接実行者か実行行為に著手するに依り始まるものに非すして間接正犯者か直接実行者をして罪を犯すへく決意せしめんとする行為に著手するに依り始まり其終了するに依り終るものとす。……此場合に於て直接実行者をして罪を犯すへく教唆に著手するは恰も自然物を犯罪実行の為め利用すへく著手すると其趣を同ふし又直接実行者をして犯罪実行を為すへく決意せしめたるも同人か之を実行せさりし場合は恰も自然物を犯罪実行の為めに利用する行為を為し終りたるも其効を奏せさりし場合と其趣を同ふするもの」なり[21]，と。

他者を犯行に利用される道具に見立てる，以上のような根拠づけを背景にしながら，利用行為説は，実行の着手時期一般について形式的客観説よりも時間的に拡張する見解のもとでも支持を受け，戦後もしばらく通説の地位を維持した[22]。しかし，理論的にはともかく，利用行為の時点で未遂を認めるのは早すぎると感じられる場合があるとの実際的な考慮があり，昭和40年代頃より，利用行為後の諸事情を含めて着手時期を画定する見解が主張されるようになる。

　(2) **若干の裁判例**

裁判例においても利用行為説に立つと見られるものがいくつかある。類型的には，被害者の支配領域内で利用行為が行われる場合と，関与者同士が対向的関係にあり，その意味で「被害者」が具体的に存在しない場合に分けられる。

前者に関しては，郵便局舎内で郵便物区分の業務に従事する局員が，郵便物の中に入っている現金等を領得する目的で，郵便物の宛先を自己の居住地に，宛名を虚無人に書き替えて「郵便物区分棚に差し置き，以て情を知らない配達担当者の配達によりそれらの郵便物を自己に入手し」ようと企てた

---

21) 大場・総論下1030頁。
22) 小野・総論105頁，182頁，草野豹一郎『刑法要論』（有斐閣，1956年）102頁，植松・概論Ⅰ315頁，320頁，団藤・総論355頁注5，福田・総論229頁，森住信人『未遂処罰の理論的構造』（専修大学出版局，2007年）181頁，187頁。
23) 東京高判昭和42・3・24高刑集20巻3号229頁。事実関係は明らかでないが，鉄道手荷物の荷札を付け替えて自己のもとに配送させようとしたケースで窃盗罪の未遂を肯定したものに最判昭和27・11・11集刑69号175頁がある。さらに参照，大阪高判昭和27・4・28高刑集5巻5号714頁（窃盗既遂）。

ケースで窃盗罪の未遂を肯定したもの[23]がある。着手時期を明示していないものの，郵便物を郵便局長の占有から離脱させるために配達担当者を利用する行為を終えている点を重視している[24]と見られる。

　後者に関しては，譲受人（被告人）の面前で譲渡人が情を知らない者に覚せい剤を取りに行かせたケースで，「被告人の本件所為は，少くとも，覚せい剤譲渡の実行若しくはこれと密接する行為に着手した」といえると述べたもの[25]，「大麻譲受け罪の実行の着手があるというためには，……譲渡人において譲受人の分として特定した大麻の所持を譲受人に移転する行為自体を開始した場合に限らず，所持の移転のために密接かつ不可欠な直前行為を完了した場合も含む」として，譲渡人が大麻の入った封筒を翌日ポストに投函するつもりで自宅玄関の床に置いた時点で着手を肯定したもの[26]がある。被利用者により行われるであろう薬物所持の移転を「実行」と捉えたうえで，これに密接する，ないしは直前に位置する（利用）行為が着目されていると解される。

　以上の裁判例では，学説では不明瞭であった，利用行為自体が構成要件該当行為といえるのか[27]について，これに密接した直前の行為として位置づけられること，──利用行為説において暗黙の一致はあったと思われるが──未遂犯は利用行為の完了を待って成立すること[28]が示されていると考えられる。

---

[24]　この判決について，「一貫して到達時主義を採ってきた大審院判例と対立するもの」と批判的に評価するのは大沼邦弘「実行の着手」西原ほか編・刑法研究(4) 47頁。到達時主義については後述4を参照。

[25]　名古屋高判金沢支判昭和31・10・16裁特3巻22号1067頁。

[26]　東京高判平成17・5・11高刑速（平17）112頁。

[27]　従来の利用行為説に対しては，主観主義の論者から「実行行為をもって日常用語的意味における構成要件的行為と解する客観説の基本思想と一致するかが疑問」との批判（木村（阿部増補）・総論349頁。さらに牧野英一「実行の着手」『刑法研究(8)』〔有斐閣，1939年〕226頁）が向けられていた。

[28]　ただし，東京高判・前掲注26)の評釈である熊田彰英「判批」研修691号（2006年）37頁は，「直前行為を完了した場合」との判示を「事案に即した一般論にすぎず」，完了に至らない場合に着手を否定する趣旨ではないであろうとする。

2 利用行為後の行為に着目した規準

(1) 被利用者の行為

利用行為後の諸事情を含めて着手時期を画定する立場の一つは，被利用者の行為を考慮しようとするものである。論者は，背後者は被利用者の行為を支配しているから（間接）正犯と評価されるとする行為支配説を背景[29]にしながら，「間接正犯は，純然たる単独犯行ではなく他人利用の犯罪行動の一種でもあり，実行の着手も，被利用者の行為と合わせて全体として犯罪事実発生に接着する段階にいたったかどうかで定めるのが妥当である」[30]と主張する。また，他の論者は，被利用者の行為が間接正犯に帰属すると構成する行為帰属論に依拠しつつ，「構成要件によって示されている行為態様は罪刑法定主義の原則からしても十分顧慮されなければならないであろう。そして，そのために，間接正犯者自らが直接このような実行行為を行うのではなく，直接的にはこのような『実行行為』を行う道具の行為を介して（この道具の行為は間接正犯者に自らの行為として帰属する）犯罪構成要件を実現する（行為帰属論）と考えるべきであ」る[31]と述べている[32]。

しかし，これらの所説には疑問が向けられる。行為支配説は，他者を支配する背後者に「正犯」性を肯定し，支配される直接行為者にこれを否定する見解であるが，両者それぞれの行為主体性は承認している。同説に立ったからといって，2つの主体の行為を「合わせて全体として」評価する処理に根拠が与えられるわけではなく，むしろ，未遂の開始時期は「正犯」の行為のもとで考えるのが筋といえる。行為帰属論は，道具の「実行行為」が背後者に帰属されるとの構成によりこの点を説明しているかに見えるものの，同理論が共犯関係に立つ者の間でならばともかく，正犯と道具という関係におい

---

29) 藤木・講義総論 276 頁。
30) 藤木・講義総論 279 頁。
31) 原口伸夫「間接正犯者の実行の着手時期」法学新報 105 巻 1 号（1998 年）82 頁。
32) 戦前に唱えられた被利用行為説として平井彦三郎『刑法論綱総論』（松華堂書店，1930 年）574 頁，577 頁，竹田直平「間接正犯(3)」立命館学叢 5 巻 2 号（1933 年）106 頁，島田武夫『刑法概論総論』（有斐閣書房，1934 年）152 頁。近時，道具に故意がある場合に被利用行為説を採用するのは井田・理論構造 260 頁。

ても妥当するのかについて，論証が必要[33]と解される。

(2) 利用行為者の不作為

次に挙げられるのは，利用行為により創出された危険の実現を阻止しないという不作為に着目するものである。論者は，原則的に利用行為説に立ちながら，利用行為と被利用行為との間の時間的・場所的離隔が著しい場合，「利用者はその先行行為としての誘致〔＝利用〕行為にもとづいて，被利用者の犯罪的行為を抑制すべき作為義務を負い，その犯罪的行為を阻止しなかった不作為について，実行行為を認めうるのであり，その不作為の開始された時」をもって着手としうる[34]と主張する。さらに，以上では例外に位置づけられた不作為犯構成を原則化する論者も見られる。即ち，「利用行為は一般に予備行為なのであって，作為としての予備行為が終了すると，そこに結果防止義務という作為義務が生じ，その作為義務違反としての不作為がその後も存続すると解することは可能であ」る[35]。したがって，実行の着手は「多くの場合被利用者の行為の時点に認められる」。ただし，「被利用者の行為が利用行為と時間的に接着しており，しかもその遂行がきわめて確実な場合，利用行為の時点に認めることもでき」る[36]と述べる。

果たして利用行為者に後の時点で不作為犯を認めうるのか。この問いは否定されるべきだと思われる。背後者が作為により起動させた法益侵害に至る因果経過を放置するだけの「不作為」は不作為犯として処罰する実体を欠いているし，公訴時効の起算点が利用行為（未遂）から後の「不作為」の時点に恣意的に移されるおそれもあるからである[37]。このことは，先行する故意ある作為が予備段階にとどまり，予備処罰の規定が欠けるために不可罰と

---

33) 例えば，共同正犯では，そのうちの一人に未遂犯が成立し，それが他の関与者に帰属されると説明できるとしても，間接正犯では，故意と実行行為がそれぞれ背後者と道具という異なる主体に分属しており，ここで行為帰属といっても主観面と客観面の合算にすぎないと思われる。戦前の被利用行為説（注32)を参照）を念頭に置きつつ，「背後者と被利用者という別異の主体の行為，またはその部分のそれぞれを，安易に統一して一個の間接正犯の実行行為として観念」するものだと批判するのは大塚仁「間接正犯の未遂」法学新報66巻5号（1959年）313頁。

34) 大塚・総論174頁，175頁注17。佐久間・総論84頁。利用行為に着手を肯定できない例外的な場合，間接正犯ではなく教唆犯が成立すると説くのは大コメ(4)88頁〔野村稔〕。

35) 西原春夫『犯罪実行行為論』（成文堂，1998年）19頁。

36) 西原春夫『刑法総論(下)〔改訂準備版〕』（成文堂，1993年）367頁。

なる場合でも変わりはない。そのように考えないと，予想外に早く予備段階から結果が発生した場合でも，作為による危険創出があったとして作為義務を認めることで広汎に不作為犯が成立してしまい，予備と実行を区別する意義が失われよう。換言すれば，間接正犯の形態でも，未遂犯の成立には，正犯の（利用）行為に着手を肯認しうることが要請されるのである。

(3) 利用行為者による作為（手放し）

近時有力に主張される3つめの立場に，利用行為者による事態の手放しという作為に着目するものがあり，次のように論じられている。「未遂犯については，その処罰根拠は結果発生の危険性にある……。……だとすれば，行為者が既になすべきことをなし終え，犯行の成否を後の因果経過に委ねた状態に至っていれば，当該行為が結果発生の危険性を内包する限りで，切迫性の有無といった偶然的な事情にかかわらず未遂犯処罰を認めた方が，一般予防の見地からは合理的である」。「間接正犯の実行の着手は利用者による事象の手放しがあったときに認められるとする手放し説が妥当だと考える」[38]，と。

本説には，背後者による事象の手放しが処罰根拠とされる「結果発生の危険性」の観点からどのような意味をもつのかが不明だとの批判が向けられる。既に存在している法益に対する危険は刻々と増大していくだけで，背後者が事態を手放しただけでその危険を直接的にさらに高めることはできないからである。因果経過の進行を止める作為の履行を困難にするという意味で間接的な危険増加は認められるとしても，Ⅱ3で検討したように，それは不作為犯の未遂を成立させるものであり，(2)で論じたように，利用行為後の「不作為」を不作為犯として評価すべきでないとすれば，手放しは間接正犯の着手の規準としては機能しえないことになる。

---

37) 背後者による利用行為後のみならず，故意作為犯の既遂後でも「不作為」犯が成立するかは問題となる。参照，大阪地判平成25・3・22裁判所HP。殺害した女児の死体をスポーツバッグに入れて隠匿した後，3回にわたって死体の場所を移動させた事案で，作為による死体遺棄と，葬祭義務を果たさないまま自己の支配下に死体を放置し続けたという不作為による死体遺棄が同時的に存在しているとしたうえで，後者の不作為が前者の作為よりも「死体遺棄罪の保護法益である死者に対する社会的習俗としての宗教感情を一層害するものとはいえない」として，不作為による死体遺棄罪の成立を否定している。

3 利用行為後の結果に着目した規準

利用行為後の事情としては，現在の学説では，法益に対する危険という結果の発生に着目する立場が多数を占めている。この立場は，もともとは戦前の判例を意識しながら登場した。即ち，「殺人の意思をもって毒物を郵送し，または詐欺の目的で電報を打った場合において，……殺人または詐欺の実行の著手はそれらを郵便に託したときに存するのではなくて，むしろそれが相手方に送達され相手方が食べまたは読みうべき状態におかれたときに初めて実行の著手ありとする」判例を「実行の著手に関して特殊な見地をとる」ものとしながらも，「私見によれば……判例は実は単に形式的な著手の時点を問題としたものではなく，むしろかような場合に可罰的未遂が成立するためには，託送行為のほかにさらに結果発生の危険の具体化が必要なのではないかという未遂の違法性の実質（可罰的違法性）を問題としている」[39]と主張された。さらに，そこでは不分明であった「形式的な著手」と「結果発生の危険の具体化」の関係について，後の論者により，前者を「結果発生への確実性・自動性の認められる行為の開始」（＝利用行為の開始），後者を「被利用者による結果発生の切迫した行為」とする整理[40]が行われている[41]。

以上のように，結果発生の確実性（・自動性）と切迫性という２つの段階を考えるとしても，間接正犯において未遂の成否を決定的に左右するのは後者である。かくして，結果反価値論を徹底する立場からは，「実行の着手『時期』を独立して議論することは無意味であるばかりでなく，有害である。むしろ，既遂に至らなかった結果から判断し，その結果に対する因果連関を有する行為について，実行行為としての危険性の有無を判断することが可能であり，それで充分」だ[42]として実行行為の意義が希薄化され，さらには，

---

38) 佐藤拓磨「間接正犯の実行の着手に関する一考察」法学研究83巻１号（2010年）165頁。手放しは，利用行為自体が実行に着手したといえる場合と並ぶ択一的な規準とされる（同166頁）。なお，井田・理論構造257頁は，着手は後の経過が自動的であれば肯定できるとして，道具に故意がある場合を除いて利用行為説を採るが，その際，事象経過の手放しにも言及する。
39) 佐伯（千）・総論306頁。
40) 曽根威彦「間接正犯の未遂」『刑法における実行・危険・錯誤』（成文堂，1991年）141頁，152頁，154頁。高橋・総論371頁。

「間接正犯・離隔犯のように他人の行為を利用する場合は，被利用者の行為により『切迫した危険』という『結果』が発生した時点で，はじめて実行の着手を認め，未遂犯の成立を肯定しうる」43)というように，危険結果の発生をもって着手とする見解も唱えられるに至る。

しかし，実行行為の開始時期の画定を無意味とする理解や，取りあげないままにする態度が適切でないことは，冒頭Ⅰで掲げた殺人の間接正犯の設例で示したとおりである。抽象的にいえば，予備段階の行為から法的に帰属可能な経過をたどって（切迫した）危険結果が発生したケースで未遂犯の成立を認めるのは不当だと批判されよう。この点については，未遂犯の成立要件に結果の発生を要求する立場からも，「共犯や中止犯の成立範囲との関係では，『因果連関』を認めてよい未遂行為の範囲をさらに明らかにする必要があ」り，「行為それ自体について一定の制約がかかることは否定できない」44)との理解が示されている。かくして，実行の着手は利用行為のなかに求められなければならない45)として，未遂犯の成否を危険結果の有無に拠らせることが妥当なのかが引き続き検討課題となる。

---

41) さらに山中・総論713頁，720頁。実行の着手一般の判断方法について，「事前判断によって『危険』とされた行為は，潜在的な実行行為であるが，事後判断によって，『具体的危険』が発生したときに，遡って，潜在的実行行為が，真の『実行行為』に転化する」という「事後的遡及評価説」を唱え，これを間接正犯にも適用して，「郵便局からA宅に毒入りの菓子箱を郵送する行為は，郵便局で郵送する行為が，潜在的実行行為である。……しかし，それはいまだ可罰的未遂とされる『実行行為』ではない。毒入り菓子が，被害者宅に到達した時点ではじめて，遡って，その潜在的実行行為が，真の実行行為に転化し，可罰的未遂となる」と説く。

42) 齋野彦彌「危険概念の認識論的構造」松尾浩也＝芝原邦爾編『内藤謙先生古稀祝賀論文集』（有斐閣，1994年）80頁。

43) 内藤・総論（下Ⅱ）1238頁。参照，平野龍一「正犯と実行」同『犯罪論の諸問題(上)総論』（有斐閣，1981年）130頁（「実行の着手という概念は，その段階にきたときに処罰するという段階を画する概念であるから，……正犯行為が行われても未遂としての処罰に価する危険性が発生しないかぎり処罰しないという態度をとることも十分可能なはず」だと主張する），西田・総論332頁（「たしかに，処罰の対象は利用行為である。しかし，実行の着手時期は，結果発生の具体的危険を生じた時点……に求められるべき」と説く）。

44) 和田俊憲「未遂犯」山口編著・クローズアップ総論213頁，214頁注77。

45) 和田俊憲「未遂犯」山口編著・クローズアップ総論214頁は，未遂犯一般について，「最終故意行為自体ではなく，それに接着する行為の開始」に着手を肯定する。

4 被害者領域への介入

3で紹介したように，危険結果の発生に着目する立場が現れるに際して意識されたのは判例であり，詳しくいえば，危険物などの行為客体を情を知らない人や郵便などのシステムを通して被害者に送付する形態に関わるいくつかの判決であった。即ち，虚偽内容の電信為替を銀行宛に送ろうと郵便局に電報頼信紙を提出したけれども局員が怪しんで発電されなかったケースで，「被欺罔者たるへき右銀行に対し何等詐欺行為の実行に著手したるものに非」ずと述べた否定例[46]，恐喝文書を郵送したところ被恐喝者の妻がこれを受領して内容を知り，夫に見せることなく直ちに駐在所に届け出たケースについて，「犯人か恐喝の犯意を以て他人を畏怖せしむるに足る文書を郵便に付して到達せしめたるに於ては受信人をして其内容を認識し得へき状態に置き之に依り其文書は行使せられたるものなるを以て恐喝罪の実行に著手した」と判示したもの[47]や，殺人目的で毒薬の混入した砂糖を歳暮の贈答品として小包郵便に付したケースで「毒薬混入の砂糖は……〔被害者〕か之を受領したる時に於て同人又は其家族の食用し得へき状態の下に置かれたるものにして既に毒殺行為の著手ありたる」としたもの[48]などの肯定例である[49]。否定例では，銀行が金員を交付する危険が生じていない，肯定例では，受信人が「内容を認識し得へき状態」，被害者らが「食用し得へき状態」において危険が認められると考えられた。

---

[46] 大判大正3・6・20刑録20輯1289頁。
[47] 大判大正5・8・28刑録22輯1332頁。
[48] 大判大正7・11・16刑録24輯1352頁。旧刑法293条の毒殺罪（「毒物を施用して人を殺したる者は謀殺を以て論し死刑に処す」と規定する）の未遂に関するものであるが，塩酸モルヒネをふりかけた酢飯を竹皮に包んで風呂敷をかけ，情を知らない実子に被害者の「住宅店の間閾内凡一尺の所に差置か」せた事案で積極に解した原判決を「被害者の服用すへき状態に置きたる事実則ち例へは人に対し飲食物として贈与するか然らされは其使用すへき食器に之を装置し或は飲食物を措くへき場所に之を提供する」といった事実の認定がないとして破棄したものに大判明治37・6・24刑録10輯1403頁がある。
[49] さらに裁判管轄を決める犯罪の行為地に関するものであるが，不実の「事項を記載せる書面を郵便に付するも未た」虚偽告訴の行為を開始したとはいえないとした大判明治43・6・23刑録16輯1276頁，「郵送せる書面……か被害者に到達したる場所」が恐喝の行為地だとした大判大正8・5・5刑録25輯624頁がある。

しかしながら，被害者の妻が郵便物を手にしたり，被害者が贈答品の砂糖を受け取ったりすることで，財産や生命に対する具体的危険が生じたといえるかは疑わしい[50]。恐喝の事案では，妻は夫に文書を見せていないし，毒殺の事案では，砂糖は薩摩煮の調味に使われるとの経過をたどっており，生命に対する危険としてはこの後の時点を捉える方が適切と見られるからである。おそらく，判例において未遂犯の認定に際して重視されたのは，危険というよりは，利用行為後の事象経過が，文書が「到達」し[51]，砂糖が「受領」される[52]という新たな段階に入ったことではないかと思われる。抽象的に表現すれば，事実的又は機能的に見て被害者に属する領域に被利用者が足を踏み入れた（あるいは，利用行為の作用が及んだ）といえるから，未遂が肯定されたと解される。

未遂犯の成否をこのように利用行為後の「被害者領域への介入」にかからせる考え方の難点は，未遂犯の処罰根拠として広く承認されている法益侵害の危険との関係が明確でないことにある。被害者領域に介入したといっても，法益侵害の危険が増大していく過程にすぎず，危険増加を飛躍的に招いたとはいえない。同様の問題は，不作為犯の着手において手放しに規準を求める立場にも存在する。後の因果経過を手放したとしても，法益侵害の危険が直接的に高まるわけではないからである。しかし，法益侵害の危険について，生命や財産などを物理的・確率的に侵害する可能性としてではなく，そういった法益が守られていると国民が抱く安全感の動揺——法益の妥当の侵

---

50) 一家心中を企て農薬用テップ（有機燐剤）を注入したポリエチレン製袋入りジュース6本を自宅近くの農道に配置したところ，これを拾得した第三者が飲用して死亡したケースで，被害者により「ジュースが拾得飲用される直前」に殺人の着手があるとした宇都宮地判昭和40・12・9下刑集7巻12号2189頁は，結果危険に規準を求める立場に忠実といえる。しかし，一般に，どれほど遅くとも行為者が自ら被害者に毒入りジュースを差し出そうとした段階では殺人未遂が肯定されるとすれば，間接正犯の形態で飲用の直前にしか着手を認めないのは不当というほかはないであろう。
51) 間接正犯ではない通常の遂行形態では実行行為の段階と目される。参照，大判昭和11・2・24刑集15巻162頁。会社に対する恐喝目的で攻撃記事を新聞に掲載すると（会社財産の処分権者との関係では補助者にすぎない）庶務係に告げたが相手にされなかった事案で恐喝未遂罪を肯定する。
52) 間接正犯ではない通常の遂行形態では実行行為の段階と目される。参照，大判昭和7・12・12刑集11巻1881頁。「猫イラズ」を混入させた饅頭を持参して被害者に「交付」すれば殺人の着手があるとする。

害――として理解するならば，上記の難点を克服できるように思われる。即ち，実行行為の場所と侵害結果の生じる場所とが離れている場合，行為が行われただけでは法益が害されるとの切迫感はなお乏しく，被害者に属する領域内にその作用が及んだときに安全感の動揺が具体化する，あるいは，作為義務の単なる不履行を超えて，積極的に履行を難しくする作為が行われるとき，侵害結果が回避されるとの期待感が強く損なわれる。したがって，未遂犯の成立を肯定できると説明されるのである。

Ⅳ　まとめ

　不作為犯の着手時期についてまとめると次のようになる。危険結果の発生に着手の規準を求める近時有力な見解は，侵害結果の回避が困難になってようやく不作為犯を肯定するものであり，未遂犯の処罰拡張が適切に行われているとは言い難く支持できない（Ⅱ4）。（結果回避がより容易な時点での）作為義務に着目する伝統的な立場が維持されるべきであり，そのうちでも，作為義務を履行すべき最後の時間に切迫した（義務の履行に必要な時間を考慮した）時点，ないしは，作為義務の内容とされる作為の遂行を実質的に困難にする作為に出た時点のいずれかに実行の着手を認めるのが妥当と解される。前者の切迫時規準は，法益保護の要請と義務をいつ履行するかに関する行為者の自由との衡量から導かれる（Ⅱ2(3)）。後者の手放し規準は，そのような作為（手放し）により，危険の現実化を阻止できなくするという意味で間接的な，不作為犯に固有の危険増加が生じることを理由とする（Ⅱ3）。

　間接正犯の着手時期については以下のようにまとめられよう。実行の着手は利用行為において見出されるべきである。利用行為後に着手を肯認する立場も主張されるものの，そのうち，被利用者の行為に規準を求める見解には，背後者と被利用者という異なる主体の行為を一体的に扱う根拠が明らかでない（Ⅲ2(1)），背後者の不作為犯と構成する見解には，間接正犯として起動された法益侵害に至る因果経過を放置するだけの不作為は改めて不作為犯として評価する実体を欠いている（Ⅲ2(2)），背後者が事態を手放したという作為に着目する見解には，結局は不作為犯構成であり，それに対するの

と同様の疑問が妥当する（Ⅲ2(3)）といった批判が向けられる。

　道具の行為が介在して既遂から時間的・場所的に遠い利用行為に実行の着手を肯定できるのは，被利用者が情を知らないなどの事情によりその後の経過が自動的といえるため，利用行為が（背後者の犯罪計画上）構成要件行為に密接するといえるから，ないしはその直前に位置して機能的に一体と見られるからである[53]。ただし，下級審裁判例では，利用行為自体の開始ではなく，その完了をもって着手とする態度が窺える（Ⅲ1(2)）。間接正犯という遂行形態を考慮すれば，密接・直前行為に関するそのような限定的解釈は適切に思われる。

　利用行為に着手を肯定しても，未遂犯の成立をさらに危険結果の発生にかからせるのが現在の有力説である。その背後には，大審院判例が，被害者が恐喝文書の内容を認識したり毒入りの砂糖を食したりする危険をもって恐喝罪や殺人罪の未遂を肯定していたとの把握がある（Ⅲ3）。しかし，事実関係に照らすと，財産や生命に対する具体的危険が生じていたとするには疑問が残り，判例では，利用行為後の事象経過が，被害者側への文書の到達や被害者による砂糖の受領という新たな段階に入ったことが注目されていると考えられる。ここからは，事実的又は機能的に見て被害者に属する領域が存在する場合，利用行為の作用がそこに及んだという「被害者領域への介入」を，密接・直前行為と並ぶ未遂犯成立のための重畳的要件として立てることが妥当と解されるのである（Ⅲ4）。

---

[53]　参照，伊東・講義総論312頁，314頁。

第 7 章

過失犯の共同正犯

I　はじめに

　過失犯は「法律に特別の規定がある場合」にのみ罰せられる例外であり（刑 38 条 1 項），共同正犯は，1 人で犯罪をすべて実行しなくても「正犯」とされる処罰拡張事由（刑 60 条）である。この意味で，過失犯の共同正犯は，両者の交錯する特殊な問題領域といえ，既に，刑法 38 条 1 項の規制は刑法 60 条にも妥当するからこれを処罰する条文上の根拠が欠けるとの議論も存在する[1]。この点は，「個別の過失犯処罰規定が刑法 60 条により拡張される」[2]との解釈に依拠しつつ，理論的観点から，過失犯の共同正犯の成否や成立範囲について検討を進める。

II　戦前から戦後の状況

1　戦　前

　過失犯に共同正犯がありうるかをめぐっては，戦前の判例は否定説に立つと一般に考えられている。その趣旨を示すとされる大判明治 44・3・16 刑録 17 輯 380 頁は，「被告等は共同的過失行為に因りて他人を死に致したるものなれとも共犯に関する総則は過失犯に適用すへきものに非さるを以て原判決

---

[1]　夏目文雄「過失共同正犯論」愛知大学法経論集法律編 87 号（1978 年）120 頁，浅田・総論 426 頁。過失犯には統一的正犯概念が妥当するので，正犯と共犯は区別されず，したがって，過失共同正犯は否定されると説くのは高橋・総論 456 頁。
[2]　山口・総論 356 頁。

に於て被告等の過失致死罪を処断するに付き刑法第60条を適用せさりしは相当なり」と述べている。そこでは，総則上の共犯規定がなぜ「過失犯に適用すへ」きでないのかについて特段の説明は与えられていない[3]。

この点について，否定説の支持者は次のように主張していた。各共同正犯が犯行全体について責任を負う根拠は「共同意思を以て相互に利用者と為り又被利用者と為りて単一の事実を発生せしむるの点に存する」ことから，「共同行為者相互間に共同犯罪の観念殊に自己の意思実行と他の共同者の意思実行とか相俟て同一の犯罪事実を完成するに至る可きことの観念あることを要」し，したがって，「過失犯には共同正犯……〔は〕存」しない[4]。あるいは，「共犯に特殊の心理的社会的現象を加味して考ふる」共同意思主体説を採りつつ，「過失犯に至つては，斯様な特殊な関係を顧慮するの要がないと考ふるが故に，……共同正犯などを認むるの必要はない」[5]，と。

他方，共同正犯を肯定する学説もまた有力であった。即ち，共同正犯とは「数人共同して同一の犯罪を実行する行為」であり，「共同正犯たる過失罪は数人共同して其行為を為すの意思ある場合に存する」。「其行為を為すの意思と故意とは」区別され，「過失犯の共同正犯ありと為さんとするには数人共

---

[3] 否定説に立つ判例として大判大正3・12・24刑録20輯2618頁（「共同過失に因り他人を死傷に致したる犯罪は共犯にあらす」とする），大判大正11・10・23新聞2057号21頁（「過失犯には共犯関係を認むるに由なきか故に」，他の共同過失者に対する傷害につき責任を免れないとする）がある。ただし，これらも上記の引用を超えて理由を示していない。

他方，被告人両名が，被害者の身体を病気平癒の祈禱として擦ったり揉んだりして擦過傷を負わせ，にもかかわらず祈禱を継続し，傷が化膿して遂に敗血症で被害者が死亡するに至った事案で，原判決が刑法211条（業務上過失致死罪）のほか刑法60条を適用した点に特に触れることなく上告を棄却したものに大判昭和10・3・25刑集14巻339頁がある。この判決をめぐっては，当時，「共同正犯否定の旧態度を抛棄し」たとの評価（佐瀬昌三「過失犯に於ける共同正犯の成立」法律論叢14巻11号〔1935年〕71頁）と，そこまでの意図は大審院になかったとの評価（草野豹一郎「過失犯と共同正犯」同『刑事判例研究(3)』〔巖松堂書店，1937年〕89頁）が出されている。さらに参照，小泉英一「業務上過失致死と共犯」法学志林37巻12号〔1935年〕85頁。

[4] 泉二・総論672頁。同様の説明として瀧川幸辰『刑法講義〔改訂版〕』（弘文堂書房，1930年）161頁。さらに参照，岡田庄作『刑法原論総論〔増訂改版〕』（明治大学出版部，1917年）365頁。「共犯の要件として他人の犯罪要素を認識するを必要と」し，もし「他人に過失の犯意あることを」「認識したりとせは認識したる一方は既に過失犯の意思を有するに非すして故意犯」となるので，過失犯の共同正犯はありえないとする。

[5] 草野・前掲注3)97頁。

同して過失たる行為を為すの意思ありたること」が必要であり，それで十分である[6]。あるいは，共同正犯の主観的要件として「共同加功の意思（意思の聯絡……）を必要と」したうえで，「共犯を以て〔犯罪共同ではなく〕単に行為の共同なりと解するときは，犯意の関係は之を共犯関係の要件より除外」しなければならず，「数人か共同して一定の行為に出てたる場合に於て，その数人は過失犯の共同正犯」となる[7]などと主張された。

以上からは，戦前の学説において，過失共同正犯の肯否は，犯罪共同説と行為共同説の対立とパラレルというよりも，共同正犯に，特定の犯罪の実現に向けた共通の意思まで求めるのか，それとも，犯意の点を除外した行為の共同に向けた意思で足りると考えるのかという実質的な考慮に基づいて判断されていたことが窺える。加えて，肯定説のうち，犯罪共同説の論者は共同の対象を「過失たる行為」などとするのに対して，行為共同説からは「一定の行為」といった説明しかなかった点は留意を要しよう。行為共同説といえども共同正犯と同時犯の区別は必要となるが，共同正犯となる「行為」の内容に関して曖昧さがあったのである。

2　戦　後

戦後に至り，判例は，最判昭和28・1・23刑集7巻1号30頁により肯定説へと転換する。甲と乙が共同経営する飲食店において，甲が仕入れてきたウィスキーと称する液体を乙が客に売っていたところ，この液体に法定除外

---

[6] 大場・総論下1005頁，1050頁。さらに勝本勘三郎『刑法要論総則』（明治大学，1913年）387頁（「不注意の状態に於て或ることを故意に作為又は不作為することには共同の意思を以て共同し得」る），小泉・前掲注3）90頁（犯罪共同説〔共同意思主体説〕のもとでも「過失犯の特種性」に配慮すべきだとし，「共犯の成立に意思の共通を要件とすると云ふ立脚点に立つとするも少くも，過失犯に於てはその意思連絡は結果の認識にまでも及ぶべきではあり得」ず，「これを除外したる点の総てに意思の共通あらば足れりとすべき」だとする）。

[7] 牧野・日本刑法(上)444頁，458頁。さらに宮本・大綱197頁（共犯関係とは「他人の犯罪事実の全部又は一部が共犯たる犯罪の因果関係の一節として作用する」関係にすぎないとする事実共同説の帰結として，「二人以上の犯罪類型が各々如何なるものであるか」は問題ではなく，「その凡べてが……過失犯たることあるべ」しとする），佐瀬・前掲注3）74頁（「共犯の本質を行為共同説の立場に於て理解する時は，……主観的な関係……，之を共犯関係の要件より除外せらるべ」きである。ただし，「共犯たるが為には……全体の主観として共同実行の意思即ち数人共同して過失たる行為を為すの意思ありたる」ことは必要とする）。

量を超えるメタノールが含まれており，甲も乙も検査していなかったとの事案において，判決は，メタノールの含有を検査して販売する義務が両名にあるとしたうえで，「右飲食店は，被告人両名の共同経営にかかるものであり，右液体の販売についても，被告人等は，その意思を連絡して販売をしたというのであるから，此点において被告人両名の間に共犯関係の成立を認めるのを相当とする」と述べて，甲・乙は過失によるメタノール含有飲食物の販売罪（有毒飲食物等取締令1条1項・4条1項[8]）の共同正犯に当たるとした。もっとも，過失犯の共同正犯の構造についても，その成立要件についても少なくとも一般的な形での判示はない。この判決の後，最高裁レベルの判断は現れておらず，後述する下級審裁判例から判例の態度を推認するにとどまっているのが現状といえる。

　戦後の学説は，当初，戦前の議論を引き継いでいた。否定説の論者は，肯定説に転換した上記判決を，「過失犯の特徴」である「構成要件的な結果の発生に対する意思……のないところに，その共同ないし共同実行といふことはあり得ない」[9][10]と批判した。他方，肯定説の論者は，「共犯の本質を因果関係の共同とみる事実共同説の見地では」，「各犯人間に当該の特定犯罪に対する共同加功の意思の連絡」は不要[11]などと主張していたのである。

---

[8] 同取締令1条1項は「メタノール又は四エチル鉛を含有する飲食物……は之を販売，譲渡製造又は所持することを得ず」，4条1項は「第1条の規定に違反したる者は3年以上15年以下の懲役又は2000円以上1万円以下の罰金に処す。過失に因り同条の規定に違反したる者亦同じ」と規定する。

[9] 小野清一郎「過失犯の共同犯といふことがあるか」刑事判例研究会編『刑事判例評釈集(15)』（有斐閣，1960年）5頁。さらに瀧川幸辰『犯罪論序説〔改訂版〕』（有斐閣，1947年）228頁，平場安治「過失共同正犯——それはあり得るか」法学論叢59巻3号（1953年）120頁（「過失一般に本質的なことは結果不回避であ」り，「行為は重要ではなく，行為を単独でしたか共同でしたかも重要ではない」〔同119頁〕），井上正治「過失犯と共同正犯」同『判例にあらわれた過失犯の理論』（酒井書店，1959年）320頁。その後のものとして植松・概論Ⅰ305頁，団藤・総論393頁，荘子・総論449頁（過失の本質である「行為の違法性を『意識しない』こと」の「共同は，心理的に考えることができない」）。

[10] 共同意思主体説を背景にした否定説として齊藤金作「過失犯の共同正犯」同『共犯判例と共犯立法』（有斐閣，1959年）108頁（「一定の目的に向かつての相互了解がなければ，特殊の社会的心理的現象を生ずるものとして，特殊の取り扱いを為す必要がない」），西原春夫『刑法総論下巻〔改訂準備版〕』（成文堂，1993年）384頁，岡野光雄『刑法要説総論〔第2版〕』（成文堂，2009年）296頁，曽根・総論257頁。

III 肯定説の通説化

1 学説の展開

そのような学説も，昭和30年代頃より過失犯の構造に着目した新たな構成——「過失犯の実行行為」の承認——のもと，肯定説が有力化していくことになる。

まずは，次のように論じられた。各行為者が「単に自己の行為部分についての不注意にとどまらず，他の行為者の行為部分についても不注意が及んでいる状態……で……回避可能な結果を惹起した場合には，……不注意という行為の不価値を共有した」といえるのであり，「前法律的な事実に関する意識的・意欲的共働が〔このような〕不注意の共有という契機を帯びることによって，一個の全体としての構成要件該当（充足）かつ違法な行為→結果となることができ……，そこに過失共同正犯が考えられる」[12]。あるいは，「過失行為は，……構成要件的結果を不注意によって認識しない点に特色があ」るが，「その不注意ということは，抽象的に存在するものではなく，一定の具体的に意識的な行為，例えば，発砲するとか，……酒をのむとかいうような行為に不可分的に結びついて現実に存在する……。……このような過失犯の本質的要素を含むところの意識的な行為の部分を基礎として，過失犯の共同正犯を論じる」ことは「『過失犯の本質に即した議論』といわねばならない」[13]，と。

しかし，複数の者が危険な一個の（実行）行為を意識的に共働することはありうるとしても，それが注意義務に反する（過失）とはどういうことか，過失の共同とは何かについて，「意識的行為と不可分に結びついた不注意という行為無価値の共有」というだけでは理解は難しい。かくして，過失犯に

---

11) 植田重正『刑法要説〔全訂版〕』（三和書房，1964年）170頁。同「過失犯と共同正犯」関西大学法学論集3巻3号（1954年）118頁。同様の考え方を採るのは佐伯（千）・総論332頁，348頁。

12) 内田文昭『刑法における過失共働の理論』（有斐閣，1973年）29頁，61頁。この部分の論文としての初出は1958年である。

とって重要なのは，発砲するといった表面的な行為ではなく，むしろ「弾丸が人にあたることを気づくべきであったのに気がつかなかったというような，背後にかくれた義務違反の人格態度そのもの」と考えるべきであり，したがって，「共同義務違反の人格態度の共同ということがはたしてありうるのか，また，あるとしても，どのようなばあいにおいてであるのかは，さしあたり不明」[14]との批判が向けられた。

そこで，肯定説からは，注意義務違反の共同の意味に関して次のような説明が与えられた。「共同正犯を肯定するには，過失犯の共同実行があったと認めるに足りる事実が必要である。単に危険な作業を共同でしているということでは足りず，危険の予想される状態において，事故防止の具体的対策を行なうについての相互利用・補充という関係に立ちつつ結果回避のための共通の注意義務を負う者の共同作業上の落度が認められるとき」がそれに当たる[15]。あるいは，「二人以上の者がある過失犯の犯罪的結果を発生させやすい危険性のある行為を共同して行うにあたり，各人に法律上その犯罪的結果を回避すべき共同注意義務が課せられている場合に，それに違反して犯罪的結果を発生させたときは，共同行為者の構成要件的過失および違法過失を認めることができ，さらに，共同者の各人に責任過失がある場合には，過失犯の共同正犯が成立する」。「共同注意義務とは，共同者の各人が自己の行為から犯罪的結果を発生させないように注意するだけでなく，他の共同者にも注意を促して犯罪的結果を発生させないようにすべき注意義務」である[16]，

---

13) 木村亀二「過失の共同正犯」平野龍一＝福田平＝大塚仁編『判例演習刑法総論〔増補再版〕』(有斐閣，1973 年) 177 頁。既に，同『刑法総論』(有斐閣，1959 年) 246 頁，382 頁において，「不注意すなわち注意義務違反」という「行為の無価値性」が過失犯に固有の違法要素としたうえで，「不注意な目的（的）行為」の共同をもって過失の共同正犯が可能だとされていた。同旨，福田・総論 272 頁。さらに客観的注意義務に反する過失行為ないし危険な行為の共同に着目する見解として中義勝『講述犯罪総論』(有斐閣，1980 年) 244 頁，阿部純二「過失の共同正犯」荘子邦雄先生古稀祝賀『刑事法の思想と理論』(第一法規出版，1991 年) 190 頁（「不注意な行為による危険の設定を共同で行えば，過失の共同正犯を成立させるのに十分」とする），山中・総論 849 頁（行為共同説からは「客観的に危険創出行為を共同し，主観的に共同危険行為の意思があれば，過失犯における共同正犯が肯定され」，「個別的な予見可能性（過失責任）があるか否かは，それぞれの行為者の問題」とする）。

14) 団藤重光「過失犯と人格責任論」日沖憲郎博士還暦祝賀『過失犯(1)』(有斐閣，1966 年) 79 頁，85 頁。

15) 藤木・講義総論 294 頁。

と。それらにおいては、危険な行為・作業の共同を前提としながら、結果回避のために相互に注意する共同の義務が存在し、それに共同で違反することが「過失の共同」の実質と構成されたと見ることができる。

このような「共同義務の共同違反」という構成を採用しつつ[17]、肯定説は支持を拡げて通説の地位を得ている。現在でも、共同正犯では「本来的に分業原理による全体性が重要であ」り、「分業的行動が、直接に、ある犯罪的結果を意図するものでないときにも、犯罪の共同実現と」いえるとしたうえで、「結果回避に相応の共同的態度を実現すること自体」が義務として要求される場合が共同義務の共同違反となる[18]。あるいは、「複数の者が一定の目的実現に向けて行為する際、各人がその共同行為に内在する危険に対して十分な配慮をしないまま行為しているという共同実行事実があり、各行為者は、他の者が、法益侵害の可能性に配慮して適切に行為すべき立場にあるにもかかわらず、共同行為から生じうる法益侵害発生の危険に十分な配慮をしていないことを認識していれば、共同実行意思も認められ、過失共同正犯が肯定される」[19]など、基本的構成を維持しながら共同義務の内容に修正を

---

16) 大塚仁「過失犯の共同正犯の成立要件」曹時43巻6号（1991年）3頁、6頁。なお、同9頁には、相互の注意義務は監督義務ではなく、「法的に対等、平等の地位に立つ共同行為者の協力義務」であるとの指摘がある。たしかに、監督-被監督の関係になければ監督義務という名称は適切でないかもしれないが、いわれる協力義務が「監督義務」と実質的にどのように異なるのかは明らかでない。さらに大塚・総論296頁。

17) 内田・前掲注12)262頁（この部分の論文としての初出は1967年）では、「一定の共同行為があって、各行為者が他の共同者の行為についてまで慎重に配慮しあうべき不可分の義務（重複した保証）を負いながら、共にこの保証を怠った場合」に共同正犯が肯定できるとされるに至っている。同様の見解として内藤・総論(下Ⅱ)1380頁、大谷・総論414頁、鈴木茂嗣「過失の共同正犯」平野龍一編『刑法の判例〔第2版〕』（ジュリ増刊、1972年）129頁、大コメ(3)205頁〔村上光鵄〕、川端・総論561頁、中森喜彦「過失の共同正犯」法セ265号（1977年）81頁、野村・総論399頁、土本武司「過失犯と共犯」阿部ほか編・基本講座(4)145頁、147頁、佐々間・総論371頁、伊東・講義総論376頁、長井長信「判批」（名古屋高判昭和61・9・30判時1224号137頁）判評343号（判時1239号）62頁。

18) 橋本正博「過失犯の共同正犯について」研修734号（2010年）7頁、10頁。なお、同『「行為支配論」と正犯理論』（有斐閣、2000年）198頁では、本文で紹介した内田、大塚の見解が「構成要件と（実行）行為とを基本にし、いわゆる新過失論を採用した議論としては、筋の通った説得力ある理論」として支持されている。

19) 内海朋子「過失共同正犯論について」刑法雑誌50巻2号（2011年）25頁。さらに参照、同「過失共同正犯肯定説における帰責問題について」法学政治学論究48号（2001年）82頁、同『過失共同正犯について』（成文堂、2013年）141頁。

加える多様な説明が試みられている。

2　下級審判例の動向

　昭和28年の最高裁判決を経て，下級審レベルでも過失共同正犯を認める判決[20]が登場する。もっとも，理論面での展開が見られるのは昭和40年代以降である。まず，共同者間の意思連絡が着目された。屋根の葺替工事に際して休憩中に工事責任者甲と従業員乙・丙が喫煙したところ，3名のいずれかの吸殻又は破片が原因となって建物等が焼損した事案で，秋田地判昭和40・3・31下刑集7巻3号536頁は，3名による重失火罪の共同正犯とする検察官の主張を，「喫煙については，たんに時と場所を同じくしたという偶然的な関係があるにすぎなく，これらの者が喫煙について意思を通じ合ったか，共同の目的で喫煙をしたというような関係があったとみることはできな」いとして斥けた。また，京都地判昭和40・5・10下刑集7巻5号855頁は，2人制踏切の踏切警手2名が，それぞれ列車接近の確認義務を怠り遮断機の閉鎖が遅れたために列車と乗用車が衝突して死者が出た事案で業務上過失致死罪の共同正犯を肯定する際，その要件として「共同者がそれぞれその目的とする一つの結果に到達するために，他の者の行為を利用しようとする意思を有し，または，他の者の行為に自己の行為を補充しようとする意思」があることを掲げている。

　次いで，危険な行為及び（心理状態としての）不注意の共同が指摘される

---

[20]　昭和30年代の肯定例として名古屋高判昭和31・10・22裁特3巻21号1007頁（2名の者がコンロ2台を事務室内の勝手場に持ち込んで長時間使用したところ，床板がコンロの熱で燻焼，発火した事案で「共に」「過熱発火を防止する措置」をなさなかったとのみ判示して失火罪の共同正犯を肯定），佐世保簡略式命令昭和36・8・3下刑集3巻7＝8号816頁（技能も経験もない2名の者がそれぞれ操舵と機関部の操作とを受け持って停泊中の観光船を運航させ，これを対岸に衝突，座礁させた事案で「両名共同して同船を運行した過失」を指摘して過失往来妨害罪の共同正犯を肯定）のほか，過失犯の共同正犯を認めるには「少くともその過失の内容が共同被告人に共通した同じものであることが前提」と判示したものに大阪高判昭和32・6・17高検速報（昭32）6号8頁がある（本件では過失の内容が異なるとして共同正犯を否定）。しかし，事実関係を含めて詳細は不明である。他方，否定例として広島高判昭和32・7・20裁特4巻追録696頁。看護婦が誤って医師の指示と異なる薬物を注射して患者を死亡させた事案で，共同担当医2名を業務上過失致死罪の共同正犯とした原判決に法令適用の誤りがあるとした。もっとも，「過失行為が競合したに過ぎない」と述べるのみで理由は明らかでない。

ようになる[21]。アドバルーン広告会社社長が経験豊富なアルバイトにアドバルーンの掲揚をさせたところ，地上に係留する際の過失により子供を死亡させた事案で，越谷簡判昭和51・10・25判時846号128頁は，「共同行為者のそれぞれが各自不注意な行為に出てそれぞれの不注意が相互に影響しあうことにより全体として一個の不注意が形成され，それにもとづく結果が発生したという評価が下される場合には過失共同正犯が成立する」と判示した。ただし，社長はアドバルーンの掲揚をアルバイトに全面的に委ねており，相互の意思連絡がなかったとして，結論的には業務上過失致死罪の共同正犯は否定されている。さらに，名古屋高判昭和61・9・30判時1224号137頁は，2名の者が交替しながら行う溶接作業に際して遮蔽措置を十分に施さなかったために火災が発生して建物を焼損したが，どちらの溶接行為が原因かは特定できなかった事案において，2人は同一機会に同一場所で一体となって協力し，遮蔽措置を講じないという「予見義務違反の心理状態……についての相互の意思連絡の下に本件溶接作業という一つの実質的危険行為を共同し」たのであり，「両名は，共同の注意義務違反行為の所産としての本件火災について，業務上失火の……共同正犯としての責任を負うべき」だと述べている。

　平成の時代に入ると東京地判平成4・1・23判時1419号133頁が現れる。2人の者が作業を中断して現場から離れる際，使用していたトーチランプを完全に消火していなかったために出火したが，どちらの使用したトーチランプから火災が生じたかは認定できなかった事案で，判決は，「トーチランプの火が完全に消火しているか否かにつき，相互に指差し呼称して確認し合うべき業務上〔失火罪〕の注意義務」を認めたうえで次のように判示した。「本件のごとく，社会生活上危険かつ重大な結果の発生することが予想される場合においては，相互利用・補充による共同の注意義務を負う共同作業者が現に存在するところであり，しかもその共同作業者間において，その注意

---

21) なお，この時期に「過失犯について理論上共同正犯の成立を認めない」と判示したものに仙台高判昭和52・2・24刑集31巻1号29頁がある。しかし，「理論上」ありえないというのは最高裁判例に抵触する。この判決は，業務上過失致傷罪と観念的競合の関係にある鳥獣保護法違反の罪（故意犯）について共同正犯を認めながら罰条欄に刑法60条の摘示を欠いた原判決を救済した面が強く，過失共同正犯に関する先例としての価値は小さいと見られる。

義務を怠った共同の行為があると認められる場合には，その共同作業者全員に対し過失犯の共同正犯の成立を認め」るのが相当である，と。

ここにおいて，通説の背景にある「共同義務の共同違反」の考え方が採用されるに至ったことは明らかと思われる。この後も，過失共同正犯を肯定する下級審裁判例はいくつか見られるものの，上記の考え方に沿った事実認定を行うにとどまっており[22]，平成4年の東京地裁判決は，現在の判例の立場を示すものと位置づけられる。

Ⅳ 通説への異議

1 過失同時犯への解消

過失共同正犯の肯定説には，犯罪実現に向けての意思疎通が欠ける点を指摘する伝統的な批判[23]のほかに，共同義務の共同違反という考え方のもと

---

[22] 札幌地小樽支判平成12・3・21判時1727号172頁（「被告人両名は，対等の立場で共同してガイドの業務に従事してい」て，ツアー「参加者の安全確保のため……の注意義務を共同して負っていた」。この注意義務を共同して怠った以上，業務上過失致死罪の共同正犯が成立するとする），東京地判平成12・12・27判時1771号168頁（看護師が患者に投与する薬剤を取り違えて準備し，別の看護師が薬剤の確認を怠って取り違えに気づかずに患者に投与した事案で，「過失の競合」としながら法令適用の欄では刑法60条・211条〔1項〕前段を掲記する。過失共同正犯とすることに批判的な評釈として小名木明宏「判批」判評533号〔判時1818号〕37頁），東京地判平成16・5・14裁判所HP（共同で行った外科手術に過失があり，さらに共同で行った術後管理にも過失があった事案で，法令適用の欄で刑法60条・211条〔1項〕前段を掲記する），東京地判平成18・6・15ウェストロー06150004（医師3名による手術ミスの事案で，法令適用の欄で刑法60条・211条〔1項〕前段を掲記する），名古屋地判平成19・7・9裁判所HP（夫婦でスロット遊技をしている間に自動車内に置いてきた生後間もない長男を熱中症で死亡させた事案で，「犯罪事実」として「同児が熱中症等に陥る危険が生じることを未然に防止すべき共同の注意義務」や「相互に意思を通じ，……スロット遊技を継続した重大な過失」を認定する。また適用罰条として刑法60条・211条1項後段を掲記する）。

[23] 曽根・重要問題総論327頁。共同義務を認めるとしても，「各人の義務が併存している状態にすぎず，共同正犯を根拠づける意思疎通に代わりうるものではない」とする（同328頁）。さらに参照，髙橋則夫「共同正犯の帰属原理」同『規範論と刑法解釈論』（成文堂，2007年）183頁（「事前に結果を認識していなければ，各共同者は全体における自己の地位・役割を把握できない」），北川佳世子「我が国における共同正犯の議論と今後の課題」刑法雑誌38巻1号（1998年）53頁（「過失のようなお互いに不注意を助長し合うという程度のものでは，刑法上問題にし得るほどの心理的因果性を認めることはできない」）。

では過失同時犯として構成する方が適切との指摘が見られる。共同義務とは「結局横の関係における相互監視義務にもとづく一種の監督過失をみとめるもの」[24]にほかならず，そうだとすれば，……過失同時犯として構成すれば足りるというべき」であり[25]，むしろ「結果につき単独犯としての過失犯の罪責を問い得る」範囲を超えて処罰する，即ち「処罰すべきでない行為を処罰する可能性を持つ点で危険かつ有害」[26]でさえあると主張される。

しかし，後者の有害論については，共同正犯の構成により結果との条件関係が欠けても既遂犯が成立する点でたしかに処罰範囲の拡張が生じるものの，これを「有害」とする評価は反対の意思表明を出るものではないであろう。また，前者の実益論については，いずれの共同者の行為から結果が生じたかが不明の場合に自己の直接の注意義務と他の共同者に対する注意義務との択一的認定を回避できる[27]，刑法65条1項を媒介にして身分者と共同する非身分者にも過失犯を成立させうる[28]，共同者の1人に対する公訴の提起により他の者にも公訴時効の停止効が及ぶ（刑訴254条2項）などを挙げることができるであろう。実益を理由に共同正犯を承認するのは不当だとしても，共同正犯の承認が相応の実益を伴うことは否定できない。

---

24) これに対して，不作為形態の過失共同正犯に関して，共同義務は「共同者全体に共同して課されている『共同作為義務』」（山口厚「過失犯の共同正犯についての覚書」『西原春夫先生古稀祝賀論文集(2)』〔成文堂，1998年〕399頁），個々人の義務を超えた「結果発生を促進するような全体状況・共同者状況の排除等の相互的義務」（伊東研祐「『過失犯の共同正犯』論の現在」現代刑事法28号〔2001年〕66頁）とする理解も示されている。しかし，「個人を超えた共同者全体」に課される義務という考え方はなお検討を要するように思われる。

25) 西田・総論383頁。曽根・総論329頁。なお，前田・総論370頁は，「共同の注意義務……を具体的に認定し得る場合は，ほぼ，各関与者自身の監督義務・監視義務違反……により過失責任を問い得る」ので「過失の単独正犯と共同正犯の区別に腐心する実益は小さい」とする。

26) 井田・理論構造373頁。

27) この点の実務的意義を強調するのは杉田宗久「過失犯の共同正犯」大塚仁＝佐藤文哉編『新実例刑法総論』（青林書院，2001年）356頁。なお，西田・総論384頁は「『直接的な』因果関係の証明ができないために不可罰とする不合理を回避するために過失共同正犯を肯定することも考慮に値」すると述べる。

28) 詳細については嶋矢貴之「過失犯の共同正犯論(2・完)」法協121巻10号（2004年）152頁を参照。なお，同172頁では，故意犯の背後にいる過失正犯への遡及禁止を排除できる点も挙げられている。

2 因果的共犯論からの構成

理論的には「実行行為」に対する懐疑や因果的共犯論の徹底を背景に[29]，実践的には，「全く異なる役割を担う者の間でも，共同正犯は成立すると考えられている」故意犯と比較して，通説による「共同義務」の要求が厳格にすぎないかとの問題意識[30]を伴いながら，因果的共犯論から過失共同正犯を承認する構成も近時有力に唱えられている。その枠組は，結果に対して因果関係を有する広義の共犯のうちで，共同性と正犯性を有する者の間に共同正犯を承認するというものである。

論者は次のように説く。因果関係について「条件関係は不可欠の要件ではな」く，事実的因果性があれば足りる。「共同行為者の因果的影響を受けつつ，自らも寄与により共同行為者に対して因果的な影響力を与え，その双方向的な因果的影響力を経た後に，双方，もしくはどちらかの行為から結果が発生する」という関係（寄与の相互補完）があれば共同性が，「ある者の寄与がなければ，当該犯罪は成功せず，結果が発生しなかったと言える場合」，又は，「結果を直接惹起はしていない」が「いわゆる実行行為と言えるような寄与を行った」場合に正犯性が，それぞれ肯定される。主観的には，共同の決意までは不要で，共同性，即ち「相互的な因果的影響力の認識で足り」，加えて「加功の予見可能性があれば」，過失犯の共同正犯が成立する[31]，と。また，別の論者は，双方向的な因果的影響力までは不要として，「互いが互いのために協力していることを認識しあっていたこと（共同犯行の認

---

29) 後に挙げる「共同性」の要求はないものの，結果との（共犯に必要とされる）因果関係，正犯の名に値する重要な因果的寄与，主観的な予見可能性をもって作為による過失共同正犯を肯定する見解に山口・前掲注24)400頁，甲斐克則「過失犯の共同正犯」法学博士井上祐治先生追悼論集『刑事実体法と裁判手続』（九州大学出版会，2003年）338頁がある。
30) 嶋矢貴之「過失競合と過失犯の共同正犯の適用範囲」『三井誠先生古稀祝賀論文集』（有斐閣，2012年）214頁。「義務を負う契機が共通し，その内容が同質である」という「そこまで厳密な一致が共同正犯を認めるために必要であるかは，理論的にも実質的にも疑問がある」とする。
31) 嶋矢・前掲注28)160頁，191頁，199頁，200頁，202頁，212頁。同様の見解として大塚裕史「過失犯の共同正犯」刑事法ジャーナル28号（2011年）18頁。「結果に対する因果性があり，行為に相互促進性が認められ，寄与の重大性が肯定される場合」に過失共同正犯が成立すると説く。

識）を典型とする，相互的結びつき」，及び，実行行為による限定は共同正犯の成立範囲を狭めるとして「犯罪の実現に対等ないしそれ以上の立場・役割で加担したこと」を要件とする見解[32]を主張している。

論者は，犯罪結果に対する原因（正犯）相互において「共同」の関係を「双方向的な因果的影響力」あるいは「相互的結びつき」をもって画そうとしていると解される。これに対しては，双方向・相互関係は特定された（危険な共同）行為・作業についていうべきではないかとの疑問が向けられよう。正犯同士が影響し合い，お互いに結びついていれば十分と文字通りに受け取るならば，過失共同正犯の成立範囲はかなり広汎に及ぶおそれがあるからである[33]。故意犯との比較も指摘されるが，意図された「犯罪」の実現にお互いに関わることで故意犯罪を共同で遂行したといえても，ある「作業」の実施に関与し，相互に影響し合ったというだけでは過失犯罪を共同で遂行したとまではいいえないであろう。過失犯では，危険な個別の行為・作業を取り出してそこに共同性の契機を認めるしかないと思われるのである。

3 新しい「共同義務の共同違反」説

通説に対しては，規範的な観点からの批判も向けられている。通説の考える「共同義務の共同違反」には，事実レベルでの危険行為の共同や共同の行為意思といった自然主義的・心理主義的アプローチが残されていて不徹底であり，規範主義的アプローチを貫徹させるべきだと主張される[34]。要するに，「共同義務」が課される範囲の者が共同正犯ないし共犯となるのであり，その他の事実的要素は考慮されないとするのである。

---

32) 西田ほか編・注釈(1) 827頁，848頁〔島田聡一郎〕。
33) 例えば，看護師や医師等が患者の同一性確認義務を怠って手術を要しない別人に外科手術を施したケースでは，同一性確認は単独で行いうる（他からの影響を排除するためには単独で行うべきでもある）以上，共同正犯は成立しないと解される。参照，最決平成 19・3・26 刑集 61 巻 2 号 131 頁。これに対して，本説の論者は，患者の受け渡しを行う病棟看護師と手術室看護師は相互に影響しあうとして共同性を承認し，両者を共同正犯と見る（嶋矢・前掲注 30) 216 頁，大塚・前掲注 31) 21 頁）。しかし，患者の受け渡しは順次行われて，相互に影響し合うとすれば，最初の看護師から最終の執刀医まで共同正犯となりかねないように思われる。故意犯では順次共謀による共同正犯となるとしても，過失犯でも同様とはいいきれないのではなかろうか。
34) 金子博「過失犯の共同正犯について」立命館法学 326 号（2010 年）138 頁，142 頁。

かくして，ある論者は，共同正犯という法形相に相応しい義務とは「その結果の発生ないし防止が，当該関係者全員の共同の任務であるということに尽きる」。ただし，「『共同』正犯というからには，『自分が結果を防止する義務』が水平的な関係においても認められなければなら〔ず，〕……それは，要するに，『自分達が協力して結果を防止する義務』ということになろう。単に『他人の注意を促す義務』では足りない」[35]と主張する。また，別の論者は，「各関与者の〔義務の内容や射程に応じて確定された〕答責領域が結合され，その結合された答責領域から構成要件該当結果が発生した」場合，「自他ともに協力して構成要件該当結果を防止しなければならない義務があったにもかかわらず，保障人的地位として防止策を怠り，構成要件該当結果をさせた場合が，共同犯罪となる」のであり，さらに「各関与者の行為態様が，同程度の重要性を有しているときに限り，共同正犯として処罰される」[36]と説いている。

　過失共同正犯の成立範囲を画定するに当たり，現に行われた行為の共同が重要なのではないとの指摘自体は正しいと思われる。Ⅱ2で紹介した最高裁の昭和28年判決の事案を例にとれば，甲は仕入れただけで販売は乙のみが行ったとしても，検査をしないでメタノールを「共同して販売する行為」が共同正犯に当たると解される。注意義務の内容として禁止されている「作為」（不作為犯であれば，命じられている「作為」）の共同性が問題なのであり，この意味で共同義務が共同正犯ないし共犯の範囲を画定するといってもよい。しかし，共同義務を，協力して「構成要件的結果の発生を防止する」義務とすることが妥当かは別の問題であり，他者の答責領域との結合についての慎重な検討などを通して限定が図られるとしても，なお広汎にすぎないかとの疑問が残る。現在のところは，協力して「禁止された作為を行わない」義務（不作為犯であれば，協力して「命じられた作為を行う」義務）とする通説的な理解を維持する方が妥当に思われる。

---

35) 松宮孝明「『明石歩道橋事故』と過失犯の共同正犯について」立命館法学338号（2011年）176頁。
36) 金子・前掲注34）166頁。

V　まとめ

　過失犯の共同正犯は，通説の考えるように，共同義務の共同違反をもって基礎づけ，それが認められる範囲で成立が承認されるべきだと解される。具体的には，自己の行為から犯罪結果を生じさせない注意義務と他の共同者からも犯罪結果を生じさせないように配慮する注意義務が共同義務であり，そのような相互的な義務の対象となる一定の作為・不作為，即ち，過失犯の（危険性を帯びた）実行行為を共同で行うことで共同違反となる（Ⅲ）。

　共同義務の要求は，過失犯において共同正犯を同時犯に接近させる。しかし，共同正犯はそれとして存在意義を有しており同時犯に解消されるわけではない（Ⅳ1）。他方，実行行為の共同という限定を外し，過失共同正犯の成立範囲を拡げる構成は支持できない。犯罪実現の意思を欠く過失犯において共同正犯を構想するには，共同する対象を客観的に限定する必要が生じる。その手がかりとして，注意義務の内容として特定される実行行為はなお有効に思われるからである（Ⅳ2，3）。

第8章

共犯関係からの離脱

I　はじめに

　他者と共犯関係（共同正犯や教唆犯・幇助犯）にある者は，自らの関与のほか，他の共犯者が行う関与についても責任を負う。これが共犯責任の原則である。それでは，共犯関係に中途で加入し，あるいはそこから脱退した者においてはどうか，加入前又は脱退後に行われた他の共犯者の関与についても負責されるのか，その限界はどこにあるのか。これらは，非典型的な遂行形態に関わるけれども，共犯責任の本質と結びついた難しい問題であり，講学上，それぞれ「承継的共同正犯・共犯」，「共犯関係（共謀）からの離脱」の標題のもとで論じられている。本章では後者を取りあげる。

II　共犯関係の「離脱」と「解消」

　共犯関係からの「離脱」の検討に入る前に，これと並んで使われることの多い共犯関係の「解消」との異同を確認しておきたい。従来，両概念は意識的には区別されてこなかったように見受けられるものの，近時は，共犯関係の「解消」を「A，Bによる共同犯行が終了した後，BがAとは独立して新たな犯罪の決意により別個の犯罪を遂行した場合」[1]として，共犯関係がなお存続し，そこから「離脱」した場合と異なって理解する立場が主張されている。共犯関係は個別の犯罪ごとに成立するのであり，犯罪実現に向けた過程で「別個の犯罪」に移行した場合，遅くとも移行の時点ではそれまでの共犯関係は「解消」したと見るべきだとすれば，近時の主張[2]は支持される。「解消」が肯定されると，従前の共犯関係における関与が「別個の犯罪」に

事実的には影響を与えている（物理的・心理的な因果性は残っている）としても，共犯の成立が否定されることになる[3]。この点に「離脱」と区別する実益が存在する。

　もっとも，共犯関係の「解消」ないしは「別個の犯罪」の成立がいつ認められるかは十分に解明されていない[4]。とりあえず，共謀に基づく犯罪が，関与者全員の話合いにより一旦は断念された場合，何らかの障害により（一部の者だけによっても）遂行できなくなった場合[5]，逆に，犯罪が一応の終了を見た場合[6]は基本的に「解消」を肯定できると解される。加えて，犯罪遂行の合意が時の経過や各関与者を取り巻く状況の変化によりいわば立ち消えた場合[7]や，犯行の日時・場所，被害者，行為態様や犯罪により達成しようとした動機・目的などが実質的に変更された場合[8]にも，新たな共謀に基づいて組み直された共犯者らにより犯罪が遂行されたと考えてよいと思われる。

1）　西田典之「共犯の中止について」同『共犯理論の展開』（成文堂，2010年）285頁。論文の初出は1983年。引用部分は同書刊行に際しての付記であるが，同旨の主張は論文にも見られる（同258頁）。さらに原田國男「判解」最判解刑事篇平成元年度（1991年）178頁。「被告人が共同遂行の意思を放棄して離れる場合を『共犯の離脱』と呼び，共同遂行が終了したとして離れる場合を『共犯の解消』」とする。これに対して，法概念としては共犯関係の解消のみを承認するのは任介辰哉「判解」曹時64巻9号（2012年）296頁。離脱はその場から離れるという事実を指すとするのが適切な用法と述べる。

2）　大塚・総論348頁注31，山中敬一「共謀関係からの離脱」『立石二六先生古稀祝賀論文集』（成文堂，2010年）570頁（「犯行計画とはまったく独立の新たな決意に基づく別の犯罪が実行されたときは，首謀者であっても，新たな犯罪実行に対する客観的帰属可能性が否定され，共謀共同正犯のみならず，教唆・幇助としての責任も負わない」とする），西田ほか編・注釈(1)864頁〔島田聡一郎〕。

3）　西田ほか編・注釈(1)865頁〔島田〕。「当初想定された犯罪と実際に行われた犯罪とが別の犯罪と評価される場合には，そもそも〔共犯の〕因果性を問う前提が欠ける」とする。これに対して，後の犯行との心理的因果性が切れる場合を共犯関係の解消と見るのは西田・前掲注1)285頁。

4）　山中・前掲注2)570頁は，「新たな決意に基づく別の犯罪」かどうかの判断に関して，犯行が翌日以降に延期されたかどうかは重要でない，離脱した者が後日の実行を知らないことが必要である，との2点を指摘する。また，西田ほか編・注釈(1)865頁〔島田〕は，「犯罪の同一性の判断においては，包括一罪と併合罪の区別がある程度参考になる。ただし，常習犯，営業犯のような特殊な構成要件的評価によって一罪とされる場合は，別個の犯罪と扱うべき」だと説く。

III 戦前から戦後にかけての状況

　共犯関係からの「離脱」に関わる戦前の判例で知られているものは多くない。そのうちの一つが大判大正 12・7・2 刑集 2 巻 610 頁である。共犯者とともに恐喝を行った者が，被害者と「金銭授受を約したる後恐怖の念に駆られ」て以降の行為に出なかったところ，共犯者が金銭を受け取る現場で逮捕されたという恐喝未遂の事案で，「被告は……共謀者の実行を防止すへき手段を講したる事跡たも認むへきものな」しとして，刑法 43 条ただし書の適用を求める上告を排斥している[9]。また，他の共犯者の実行着手前に関与したケースとして大判昭和 9・2・10 刑集 13 巻 127 頁が挙げられる。判決は，Sが，変造株券を用いて詐欺を行うとの計画を知りながら，依頼を受けて変造株券の調達世話人を共犯者に紹介した行為を「変造株券行使詐欺の犯罪を幇助したるもの」としたうえで，共犯者の側が，紹介を受けた後，変造株券を入手する前の段階で，「変造株券買入方を中止する旨詐り申出て関係を絶」ったとの事情があったとしても，「Sに於て何等実行阻止の手段を講することなく被告人Hに於て判示変造株券行使詐欺の実行を遂行したる本件」では，Sの幇助犯成立に影響しないと述べている。

5）　原田・前掲注 1) 183 頁は，「実行着手後，警察官が来るというので一斉に退散したような場合，後日，再び一部の共犯者が集まって，犯行を実行したようなときには，別個の共謀ないし犯意に基づく犯行とみるべき」だとする。
6）　参照，東京地判平成 7・10・13 判時 1579 号 146 頁。5 名が殺意をもって公園内の雑木林にて共同で暴行を加え，被害者が瀕死の重傷を負って身動きできなくなった後，一旦同じ公園内の 100m 余り離れた公衆便所近くに移動してから，被告人以外の者の指示により 2 名が現場に戻ってとどめの暴行を加えた事案で，「被告人ら 5 名が当初の共同暴行終了後に犯行現場から離れた時点で，それまでの 5 名間の共犯関係が解消した」とはいえないとして，殺人既遂罪の成立を肯定した。時間的・場所的関係から雑木林における犯行はまだ終了したとはいえないと評価されたと解される。
7）　参照，東京地判昭和 52・9・12 判時 919 号 126 頁。5 名の者がトルエン 6 缶を窃取後，5 缶の売却を共謀し，約 2 か月後に共謀者の 1 人が 1 缶を 3 万円で第三者に販売した行為（毒物及び劇物取締法違反）について，各共謀者が転居したり新たに職を得たりしたこと，先の共謀の確認等が行われた形跡がなく，販売により得られた 3 万円も分配されず，その要求もなかったこと，販売の事実を知らない者もいたことなどを指摘して，「共謀の背景にあった諸事情が 2 か月余の時間の経過とともに大幅に変化し，……共謀が暗黙のうちに解消していた」として共同正犯の成立を否定した。

共犯関係からの離脱ないし中止犯を認めるためには他の共謀者の実行を防止（阻止）する手段を講じることを要するという判例の立場は，戦前の学説[10]でも，さらに戦後も一定の範囲において[11]支持されていた。その理由は，「共同正犯者は，自己の行為に由来する犯罪事実と他の共同正犯者の行為に由来する犯罪事実とを包括し，その包括されたる全体の事実に就いて刑法上の責任を論ぜられる」のであり，「自己だけが中止しても，他の共同者の行為又はそれより生ずる事実を中止せしめない以上，共同現象全体としては，そこに中止の成立を認め得ない」[12]と主張され，あるいは，この説明に「同意」しつつ，「共犯に於ては常にまづ共同責任の理念（犯罪共同説）が承認されなければならぬ」[13]として，犯罪共同説との結びつきが強調されたりした。さらに，「共同意思主体説の立場に立てば，共犯を一体的のものとして解する以上，……〔そのような〕結論は当然のこと」だ[14]ともいわれた。要するに，共同正犯（共犯）において各関与者の行為が個別的ではなく一体としてのみ扱われることが当然視されていた[15]と見られるのである。

8) 参照，神戸地判昭和 41・12・21 下刑集 8 巻 12 号 1575 頁。強姦を共謀し，2 名が午前 1 時頃に強姦した後，自らは強姦の意思を放棄して共謀者らにその旨を表明し，了承を得て現場を離れたところ，残った者が全く別の 2 か所で午前 2 時頃から 5 時頃までの間及び 5 時過ぎに強姦を行った事案で，それぞれの姦淫は「包括一罪として評価し得るも，社会的事実としては別個の姦淫と見るのが相当」として，どの姦淫から生じたかが明らかでない傷害につき帰属を否定して強姦罪にとどめた。なお，共同で防衛行為としての暴行を行い，侵害終了後も一部の者が暴行を続けた事案で，「侵害現在時における暴行が正当防衛と認められる場合には，侵害終了後の暴行については，……新たに共謀が成立したかどうかを検討すべき」としたものに最判平成 6・12・6 刑集 48 巻 8 号 509 頁がある。侵害現在時の暴行の共謀は正当防衛の成立により解消したと見ていることになろう。
9) 同様に恐喝の事案において「2 人以上共同して犯罪の実行行為に出で，而かも其の行為既に完了せるが如き場合に於て，共犯者中の 1 人に中止犯の成立を認むには，少くとも其の者に於て共同犯行に因る結果の発生を防止の作為に出で，而かも其の結果の発生を防止し得たることを要する」と判示したものに大判昭和 12・12・24 刑集 16 巻 1728 頁がある。ただし，上告理由の述べるところによっても，被告人が共犯者に「一切手を引くから承知して呉れ」と告げた時期は共犯者による喝取金 300 円の受領後であったようである。その他，大判昭和 10・6・20 刑集 14 巻 722 頁（賭博場開帳図利行為に関し，自ら実行行為に着手した後，「自己のみ犯意を翻して爾余の実行行為に関与せざりしとするも共謀者たる原審相被告人の共同犯意に基く実行行為を阻止せさる限り」，被告人につき中止犯を論じることはできないとする），大判昭和 17・2・27 大審院判決全集 9 輯 20 号 19 頁（詐欺賭博の事案で，被告人は実行途中から犯意を翻したとする上告を昭和 10 年判決と同様の判示により「中止未遂と為るものに非」ずとして排斥）がある。

Ⅳ　判例の動向

　共同正犯（共犯）として犯罪を遂行する場面では各関与者の行為は一体的に捉えられるとしても，そのような一体的関係から「離脱」する場面では，個別的に把握するのがむしろ本来の姿と考えられる。戦後の判例は，とりわけ他の共犯者が実行に着手する前の離脱に関しては，より緩やかな要件のもとで共犯関係の離脱を認めるようになる。

　既に東京高判昭和 25・9・14 高刑集 3 巻 3 号 407 頁が，侵入窃盗を共謀し，他の共犯者 3 名とともに被害者宅に向かう途中，「執行猶予中の身であることを思い出し」て自分のみ犯行を断念した事案で，「着手前他の共謀者にもこれが実行を中止する旨を明示して他の共謀者がこれが諒承し」ていたとして，窃盗の共同正犯を認めた原判決を破棄している。中止の意思表明と他の共犯者による了承により離脱を肯定する（あるいは，その欠如により離脱を否定する）裁判例はその後も出されており[16]，さらに福岡高判昭和 28・1・12 高刑集 6 巻 1 号 1 頁[17]では，「犯行から離脱すべき旨明示的に表意しなくても，他の共謀者において，右離脱者の離脱の事実を意識して残余の共

---

10)　当時十分な議論があったかどうかは必ずしも明らかでないものの，泉二・総論 533 頁には，「実行終結前に於て一人か中止するも他の者か進んで結果を生せしめたるときは全然中止の効果なきものとするを通説」とする記述が見られる。因果力の遮断を考慮した説明として大場・総論下 826 頁。

11)　木村亀二『新刑法読本〔改訂版〕』（法文社，1951 年）260 頁（ただし，「共同者の一人が自己の分担した行為を任意に中止したが，他の方法で他の共同者が犯罪を完成させたときは，中止者の行為は結果に対し因果関係がないから中止未遂をもって論ずべき」だと述べている。従犯の中止未遂についても同旨〔同 261 頁〕），吉田常次郎「共犯と中止犯」同『刑事法判例研究』（学芸書房，1956 年）167 頁，正田満三郎「中止の意義とその共犯への適用」同『刑法における犯罪論の批判的考察』（一粒社，1962 年）142 頁，146 頁（ただし，物的な幇助に関しては，例えば，貸与した凶器を取り戻せば，幇助犯の不成立〔正犯の着手前〕又は中止未遂〔着手後〕とする），植松・概論Ⅰ 332 頁，西村克彦「共犯と中止犯(1)」判時 257 号（1961 年）6 頁。

12)　牧野英一「共同正犯の一人の中止」同『刑法研究(3)』（有斐閣，1927 年）235 頁。

13)　小野清一郎「刑法総則草案と中止犯」同『刑罰の本質について・その他』（有斐閣，1955 年）300 頁。論文の初出は 1933 年。

14)　下村康正『共謀共同正犯と共犯理論』（学陽書房，1975 年）176 頁。共同意思主体説を意識しつつ，離脱を考慮する近時の論稿として萩原滋「共犯の離脱・解消」岡山大学法学会雑誌 58 巻 2 号（2008 年）222 頁。

謀者のみで犯行を遂行せんことを謀った上該犯行に出でたときは，残余の共謀者は離脱すべき黙示の表意を受領したものと認めるのが相当であ」り，離脱者は「当初の共謀による強盗の予備」にとどまる，即ち，黙示の意思表明とその受領で足りる[18]とされた。

　ただし，(黙示を含む) 中止の意思表明とその了承があっても，着手前の離脱が認められないことがある。その一つが首謀者が離脱する場合であり，松江地判昭和51・11・2刑月8巻11＝12号495頁は，「離脱しようとするものが共謀者団体の頭にして他の共謀者を統制支配しうる立場にあるものであれば，離脱者において共謀関係がなかった状態に復元させ」ることを要するとして，暴力団の「若頭の地位にあって組員を統制し」，自ら中心となって殺人を共謀した者が，現場にいる組員の引き上げを指示しただけでは離脱したというには不十分だとしている[19]。もう一つは，着手前とはいえ犯罪の開始が目前に迫っている場合であり，近時の最高裁判例である最決平成21・6・30刑集63巻5号475頁が挙げられる[20]。事案は，強盗を他の7名と共謀して現場に赴いた者が，被害者宅に先行して侵入した2名により入口が確保された時点で，犯行の発覚を恐れ，屋内にいる共犯者に電話で「先に帰

---

15)　もっとも，共同で犯罪に着手しても「其著手行為にして犯罪完成の原因たる行為に非さるときは単に不作為……に依り其犯罪の実行を中止することを得」る (大場・総論下826頁)，正犯に殺人のための兇器を提供した従犯が翻意して正犯の実行着手前にこれを取り戻したとの設例を掲げて，兇器の提供という「従犯の正犯に与へた影響は……従犯の兇器取戻しによって跡形もなく消えてしまう」ので，殺人罪の幇助犯は成立しない (瀧川幸辰「従犯と幇助行為の中止」同『刑事法判決批評(1)』〔立命館出版部，1937年〕143頁) といったように，犯罪実現の阻止がなくても離脱ないし中止犯が肯定される余地も指摘されていた。しかし，そのように処理しうる根拠は，「謂ゆる因果関係論からいうても因果関係の成立を認めることは出来ない」(同144頁) など簡単に述べられるにとどまっていた。

16)　肯定例として東京地判昭和31・6・30判例体系31-3巻1100の6頁 (県知事の署名のある廃車証明書用紙を共同して多数印刷後，特定の廃車証明書の偽造に着手する前に，謀議から脱退して他の共犯者もこれを了承していた事案で，不可罰の公文書偽造の予備にとどまるとする)。否定例として福岡高判昭和24・9・17判特1号127頁 (窃盗の事案で「通謀関係から離脱すべき旨の表意をしてこれを解消する等の措置」を要求)，東京高判昭和26・10・29判特25号11頁 (窃盗の現場近くに至り腹痛がしたので，共犯者が1人で実行した事案)，広島地三次支判昭和33・4・25一審刑集1巻4号648頁 (被害者を捜す行為を3月26日頃及び4月1日頃に自ら行った後，離脱の意思を抱いたが，他の共犯者が4月7日午後10時25分頃に殺人を実行した。「通謀関係から離脱する意思を表意して，これが解消を計るに適切な措置を採った形跡はなんら認められない」と指摘する)。

る」などと一方的に告げて他の2名とともに現場から立ち去ったが，残った5名がこの事実を知りつつ強盗を完遂したというもので，離脱を否定して強盗（致傷）罪を適用した原判決が支持されている。

　留意を要するのは，他の共犯者の着手が目前に迫っていても，さらには着手後において，犯行が継続される可能性がきわめて高くても，外在的事情により犯罪からいわば「排除」されて遂行不能になった者について離脱を認める裁判例が存在することである。A，B，C，Dの4名が旅館の客室における強姦を共謀し，Aが被害者を客室に連れ込み，後からB，C，Dが旅館に赴いたところ，旅館側から同客室への案内を断られ，Aも交えて相談の結果，Bらは引き返し，残ったAが強姦を遂げた事案で，B，C，Dに強姦罪の成立を否定した大阪高判昭和41・6・24高刑集19巻4号375頁，共謀に基づく第1暴行に際して，やりすぎと感じて「大丈夫か」などと被害者に声をかけた被告人を，腹を立てた別の共犯者が殴って失神させた後，別の場所に移動して第2暴行等を行い，傷害を負わせた事案で，「共犯関係は，被告人に対する暴行とその結果失神した被告人の放置……によって一方的に解消され」たとした名古屋高判平成14・8・29判時1831号158頁が挙げられる。

　他の共犯者が既に実行を開始している場合は，判例は厳格な態度を示しており，結論的に離脱を認めた裁判例は，上記の「排除」に関するものなど限

---

17) 強盗を4名で共謀して午前0時頃，被害者宅に侵入しようとしたが失敗し，一旦引き返したところで被告人が「強盗することの非を悟」ってその場を立ち去り，残りの3名が午前2時40分頃同じ被害者宅に押し入って強盗を行った事案である。
18) 同旨の肯定例として大阪地判平成2・4・24判タ764号264頁。対立する暴力団の組員の殺害を共謀したものの，被告人が「報復の意思を完全に失っ」たことが「言動，態度から〔他の〕被告人……らにも伝わっていたものと認められる」として離脱を肯定する。
19) 同旨の否定例として旭川地判平成15・11・14LEX/DB28095059。侵入強盗を共謀し，被告人と実行担当者である2名が7月24日に被害者宅に赴いたが犯行を断念し，7月27日の早朝にその2名が強盗（致傷）を実行した事案で「共謀関係がなかった状態に復元させるなどの相当な措置を取ることが必要」とする。なお，首謀者である「自己が参加しなかったならば，他の共謀者等も犯罪を決行しないだろうと考え，現場に赴かなかった」事案で，「少くとも其の者との共謀関係を解消せざる限り」は，窃盗の共同正犯としての刑事責任を免れないとしたものに東京高判昭和32・2・21東高刑時報8巻2号39頁がある。
20) さらに仙台地判昭和34・1・22下刑集1巻1号107頁。殺人の共謀に基づき，午後10時頃より午前0時頃まで被害者を探したが発見に至らず，その後，被告人は犯意を放棄し，一部の共犯者に告げて帰宅したところ，残りの共犯者らが午前3時40分頃に被害者を殺害した事案で，「実行を阻止する何等の措置を講」じていないとして離脱を否定する。

られている。とくに昭和期には，被害者の差し出した現金を受領せずに被害者宅から退出したが，残った共犯者がこれを奪った強盗の事案で，「右金員を強取することを阻止せず放任した以上，……被告人のみを中止犯と」することはできないとした最判昭和 24・12・17 刑集 3 巻 12 号 2028 頁[21]，継続犯である監禁罪に関し，「他の共犯者らによるそれ以上の監禁行為の継続を現実に阻止することもな」い以上，一連の監禁行為全体に対する責任を免れないとした東京高判昭和 46・4・6 東高刑時報 22 巻 4 号 156 頁，被告人と共犯者が第 1 現場で共同で行った強姦未遂と，被告人が立ち去った後に共犯者が第 2 現場で行った強姦既遂を包括一罪としたうえで，被告人に離脱が認められるには，犯行継続の意思がなくなった旨の意思表明をし，共犯者の「犯行を止めさせたうえ，その後は当初の共謀に基づく犯行を継続することのないような状態を作出することが必要」として強姦既遂の成立を肯定した福岡高判昭和 63・12・21 高刑速（昭 63）187 頁[22]など[23]，戦前の判例・学説と等しく，犯行全体の阻止を要求するように読めるものが多く見られたのである。

　しかし，平成期に入り，A と B が約 1 時間半にわたり激しい暴行を加えた後，A が「おれ帰る」とだけ述べて現場を立ち去り，しばらくして B がさらに暴行を加え，被害者が死亡した（どの時点の暴行が死亡の原因となったかは不明）という傷害致死の事案で，「被告人〔＝ A〕が帰った時点では，B においてなお制裁を加えるおそれが消滅していなかったのに，被告人において格別これを防止する措置を講ずることなく，成り行きに任せて現場を去ったに過ぎない」として離脱の主張を排斥した最決平成元・6・26 刑集 43 巻 6

---

21) 同様の否定例として最判昭和 24・7・12 刑集 3 巻 8 号 1237 頁（強姦致傷）。
22) 同様の否定例として東京高判昭和 30・12・21 裁特 2 巻 24 号 1292 頁（初めて既遂に至った 3 回目の放火の前に共謀のみに関わった被告人が犯行の意思を放棄した事案で，その意思を外部に表明したうえ，「共犯者の犯行の実行を阻止するか結果の発生を阻止しないかぎり，その刑責は消滅しない」として放火罪の既遂を肯定する），東京高判昭和 32・6・26 東高刑時報 8 巻 6 号 162 頁（設立当初より詐欺的な経営を行っている会社の取締役と営業所長を途中で辞任した事案で，離脱に「他の共謀者による犯罪の実行を阻止」することを要求する）。
23) なお，そもそも犯罪遂行意思が放棄されていないと見られる事案のもとで離脱を否定した裁判例として東京高判昭和 46・10・5 判タ 274 号 347 頁（不退去罪），東京地判昭和 51・12・9 判時 864 号 128 頁（劇物所持罪〔毒物及び劇物取締法違反〕）がある。

号567頁が現れる。そこには，Bの制裁を阻止しなくても，「制裁を加えるおそれ」の現実化を防止する措置をとればよいとの趣旨を読み取りうる[24]。以降の下級審裁判例[25]においても，離脱の成否を判断する際に，他の共犯者が犯行を継続する可能性が高い状況のもとでは，その危険性を消滅させるような措置を講じたかどうかに着目する判示がなされるようになっている。

V　通説の形成——因果関係の遮断

　共犯の一体的関係を重視した戦前とは異なる，個々の関与者の「離脱」が学説において論じられるようになったのは戦後かなり経ってから[26]であった。当初は，共犯者間の心理的な結びつきを重視してその切断をもって離脱を肯定する見解[27]も唱えられたものの，有力化したのは，各関与者のもつ部分的な因果的寄与の撤回に離脱の実質を求める考え方であった。

　この考え方を詳細に展開した論者は次のように説いている。「因果的共犯論を前提とすれば，共犯といえども自己の行為と因果関係を有する限りの結

---

24)　原田・前掲注1)184頁は，「防止する措置を講じていれば，実際に防止すなわち阻止ができなかった場合でもよいとする趣旨」としている。

25)　否定例として東京高判平成8・11・19東高刑時報47巻1＝12号125頁（医薬品の無許可製造〔薬事法違反〕に関与していた者が組織の担当替えにより麻薬製造〔麻薬及び向精神薬取締法違反〕に関与するに至った事案で，「もとより共犯者による製造の継続を阻止する意思などなかった」と判示する），大阪地判平成14・7・17判タ1104号297頁（共謀に基づく暴行・傷害の途中で現場を離れた者について他の共犯者らに暴行を止めるように指示したことはないなどと指摘する），神戸地判平成18・7・21判タ1235号340頁（「当初の共謀に基づく実行行為の心理的，物理的な効果はなお残存しており，これを利用してなお犯行が継続される危険性が十分あったのに，……これを何ら除去すること」がなかったと判示する）。肯定例として東京地判平成12・7・4判時1769号158頁（監禁及び身代金の要求に関与した者が身代金の受領に際して警察に逮捕された事案で，その後，警察官の「説得に応じて捜査協力をしたことにより，自らの加功により本件各犯行に与えた影響を将来に向けて消去した」とする）。

26)　他の共犯者が実行に着手する前の段階では個別関与者の離脱を肯定する見解として鈴木義男「実行着手前における共謀関係からの離脱」臼井滋夫＝前田宏＝木村栄作＝鈴木義男『刑法判例研究(2)』（大学書房，1968年）135頁，荘子・総論439頁，藤木・講義総論291頁。着手前の離脱を因果関係が欠けるケースと説明するのは香川達夫「共犯関係からの離脱」同『共犯の処罰根拠』（成文堂，1988年）173頁。

果，正犯行為についてのみ罪責を負うべきものであり，この『因果の紐帯……』が切れる場合には責任を負わないということになる。……共犯からの離脱の問題も基本的には，当該中止行為によって，それ以前の離脱者の加功とそれ以後の残余の共犯者による行為および結果との因果関係が切断されたか否かという基準によって解決さるべき」である[28]，と。

具体的には，他の正犯が着手する前の段階において，教唆犯では，「説得等の方法によって正犯に犯意を放棄させ」，心理的因果性を失わせること，物理的幇助では，兇器の取戻しなどにより物理的因果性を切断すること，技術的幇助では，正犯を説得して犯行を中止させるか，物理的に正犯の実行の着手を阻止すること，心理的幇助では，見張りの約束の取消しなど，正犯の犯意の強化という作用を消滅させることをもって離脱が肯定される[29]。共同正犯は，教唆形態と幇助形態とに分けられ，前者では，他の共犯者の犯意を取り除くことが離脱に要求され，ただし，離脱が認められなくても，それまでの加功が全体の犯罪実現に果たした役割に応じて原則として教唆犯ないし幇助犯となる[30]。後者のうち物理的ないし技術的幇助の形態では相応する幇助犯の離脱と同様の要件のもと，また，共謀に心理的に加功しただけの場合，決意の強化という効果の消滅の観点から，離脱意思の他の共犯者による認識のもとで離脱が成立する[31]。さらに，他の正犯が着手した後の段階では，中止する意思の表明と併せて，「それまでの自己の加功のもつ因果的影響力を消滅させたとみられる場合」，離脱が認められ，その者の罪責は未遂犯（任意性があれば中止犯）にとどまる[32]，とされている。

27) 井上正治「共犯と中止犯」平野龍一＝福田平＝大塚仁編『判例演習刑法総論〔増補再版・改訂〕』（有斐閣，1973年）212頁。「共同正犯における行為性は，共同加功の意思すなわち『意思の連絡』によってのみ性格づけられる」とすれば，「犯罪遂行の途中においてであれ，『意思の連絡』が欠ければ，それ以後は，各人の行為はもはや全体の行為としては評価できなくなる」とする。近時，物理的・心理的因果性を重視すべきでなく，「新たな共犯関係ないし犯意」の成立が重要と説くものに大谷・総論470頁がある。
28) 西田・前掲注1)243頁。引用部分は，共犯者が着手する前の離脱に関する記述であるが，着手後の離脱についても，「加功の因果性の切断についてゆるやかな考え方」を採りながら，同様の立場が採られている（同264頁）。
29) 西田・前掲注1)246頁，248頁，249頁。
30) 西田・前掲注1)255頁。
31) 西田・前掲注1)251頁，253頁。

因果関係遮断説とも呼ばれるこのような見解は，「共犯者が離脱以後の実行者の行為に支持を与えていないことを……認識」させて心理的因果性を切断することで十分だとして離脱を広く認める立場[33]など，バリエーションを伴いつつ，多数の支持を得て[34]通説を形成している。さらに，共犯関係からの離脱を認める際に，中止の意思表明とその了承，犯行継続の可能性が高い場合には，より積極的に，犯罪の現実化を阻止するような措置[35]を要求する現在の判例にも反映されていると解される。

VI 離脱の規範的把握

通説について確認されるべきは，因果関係の遮断といっても，事実的なものではない点である。例えば，ある共犯者が中止の意思を表明し，他の共犯者がこれを真に了承したとしても，後に行われた犯罪や結果に対する影響が事実のレベルで全く失われたかどうかは，少なくとも事案ごとに判断されるべきであるし，さらにいえば，実際の判断は容易でないといってよい。かくして，通説においても，「遮断」とは，因果性を「ゼロ」にする必要はなく，「『結果（未遂の結果を含む）を帰責する必要はないという程度に弱いものか否か』という規範的評価」である[36]，あるいは，離脱「者の行為との相当

---

32) 西田・前掲注1)266頁。
33) 町野朔「惹起説の整備・点検」内藤謙先生古稀祝賀『刑事法学の現代的状況』（有斐閣，1994年）139頁。
34) 早い時期の主張者として平野・総論Ⅱ384頁。他に，団藤・総論431頁，福田・総論303頁注(4)，内藤・総論(下Ⅱ)1426頁，曽根・総論274頁，川端・総論630頁，633頁，大越義久「共犯からの離脱」同『共犯論再考』（成文堂，1989年）149頁，相内信「共犯からの離脱，共犯と中止犯」阿部ほか編・基本講座(4)254頁，長岡哲次「中止犯と共犯からの離脱」大塚仁＝佐藤文哉編『新実例刑法総論』（青林書院，2001年）390頁（ただし，「因果的影響力を切断したか否かを判断する指標」として共謀者間の人的な関係，謀議の成立経過，離脱に関する話合いの有無等々を挙げる），林(幹)・総論385頁（ただし，心理的因果性は，「共犯が一度提供した理由が，当の共犯自身の離脱〔解消〕行為によって，結局正犯の実行行為の理由とならなかった場合」に切断される），山口・総論352頁，佐伯(仁)・総論388頁，松原・総論390頁。
35) 犯罪の現実化を阻止するような装置は，先行する自らの関与の影響力を失わせるような行為と必ずしも一致しない。しかし，犯行継続可能性がすでに高い場合には，自らの関与の影響力のみを排除することは実際上困難である。この限りで，両者は一致すると見ることができよう。

因果関係が否定される」ことを意味する[37]といった説明が与えられている。

　窃盗を共謀して共犯者に渡した金庫の鍵を翻意して取り戻したけれども，既に知らぬ間に合鍵が作られていて，他の共犯者がそれを使って窃盗を行ったといった，中止措置が効果をもたなかった場合の処理をめぐっても規範的に評価されるべきことが指摘されている。即ち，因果性の遮断を要求する以上，「既遂結果との因果性を排除しえなかった場合を理論的に救済する」ことはできない[38]とするのが一貫すると思われるものの，「行為者の立場でなし得る，通常であれば行為者が生じさせた危険を消滅させるに足る真摯な努力を行ったにもかかわらず結果が生じた場合には，それは異常事態であり，因果関係・客観的帰属が否定される」[39]との見解が唱えられている。

　「遮断」の規範化といえる以上の理解からは，問われているのが，先行する関与行為の結果に対する作用が現実に失われたかではなく，介在する自らの中止措置——中止意思の表明とその了承，金庫の鍵の取戻し，等々——が規範的に離脱と評価できるかであることが見えてこよう。結果との因果性というよりも，その者がとった行動や態度の離脱としての適格性（以下では「離脱行為」と呼ぶことがある）にこそ意味があると解されるのである。かくして，「行為者の立場でなし得る，通常であれば行為者が生じさせた危険を消滅させるに足る」措置がとられれば，異常な経過か否かを検討することなく，そのこと自体で離脱が肯定されることになろう[40]。また，因果的影響を除去したとはいいがたい[41]，外在的事情により犯罪からいわば「排除」されて遂行不能になった者について離脱を認めるという下級審判例の傾向

---

36)　前田・総論 365 頁。
37)　井田・総論 505 頁。さらに浅田・総論 465 頁，伊東研祐「共犯論(4)」法セ 630 号（2007 年）96 頁，照沼亮介「共犯からの離脱」松原編・判例総論 283 頁。このような規範的把握により，「因果性遮断論はその基盤である因果的共犯論を放棄した」と評するのは葛原力三「判批」平成 21 年度重判解〔ジュリ 1398 号〕（2010 年）180 頁。
38)　西田・前掲注 1) 270 頁。
39)　西田ほか編・注釈(1) 866 頁〔島田〕。
40)　参照，大塚仁「共同正犯関係からの離脱」同『刑法論集(2)』（有斐閣，1976 年）38 頁。自己の関与の影響力を遮断することに失敗した場合ではなく，共同正犯が全体として既遂に至った場合を前提としている点で本文の考え方とは異なるけれども，既遂防止に向けて真剣な努力をした行為者に「共同正犯関係からの離脱」を承認する。支持するのは野村・総論 436 頁。

も，離脱行為の観点から説明できるように思われる。

　離脱を結果との因果関係（のみ）ではなく，離脱行為の視点から（も）捉える考え方は最近の学説においても主張されている。論者は，因果関係遮断説の「基準は，共犯行為（共同正犯・教唆・幇助）と正犯の実行行為との因果関係ないし客観的帰属を否定する原理であり，共謀関係からの離脱のための十分条件であっても，必要条件ではな」く，「必要条件としては，共謀関係を含めた（共謀）共同正犯性の否定で十分」[42]としたうえで，①離脱の意思表示と了承・了知，②共謀関係からの排除又はその強制終了，③共謀関係の消滅をその判断に際しての着目点[43]に挙げている。具体的には，共謀後でも準備に入る前の段階では，首謀者や積極的加担者は①や②により共同正犯性が否定され（後の犯行に因果的影響が及べば教唆・幇助の罪責は残る），重要な役割を果たす消極的加担者は①のうち他の共謀者の了承がなくても推認があれば幇助犯としての責任も問われない[44]。準備が開始された後の段階では，首謀者や積極的加担者は，①のほか，自己の行為寄与の効果を取り消してその危険を物理的にも中立化する行為が要求され（因果性を遮断できなければ，教唆・幇助の罪責は残る），重要な役割を果たす消極的加担者についても，準備開始前の段階における要件と併せて物理的な行為寄与の中立化行為がなければ共同正犯性は否定されない（因果性を遮断できなければ，幇助犯に問われる余地がある）[45]と説いている[46]。

---

41) 共犯関係から「排除」された事案で離脱を肯定した前掲・名古屋高判平成14・8・29について，物理的因果性は否定しがたく前掲・最決平成元・6・26と「抵触する余地がある」とするのは小林憲太郎「判批」判評546号（判時1858号）40頁。
42) 山中・前掲注2)542頁。
43) 山中・前掲注2)565頁。
44) 山中・前掲注2)567頁，571頁，572頁。重要な役割を与えられていない消極的加担者はそもそも共同正犯ではなく，共同正犯性の否定は問題にならないとする（同572頁）。
45) 山中・前掲注2)573頁，574頁。重要な役割を与えられていない消極的加担者については，因果関係を否定できなくても，客観的帰属論の観点から幇助の罪責も否定する余地を認める（同574頁）。

Ⅶ　まとめ

　共犯関係からの離脱は，共犯関係がいまだ解消されたとはいえず，同一性を保って存続していることを前提に検討される（Ⅱ）。そのうえで，共犯が犯罪実現に向けての一体的な関係であるとしても，そこからの離脱は，関与者ごとに個別的に判断されるべきであり，判断に際しての基本的な考え方は，近時の判例・通説（因果関係遮断説）が説くように，従前の関与により生じた作用・影響（寄与）を失わせたかどうかであると思われる。具体的な規準については，判例・学説に見られる，離脱の（黙示的なものを含む）意思表明と他の共犯者によるその（黙示的なものを含む）受容を基本とし，他の共犯者が実行に着手する可能性や犯罪を継続する危険と相関させつつ，それまでに提供された寄与の撤回の有無を判断するとの方向性は妥当なものと思われる（Ⅳ，Ⅴ）。

　ただし，通説の内部でも，因果関係の遮断は規範的評価の問題とされているように，精確には，結果への作用・影響を事実的に失わせたことではなく，失わせると評価すべき，離脱としての適格性ある措置がとられたことが重要と考えられる。離脱行為に着目するこのような理解からは，現実には遮断できなかった場合でも，また，外部的事情により犯行から排除されてしまった場合でも，離脱を肯定する余地が残ることになる（Ⅵ）。

　共犯関係からの離脱が肯定された場合の効果は，離脱者が事後の犯行について責任を免れること[47]である。離脱後の他の共犯者の関与から生じた結果は帰属されない。例えば，殺人の実行に着手後離脱し，残った共犯者により致命傷が与えられたケースでは，離脱者は殺人未遂にとどまり，任意の離

---

46)　さらに松宮・総論316頁（自分の作り出した「『犯罪エネルギー』を帳消しにするだけの負のエネルギーを他の共犯者に与えれば」，離脱が認められる），豊田兼彦「判批」刑事法ジャーナル27号（2011年）85頁，金子博「判批」立命館法学332号（2010年）293頁，295頁（共犯関係からの離脱は，「当該結果がいまだ共同管轄であったかどうかの規範的問題〔共同義務の有無の問題〕であ」り，「各行為者の行為態様そのものが問われるべき」とする。離脱の条件として「事前の犯罪形成を否定する中止的態度をとった」場合と「当該行為者を除いた，他者による新たな犯罪形成と見なされる場合」を掲げる）。

脱行為のもとでは中止犯となる[48]。

47) 共犯関係からの離脱の肯否は，成立する関与形態（共同正犯・教唆犯・幇助犯）に直接に結びつくものではない。殺人の実行に着手後，離脱した者の罪責は原則的には殺人未遂の共同正犯であろうし，侵入窃盗の共同実行を約束したA，B，CのうちAが，自分がいなければ犯行はできないと思って断りもなく現場に行かなかったところ，何か支障があったのだろうと考えたB，Cが自分たちだけで実行に及んだといったケースでは，Aに離脱は認められないとしても，窃盗の共同正犯かどうかは別に検討されよう。それは正犯と共犯の区別という枠組みで扱われるべき問題といえる。
48) 結果への作用・影響が事実的には残っていたとしても，共犯関係から離脱したと考える以上，離脱者を未遂犯ひいては中止犯として扱いうると解される。なお，中止犯の成立には，離脱が任意であれば足り，既遂の阻止（に向けた真剣な努力）までは要しない点については原口伸夫「共犯者の中止未遂」佐藤司先生古稀祝賀『日本刑事法の理論と展望(上)』（信山社，2002年）357頁を参照。

各 論

第9章

住居侵入罪の保護法益・「侵入」の意義

I はじめに

　住居はその不可侵が憲法により基本的人権として保障されており（憲35条1項），刑法においても住居の保護は最大限の尊重を受けなければならない。もっとも，他人の住居や建造物への立入は日常茶飯に見られる事象であり，住居侵入罪の成立範囲を画定するには社会の実態に配慮することも要請される。かくして，本罪をめぐる議論は，各論者の抱く価値観の微妙な相違も反映して錯綜したものとなっている。本章では，保護法益と「侵入」の意義に焦点を絞って議論状況を整理し，住居侵入罪の解釈について方向性を示す。

II 保護法益

1 戦前の状況

(1) 住居権説の確立

　保護法益の内容を論じる以前に，住居侵入罪が個人法益に対する罪として位置づけられるかどうかも，今日考えられているほどに明らかだったわけではない。旧刑法は「第2編 公益に関する重罪軽罪」の「第3章 静謐を害する罪」のうちに「第7節 人の住所を侵す罪」[1]を規定していたし，現行刑法も，「第2編 罪」の「第9章 放火及び失火の罪」，「第10章 出水及び水利に関する罪」，「第11章 往来を妨害する罪」，「第15章 飲料水に関する罪」といった公共危険犯の諸類型のなかに「第12章 住居を侵す罪」を配置して

いる。条文の並びから見れば、社会法益に対する罪と解するのが自然といえる。そこでは、住居は生命・身体、財産等々の多様な（事情によっては帰属主体が多数に及ぶ）個人法益を内包する空間であり、その平穏が個人を超える固有の社会法益として保護されると考えられることになろう。旧刑法下の学説では、「各人の生活の本拠」の「安全平穏」[2]あるいは「私家の安全」[3]が住居侵入罪の保護対象であるとされた[4]。もっとも、同時に、「已に賃借権の消滅したるに拘はらす尚強ひて従来の居住を継続する」者の居宅に立ち入る行為に住居侵入罪の成立を否定する理由を「居住する権利なき者の住所の平和を保護すへき必要なく随て侵害せられさるの権利なきものなれはなり」と説明する[5]など、住居の平穏が居住する者の権利・利益であることもまた早い時期から意識されていた[6]。

　曖昧さの残る法益の性格は、現行刑法の施行後、個人法益に対する罪と把握する方向で固まっていく。法益として提示されたのは居住者の「住居権」であった。論者は次のように説いた。「吾人か住居に於て自由に自己の意思

---

1) 171条1項において「昼間故なく人の住居したる邸宅又は人の看守したる建造物に入りたる者は11日以上6月以下の重禁錮に処す」としたうえで、2項では、「門戸牆壁を踰越損壊し又は鎖鑰を開きて入りたる時」、「兇器其他犯罪の用に供す可き物品を携帯して入りたる時」、「暴行を為して入りたる時」、「2人以上にて入りたる時」を加重事由として掲げ、さらに172条では夜間の侵入につき171条1項の刑罰の加重を規定していた。
2) 岡田朝太郎『刑法講義（全）〔訂正再版〕』（明治大学出版部、1905年）〔刑法各論〕76頁。
3) 参照、勝本勘三郎『刑法析義各論之部(上)』（明治法律学校講法会・有斐閣書房、1899年）319頁。精確には、日本の刑法の思想は、「私家の安全は不可侵なり」という新思想と暴行脅迫を伴うことを要件として家宅侵入を一種の暴行脅迫罪と捉えていたヨーロッパ中世の思想との「間に位せるもの」だと述べる。後半は、（旧）171条2項（前掲注1)を参照）が「身体財産に対する危害を予見することを得可き場合」を加重事由としている点を考慮したものである。
4) 住居侵入罪は「家族生活の平穏を害する公共的犯罪の一種」とした裁判例として東京控判昭和17・12・24刑集21巻附録（控訴院上告刑事判例集）104頁。評釈である小野清一郎「住居侵入罪の本質と構成要件」刑事判例研究会編『刑事判例評釈集(5)』（有斐閣、1949年）303頁は、住居侵入罪は、「公共的犯罪」とはいえないが、「純粋に個人的法益に対する侵害ではなく、家族全体の法益を侵害するもの」と述べている。参照、小野・各論208頁。
5) 岡田(朝)・前掲注2)79頁。
6) 現行刑法の審議過程では、住居侵入罪を親告罪とする提案もなされている（「明治40年3月4日衆議院刑法改正案（特別調査委員）会議録（速記）第7回」中の花井卓蔵の発言。内田文昭ほか編著『刑法〔明治40年〕(7)』〔信山社、1996年〕174頁）。提案は否決されたが、同一の章にある皇居侵入罪でも告訴が必要となり適当でないとの理由によるようであり、社会法益の故ではない。

の如く之を支配し之を管理するを得るの利益は法律の保護する所なるを以て茲に住居権……なるものを生す。吾人か住居を以て自己の城郭と為し之に於て平穏なる生活を為し得る所以は法律か住居権なるものを認め之を保護するか為めなり。是れ住居侵害か一般に家宅平穏侵害……なりと称せらるゝ所以なり。又住居権の本質は住居内に於て自由に自己の意思活動を行ふに在るを以て住居侵害は個人の自由を侵害するの罪の一種と為す」7)、と。

　確認を要するのは，「住居権」は住居での「平穏なる生活」を保障するために認められた権利・利益であり，住居権侵害と家宅平穏侵害が同一視されている点である。別の論者の次の叙述はそれをより明瞭に示す。「吾人の住居は吾人の平和的に自由を享有し得る不可侵的城郭なり是れ刑法か人の住居及ひ之と同一視す可き場所に関し不法の侵入及ひ不退去を処罰し以て吾人の住居の平和を保護する所以なり故に本罪に於ける法益は住居平和権……なり而して此平和権の不法侵害は住居支配者の許諾なき場合に存するものなるか故に或は之を住居者の支配権及ひ命令権を侵害する罪なりと為すも可なり」8)、と。

　住居権説は大審院判例の採用するところでもあった。リーディングケースは大正7年判決であり，夫が外出中にその妻の同意を得て姦通目的で住居に立ち入ろうとしたが，予想外に早く夫が帰宅したために断念した事案で住居侵入罪の未遂を肯定する前提として，「住居侵入の罪は他人の住居権を侵害するを以て本質と為し住居権者の意思に反して違法に其住居に侵入するに因りて成立す」る9)と述べている。不退去罪に関しても，「刑法第130条の犯罪は人の住居権を侵害する行為なれは同条後段の罪成立するには住居の平安

---

7)　大場・各論上389頁。さらに岡田庄作『刑法原論各論〔増訂改版〕』（明治大学出版部，1918年）511頁（「吾人か安全に住居する事及吾人の看守する建造物禁苑等か安全に支配せらるる事は吾人の権利にして擅に此等目的物内に侵入する事は即ち吾人の住居安全権又は吾人の支配権を侵害するもの」），島田武夫『刑法概論各論』（有斐閣書房，1934年）210頁（「刑法は，個人生活が平穏に行はれる利益を法益にまで高め，これを保護してゐる。……この利益を内容とする権利は，住居の支配権……である」），佐瀬昌三「承諾と住居侵入罪」法学志林40巻9号（1938年）74頁。

8)　泉二・各論188頁。さらに草野豹一郎「住居侵入罪と姦婦の承諾」同『刑事判例研究(4)』（巖松堂書店，1939年）68頁。「安全と謂ひ，平安と謂ひ，自由と謂ふも，其の語の意義に於て大差なく，之を表はすに住居権の語を以てするも，さしたる不都合はない」と述べる。

9)　大判大正7・12・6刑録24輯1506頁。

を保持するに付権利を有する者即ち住居権利者より退去の要求を受け故なくして其の住居内に於ける現在の場所を退去せさる事実なかるへからす」[10]と判示されたのである。

(2) 住居権説に対する異議

住居権説は，実質的には住居の平穏・安全を保護の対象としながら，「住居権」という構成を通して個人的利益であることを明確にするという自由主義的な性格を有していた。もっとも，権利性の強調は，それが誰に帰属するのか，住居の支配が適法といえない場合はどうするのかといった問題を生じさせることになる。前者の問題は，既に大正7年判決に現れており，「本夫たる住居権者か被告の住居に入ることを認容する意思を有すと推測し得へからさるを以て妻か本夫に代り承諾を与ふるも其承諾は」効力がない，即ち，住居権者は「本夫」とされている[11]。さらに，出征中の兵士の留守宅にその妻の同意を得て姦通目的で立ち入った事案で「夫婦相寄りて子孫と家族的生活を営む場合に於ては夫は即ち家長として一家を主宰する者なるが故に其の住居に対する侵入又は捜索に付ての許諾の権は独り夫之を有する」とする判決[12]も登場する。「許諾の権」を有するのは「家長」のみだというのである。後者の問題に関しては，家主が賃貸借契約を解除した後に家屋に立ち入った事案で，借主が「事実上之に居住する」以上，住居侵入罪が成立するとした判決[13]が見られる。留意を要するのは理由であり，同罪の処罰は「居住者の使用権を侵害するか為めに非す―に住居内に於ける生活の安穏を

---

10) 大判大正15・10・5刑集5巻438頁。
11) 他に住居権者を夫とするのは大判昭和13・2・28刑集17巻125頁，大判昭和15・2・3大審院判決全集7輯6号27頁，大判昭和15・2・6大審院判決全集7輯6号22頁。いずれも姦通目的での立入の事案である。夫以外の住居権者の例としては，姉（前掲注10）大判大正15・10・5），祖母（大判昭和14・9・5刑集18巻473頁。ただし，住居権者という表現はない）が挙げられる。さらに，株主総会を流会させる目的で会社の共同代表者の一人である取締役の承諾のもとに会社に立ち入る行為について「固より会社の意思に反すること明白」として建造物侵入罪を肯定したものに大判昭和9・10・29刑集13巻1380頁がある。
12) 大判昭和14・12・22刑集18巻565頁。もっとも，「家長」に住居権の根拠を求める裁判例は少ない。不在者の母との情交目的で立ち入る行為に住居侵入罪を肯定する際，不在者である「戸主の意思に反して」いると判示したものに大判昭和16・3・13大審院判決全集8輯12号27頁がある。
13) 大判昭和3・2・14新聞2866号11頁。

第9章　住居侵入罪の保護法益・「侵入」の意義

保護せんとするに在る」からと，住居権説に親和的でないともいえそうな説明が与えられていた。

学説では，住居権を夫や家長にのみ認める判例やこれを支持する通説に異論が向けられた。「夫たると妻たると，家長たるとその属員たると，進んでは雇主たると僕婢たるとを問はず，すべて平等に刑法上の住居権を有す」る[14]として住居権者の範囲を拡げる方向が示されたほか，住居権説自体を批判する見解も有力化した。即ち，「住居の支配は事実関係であって，家長権というような法上の権利とは別問題であ」り，「判例は，この点の理解を誤っている」[15]，住居権とは「犯罪を以つて権利侵害なりと解する古き思想の残滓に過ぎず，概念としても用語としても不適当」であり，住居侵入罪の法益は「占居・看守せられたる場所が法律上保護せられて居ることの意識即ち安全」というべきである。「住居者とは現実に住居する者を謂」い，「夫の不在中の妻は住居者であり，家人の不在中の留守番，女中等の如きも住居者」となる[16]，と主張された。そこでは，住居支配の事実的側面が重視されており，家主の借家への立入に関する先の判決の説明にもそのような考え方が現れている。

しかし，住居侵入罪の法益を事実的に捉えるといっても，住居者かどうかを家屋内に存在したか否かで決めるとまで徹底させることはできない。徹底させると，一時家人が全員出払った家屋に立ち入った場合，事実的支配が欠けるので同罪は不成立となるはずであるが，論者がこの帰結を承認したりしないだろうからである。住居の安全・平穏が法益だとしても，住居に現在しない者もそれを享受しうるのであり，そのような主体は規範的に把握されて，結局，住居権者ということになる。また，判例も複数の住居権が併存す

---

[14]　植松正「住居侵入罪における法益・承諾・目的」日本法学 4 巻 6 号（1938 年）55 頁。住居権者を夫に限る見解を「主宰権説」と呼び，自説を「平安権説」と命名してこれに対比させる。

[15]　瀧川幸辰『刑法各論』（世界思想社，1951 年）84 頁註。同旨の主張は，同『刑法各論』団藤重光ほか編『瀧川幸辰刑法著作集(1)』（世界思想社，1981 年。『刑法各論』〔弘文堂書房，1933 年〕の復刻版）479 頁に既に見られる。なお，住居の平穏や安心を法益として掲げる見解として宮本・大綱 413 頁，佐瀬昌三『刑法大意第 2 分冊〔改訂増補第 2 版〕』（清水書店，1941 年）278 頁（同・前掲注 7）とは説明を異にする）。

[16]　木村・各論 70 頁，73 頁。

る事態を認めており[17]，その優先・劣後の基準が有力説と相違する[18]からといって，法益が質的に異なるとまではいえないであろう。さらに，居住者による支配に私法上の権利性が欠ける場合にも住居侵入罪を肯定する結論は，住居の平穏を法益とする立場から説明しやすいとはいえるものの，住居権を私法上の権利に限るとは解されていない[19]のであるから住居権説と矛盾するわけでもない。戦前において，住居侵入罪の法益を住居権と捉えるか住居の平穏と述べるかは実質において相違していなかったと考えられるのである。

2 戦後以降の状況

(1) 平穏説の有力化

戦後に至り，住居侵入罪の法益を住居の平穏とする見解は有力化する[20]。留意を要するのは，戦前と異なり，法益理解の相違に実質的な意味を与える，換言すれば，住居権説と区別されるべき「平穏説」が現れた点である。それは本罪の実行行為である「侵入」に関わり，論者は，「住居における平穏を本罪の法益と解するのが妥当」としたうえで次のように述べている。「侵入とは，住居の平穏を害するような態様で立ち入ることをいう……。……住居者・看守者の承諾・推定的承諾があれば立入り行為が侵入行為とならないのは，……住居の平穏が害されないと考えられるからであって，その重点は，被害者の承諾ではなくして住居の平穏である……。……行為が侵入行為であるかどうかは，その行為が住居の平穏を害する態様のものであるかどうかによって決定される」[21]，と。それまでも姦通や強盗といった違法な

---

17) 前掲注12)大判昭和14・12・22 も，「数人共同して一個の住居を構ふる場合に在りては，……其の住居に対する侵入又は捜索に付ては，住居者全員の許諾を要する」としている。
18) 参照，草野・前掲注8)73頁。注14) の植松説に対して，同説でも「共同住居者間に上下又は主従の別が存する場合」，立入の可否を決める「主宰権者」の確定を要するのではないかとの疑問を呈している。
19) 佐瀬・前掲注7)75頁。「住居権は住居の占有と云ふ生活上の事実的観念の下に成立し，従つて必ずしも合法的な住居……なることを要しないと共に，……論理的には法律上の無形的観念たる戸主権と同一に解すべきでない」と述べる。
20) 後掲注21)の文献のほか，木村・読本77頁，吉田常次郎「共住者の一人の承諾と住居侵入罪」同『刑事法判例研究』（学芸書房，1956年）211頁，団藤・各論501頁，大塚・各論111頁，佐久間・各論128頁。

立入目的が「侵入」の要件において考慮されるかといった議論は見られた[22]けれども，住居侵入罪の法益と結びつけられてはいなかった[23]。住居権という被害者の視座を離れた，行為者による立入の態様を法益の中に取り込んだ点で「平穏説」は独自の意義を得たと評しうる。

判例においても住居の平穏を法益とする説示は広く見られるようになる[24]。夫が出稼ぎに出て不在中にその妻との情交目的で家屋に立ち入った事案で，「住居侵入罪の保護法益は……事実上の住居の平穏であるから夫の不在中に住居者である妻の承諾を得ておだやかにその住居に立ち入る行為は，……事実上の住居の平穏を害する態様での立ち入りとはいえないから住居侵入罪は成立しない」とするもの[25]，駐留米軍の施設への立入について，「住居侵入罪の保護すべき法律上の利益は，住居等の事実上の平穏であり，居住者又は看守者が法律上正当の権限を有するか否かは犯罪の成立を左右するものではない」として憲法9条に違反するとの主張を退けて建造物侵入罪を肯定するもの[26]，建造物の囲繞地の範囲を画定する際，「建物の囲繞地を刑法

21) 福田・各論203頁，205頁。井上正治『刑法各論』（法律文化社，1952年）93頁，藤木・講義各論232頁，岡野光雄『刑法要説各論〔第5版〕』（成文堂，2009年）73頁，前田・各論170頁，井田・各論69頁，嘉門優「住居侵入罪における侵入概念について」法学雑誌（大阪市立大学）55巻1号（2008年）172頁。
22) 後掲注42)，43)のほか，立入の際の違法目的が主観的違法要素かという形で論じるのは草野豹一郎「住居侵入罪と目的の違法」同『刑事判例研究(2)』（巌松堂書店，1936年）165頁，植松・前掲注14)60頁（以上，肯定），瀧川幸辰「家宅侵入罪と目的の違法」同『刑事法判決批評(1)』（立命館出版部，1937年）78頁（否定）。
23) ただし，小野清一郎「住居侵入と妻の許諾」刑事判例研究会編『刑事判例釈集(2)』（有斐閣，1942年）276頁。住居侵入罪の法益について「家族全体」の法益としての住居の平穏という特殊な立場を採りつつ（参照，前掲注4)），「『意思に反する』といふことは必ずしも重要でない。……住居の平穏を害するやうな仕方において立入ることが侵入」だと述べている。
24) 早い時期に，刑法130条が「刑罰によって直接保護せんとする目的は人の看守する建造物については当該建物の平穏なる利用権の保護」にあるとした裁判例として大阪高判昭和25・10・28判特14号50頁。なお，不退去罪の成否は「滞留の目的，その間になされた行動，居住者の意思に反する程度，滞留時間等を具体的に考慮し，滞留の時間と滞留権との釣合いにおいて住居等の平穏が乱されたかどうか」によると判示するものに東京高決昭和45・10・2高刑集23巻4号640頁がある。
25) 尼崎簡判昭和43・2・29下刑集10巻2号211頁。同種事案につき福岡地小倉支判昭和37・7・4下刑集4巻7=8号665頁（ただし，立入の時点で姦通の意思はなかったとされる）。その他，立入の態様に着目するものとして大阪地判昭和46・1・30刑月3巻1号59頁，盛岡地判昭和53・3・22刑集37巻3号294頁参照（最判昭和58・4・8後掲注54)の第1審判決）。

130条の客体とするゆえんは，まさに……〔その〕部分への侵入によって建造物自体への侵入若しくはこれに準ずる程度に建造物利用の平穏が害され又は脅かされること」にあると説明するもの[27]などが挙げられる。

以上のうち，立入の態様が「おだやか」であることを侵入を否定する理由の一つに掲げる最初の裁判例は平穏説の特色と同時に問題点をも表しているように思われる。態様が「おだやか」かどうかは，客観的ではなく，当該住居空間を支配している者，即ち住居権者により主観的に判断されるべきだと解されるからである。詳しくはⅢ2で検討する。

(2) （新しい）住居権説・許諾権説の展開

他方，住居権説は，両性の平等を規定する新憲法の制定，家制度の廃止などを受けて，夫や家長のみに住居権を認める立場からの脱却を目指す。住居権は，「個人がその住居において私生活の平安を享有」するという一種の自由権が「住居という一定の場所に対する事実上の支配と結びついたもの」，即ち「支配権と自由権との結合した特殊の権利」であり，「その場所に住居するすべての者がこれを有するものであつて，特定の一人だけが独占的に有するものではない」。「例えば夫婦が共同生活をしている場合には，夫も妻も住居権者であり，しかも，その権利は平等」と解される[28]などと説明された。戦前の住居権説との違いを示すために，本書ではこのような立場を新しい住居権説と呼ぶことにする。

新しい住居権説に立つ裁判例としては，他人の妻との姦通目的で住居に立ち入る行為に住居侵入罪の成立を認める際に次のように述べた高裁判決[29]が挙げられよう。「憲法並に民法改正の結果男女同権が認められ妻の地位は夫と同列となった結果夫と同棲する住居に対する妻の権利も従来の従属的関

---

26) 最決昭和49・5・31集刑192号571頁。住居等の支配に法律的な正当権限を不要とする裁判例として札幌高函館支判昭和25・11・22判特14号222頁（他の相続人が居住するが所有権の帰属を争っている家屋に立入），東京高判昭和29・2・27判タ39号59頁（借家を引き渡した後，修理代の支払がないとして家主が修理部分に立入）。なお，同旨であるが平穏説的な判示はないものとして最決昭和28・5・14刑集7巻5号1042頁，大阪高判昭和25・9・19判特15号70頁，東京高判昭和27・12・23判タ27号66頁。

27) 最判昭和51・3・4刑集30巻2号79頁。客体の範囲を住居の平穏の観点から説明する裁判例として東京高判昭和54・2・28東高刑時報30巻2号33頁，東京高判昭和54・5・21高刑集32巻2号134頁。

係では無く互に併行して存在することは之を認め得るが然し夫婦各独立の権利ではなく所謂共有の関係に立つものであるから仮に妻の承諾があったとしても夫の承諾が無い場合に於ては夫の住居地〔「住居権」の誤りと見られる〕を侵害することは自明の理である」，と。

もっとも，新しい住居権説を明示する裁判例は少なく，さらに学説では同説が新たな展開を見せる。住居権の内容を「住居に誰を立ち入らせ，誰の滞留を許すかをきめる自由」とする許諾権説[30]の登場である。その狙いは，侵入の判断に際して，立入の客観的態様並びに立入の動機に対する居住者の錯誤を考慮しないことにあり，「平穏公然であっても，居住者の意思に反する場合は，住居侵入罪は成立」し，「入ること自体に承諾をした以上，入る目的に錯誤があったとしても，住居侵入罪は成立しないとすべき」だ[31]と主張された。本説は，住居侵入「罪は，住居等への立ち入りだけを対象としているのであるから，当該態様の立ち入りに承諾があれば本罪で問題にすべき利益侵害はな」い[32]などとして今日有力化している[33]。

しかしながら，許諾権説に対しては，他者が自分の住居内で何をするのかという立入の目的・理由を捨象した，立入時の外形のみに対する許否の判断

---

28) 江家・各論234頁，238頁。なお植松・概論Ⅱ320頁，325頁（平安権説という言葉は用いないが基本的に戦前の立場〔前掲注14〕参照〕を維持する）。その他，大谷・各論134頁（「住居等の一定の場所を管理支配する権利」），日髙義博「住居侵入罪の保護法益」植松正ほか編『現代刑法論争(2)〔第2版〕』（勁草書房，1997年）84頁，山中・各論161頁（「『許諾権』のみが保護されているのではなく，私的領域に対する支配・管理状態という客観的利益が保護されている」とする），川本哲郎「住居侵入罪の保護法益と『侵入』の意義（2・完）」京都学園法学1993年2=3号（1994年）69頁，林（幹）・各論100頁（自らの立場を「領域説」と呼ぶ）。なお，佐伯仁志「住居侵入罪」法教362号（2010年）100頁は，保護法益について「第1次的には住居権」としつつ，「副次的には社会の平穏ないし住居への立ち入りがコントロールされていることに対する社会の信頼」と主張する。

29) 名古屋高判昭和24・10・6判特1号172頁。参照，最判昭和23・5・20刑集2巻5号489頁。

30) 平野龍一「刑法各論の諸問題 第3章自由に対する罪」法セ201号（1972年）67頁。

31) 平野・前掲注30)68頁。

32) 中森・各論70頁。

33) 内田・各論170頁，町野朔「被害者の承諾」西原春夫ほか編『判例刑法研究(2)』（有斐閣，1981年）211頁，川端博「住居侵入罪」芝原ほか編・現代的展開各論108頁，西田・各論98頁，須之内克彦『刑法における被害者の同意』（成文堂，2004年）165頁，173頁，髙橋・各論142頁，山口・各論119頁，松宮・各論123頁。

権というのでは保護法益の内容として乏しすぎないかとの疑問が向けられよう。たしかに，住居侵入罪の構成要件は「侵入」という「入口」に着目して作られている。けれども，保護しようとする実質は「内部」に拡がる住居空間であって，法益自体を「入口」部分に切り詰めて構成することは適切でない[34]と思われる。詳しくはⅢ2で検討する。

(3) 侵入される客体による差異化

保護法益をめぐっては，公共的な建造物の特殊性に着目する見解も唱えられている。有力説は，新しい住居権説を支持しながらも住居権の性格の相違を次のように指摘する。「通常，私邸の支配権，従って，自由権は謂わば絶対に近く，それ故，全く恣意的な立入り拒否であっても，黙示的な立入り拒否であっても勿論保護される。これに対し，公衆の立入りが事実上あるいは権能として認められている公共建造物等では，支配権・自由権は制限され，恣意的拒否が許されないのは勿論，正当な理由ある拒否も明示的表示による支配権の確認・拡張が為されなければ保護されてはな」らない[35]，と。進んで，客体に応じて法益を異なって構成する立場も主張される。本説は，住居が「私的な親密圏」であることを重視し，その法益を「他人が一定の領域へ立ち入り，または滞留することを許容し，あるいは許容しないことを決定する自由」として許諾権説的に，他方，（官公庁を典型とする）公共営造物・（デパートを典型とする）社会的営造物では，その「目的・必要性ないし機能が重要」だとし，法益を「個々の職員が，その営造物の利用目的に従って平穏かつ円滑に業務を遂行しうること」として平穏説的に捉えるべきだとする[36]。

前半の指摘に向けられる疑問は，公共建造物や社会的営造物が住居とそれほど異なるのかである。市役所や公立学校なら誰でも中に入ってよいわけは

---

34) 参照，大塚・各論111頁，井田・各論70頁。
35) 伊東・現代社会134頁，林(幹)・各論99頁（ただし，制限は公的建造物に限らないとする）。保護法益について異なる立場でも，公共建造物等における管理権の制限を承認する主張は有力である。中山研一「住居侵入罪の再検討」片岡昇先生還暦記念『労働法学の理論と課題』（有斐閣，1988年）253頁，曽根・重要問題各論87頁，山口・問題探究各論70頁，松宮・各論124頁，安達光治「住居・建造物侵入罪における住居権者の意思侵害の意義」立命館法学300=301号（2005年）17頁。

なく，管理権者は立入に対して同意・不同意の判断を下しうる[37]。もちろん，立ち入る側に正当な理由があれば，不同意でも立入を受忍しなければならない[38]が，それは住居でも異ならない。換言すれば，住居権者・管理権者の同意を欠く立入は侵入に当たり，正当な理由がある場合に，住居・建造物侵入罪は不成立となると解されるのである。以上と異なり，立入に正当な理由があれば，不同意は恣意的な管理権行使として無効と構成すると，正当な理由を欠く者の立入は，管理権者が同意していても恣意的で無効であるために建造物侵入罪を成立させることになろう。この帰結は支持しがたく思われる。かくして，論者の説く住居権行使のあり方の相違に根拠があるとは解されないのである。後半の主張に関しては，建造物侵入罪の対象は，建造物の内部で予定されている個々の活動ではなく，それらを包括する内部空間の形成に対する管理・支配であるとの反論が可能であろう[39]。金を盗む目的で職員が誰もいない夜間に区役所に立ち入った者は当然に建造物侵入罪に問われてよいと解されるのである。

---

36) 関哲夫『住居侵入罪の研究』（成文堂，1995年）327頁。先駆的見解として前野育三「客体が公の建造物である場合における住居侵入罪・不退去罪の特殊性について」静岡大学法経研究17巻1号（1968年）86頁。保護法益につき，平穏説に立ちつつ，公の建造物，では「外的障害によって乱されない職務の平穏な執行」であり，それは「客観的に判断しうるものであり，類型化しうる性質のもの」とする。なお，住居に関して保護法益をプライバシーとして実質化する見解として曽根・各論79頁。

37) 参照，東京高判昭和27・4・24高刑集5巻5号666頁。政党名義の宣伝ビラを警察官に配布する目的で警察署の庁舎内に立ち入る行為に建造物侵入罪の成立を肯定。そのような「目的で立ち入ることはもとより公共の機関たる警察署を市民が利用するために立ち入る場合と同一視することはでき」ないとする。さらに，警察署に関して最判昭和24・6・16刑集3巻7号1070頁，東京高判昭和31・1・30裁特3巻1=2号24頁，市役所等に関して東京高判昭和32・11・11東高刑時報8巻11号386頁，東京高判昭和39・9・22高刑集17巻6号563頁，学校に関して最判昭和32・9・6刑集11巻9号2155頁（社会教育法2条の規定する社会教育活動を行う場合でも小学校から校舎の使用許可を得られなければ，正当防衛の余地はないとする），大阪高判昭和32・3・18裁特4巻6号140頁（学校管理者側が立入を当然に拒絶したであろうとはいえないとして建造物侵入罪の成立を否定），東京地判昭和34・10・30判時209号4頁，東京高判昭和41・12・26判時481号131頁，東京地判昭和45・5・14判時598号45頁，東京高判平成5・7・7判時1484号140頁。

38) 参照，仙台地判昭和36・6・27下刑集3巻5=6号581頁。賃貸人が保存に必要な修繕のために建物内に立ち入る行為は民法606条により違法阻却されるとする。

39) 参照，山口・問題探究各論65頁，西田・各論98頁。

Ⅲ　侵　入

1　戦前の状況

　侵入の概念について，戦前は，住居権説を前提に「侵入とは……住居者若くは看守者の意思に反して人の住居又は看守する邸宅，建造物若くは艦船に立入るを謂ふ」[40]，「許諾か詐欺其他不法手段を原因として与へられたる場合に於て」は「尚侵入たるを妨けす」[41]というように，基本的に住居権者の許諾意思に着目して説明されており，一部では，さらに行為者のもつ違法な立入目的が侵入の判断にもつ意味に言及が見られた。即ち，「違法の目的を以つてする侵入……に在つては仮令現実の又は推定的承諾あるも其の承諾及び推定的承諾は違法なるが故に侵入行為の成立を妨げない」[42]，「承諾の動機目的にして客観的社会的にその公序良俗上不正不法な行為をする為に存したる場合は，承諾として何等の効力なく，即ち違法性を阻却することを得ない」[43]などとされた。

　行為者の立入の目的は判例でも触れられてはいたが[44]，居住者の許諾が得られないであろうことの説明を超えるものではなかった。これに対して，引用した学説は，居住者が承諾しても住居侵入罪が成立することを認めている。立入の態様を含めて侵入を判断する考え方は戦後の平穏説のもとでさらに展開していくことになる。

---

40)　大場・各論上402頁。さらに牧野・日本刑法㊦88頁，島田・前掲注7)212頁，泉二・各論193頁，草野豹一郎『刑法要論』（有斐閣，1956年）222頁。
41)　岡田(庄)・前掲注7)514頁。
42)　木村・各論74頁。
43)　佐瀬・前掲注7)81頁。なお，債務の取立を避けるために立入を拒否するなど不同意が公序良俗に反する場合，住居侵入罪は成立しないと説くものとして牧野・日本刑法㊦92頁。
44)　姦通目的のほか，暴行目的（大判大正11・5・18刑集1巻319頁），家屋を汚損する目的（大判昭和4・5・21刑集8巻288頁），他者と闘争する目的（大判昭和9・12・20刑集13巻1767頁）などがある。

2　行為態様の考慮

(1)　立入行為の外観

　平穏説では，侵入に当たるかどうかは，立入が住居の平穏を害する態様のものかどうかに基づいて判断されるが，具体的な評価視点としては，客観面である行為の外観，主観面である行為の目的，及び，立入に対する許諾の要否・内容が挙げられる。

　これらのうち立入行為の外観をめぐっては，裁判例には，前述のように，立入の態様が「おだやか」であることをも指摘して侵入に当たらないとしたものや，土足のまま庁舎内に立ち入った態様が平穏を害する程度といえるかを検討したもの[45]などがあり，学説でも，「夫の不在中，妻と姦通の目的で妻の承諾をえて平穏に住居に入ったばあいには，その目的が違法であっても住居侵入罪は成立しない」[46]，「スリまたは万引きの目的でデパートに立入る場合……であっても，外観上そのことが明白でない場合には，建造物侵入とするのは相当ではない」[47]と説くものが見られる。しかし，立入の外観が平穏だから居住者の意思に反しても侵入でないとするのは不当であろう。また，立入のしかたが客観的に穏当を欠く（例えば，客用スリッパが置いてあるのに土足で入った）というだけで直ちに住居侵入罪に問われるわけではなく，住居権者が許否を判断する要素として立入態様を重視しているかによる，換言すれば，平穏かどうかは主観的に判断されると解される。判例も，利用客のカードの暗証番号等を盗撮する目的でATMの設置された銀行支店出張所に立ち入った行為について，「立入りの外観が一般の現金自動預払機利用客のそれと特に異なるものでなくても，建造物侵入罪が成立する」と判示するもの[48]など，立入の外観を考慮しない立場といってよいと思われる。

---

45)　仙台高判昭和55・3・18刑集37巻3号304頁（後掲注54）最判昭和58・4・8の控訴審判決）。大阪地判昭和47・5・25刑月4巻5号1061頁（局舎管理者から垂れ幕懸垂などを制止されないように立入に際して火炎瓶3本を所持していたなどの事実を指摘して，立入は「平穏を害する態様」であり，建造物侵入罪を構成するとする）。
46)　福田・各論207頁。
47)　藤木・講義各論234頁。なお，前田・各論172頁は，「平穏な態様とは，単に入る際に騒音がないということではなく，生命，身体，業務，財産などの侵害の危険性が発生していないことをも意味する」と述べる。

立入が平穏を害するという場合，立入それ自体ではなく，住居・建造物内で行われる行為が平穏を害するという意味で使われることがある。例えば，「発煙筒を燃焼発煙させ，同時にビラをまく目的……から，一般参賀者にまぎれて，ビラと共に発煙筒を携帯して皇居正門から同会場に立ち入る行為は，……管理者の……意思に反したその場所の平穏を害する」ものである[49]，万博のパビリオンの展示物を損壊するという「不法な意図を持ち，右意図を実現するための用具を隠し持って入館するような場合」，「建造物の事実上の平穏を侵害する態様における立ち入りである」[50]といった判決中の説示がそれである。しかし，目的や意図という言葉が使われているように，立入後の事象は，立入時には主観的に想定されているにとどまる。したがって，侵入を判断する際に立入の目的という主観面は考慮されるのかという形で問いが立てられるべきことになる。

(2) 立入の目的

違法目的での立入は侵入に当たるとする主張は戦前に既に見られた。戦後も，平穏侵害を判断する要素として目的の違法性を掲げる見解は有力であり[51]，さらに，平穏侵害の程度に即した差異化を認めて，違法目的を考慮するとしても詐欺や贈賄を目的とする場合には住居侵入罪を不成立とする見解[52]も唱えられている。これに対して，判例は，「夜間同庁舎内に人糞を投込む目的をもって同構内に立入った以上その所為は一般に予期される正常な用務を帯びるものでなく庁舎管理者の承諾の限度を越えて故なく人の看守する建造物に侵入した」といえる[53]，「建造物の性質，使用目的，管理状況，管理権者の態度，立入りの目的などからみて，現に行われた立入り行為を管

---

48) 最決平成19・7・2刑集61巻5号379頁。なお，最判昭和23・11・25刑集2巻12号1649頁。家出中の者が実父宅に夜間強盗目的で侵入した事案で，傍論ながら，「もし被告人が家出したことを後悔して父に謝罪するつもりで涙の帰宅をしていたものとすれば，たといかかる深夜戸締りを破っての侵入であったとしても，……もとより住居侵入罪の成立しよう筈はない」とする。
49) 東京地判昭和44・9・1刑月1巻9号865頁。
50) 前掲注25)大阪地判昭和46・1・30。
51) 木村・読本78頁，前田・各論174頁。
52) 団藤編・注釈(3)245頁〔福田平〕，井田・各論70頁，佐久間・各論134頁。新しい住居権説に立ちつつ主張するのは江家・各論238頁注(5)。
53) 最判昭和34・7・24刑集13巻8号1176頁。

理権者が容認していないと合理的に判断されるときは」、住居侵入罪の成立を免れない[54]とするなど、居住者が立入を許さないであろうことを推定させる事情として違法目的を位置づけており、立ち入る者の抱く違法目的自体で侵入を認めることはないであろうと推測される。

　立入の目的が適法な場合も、判例はこれを考慮しない立場と解される。高裁判決に、傍論ながら、「真に現行犯人逮捕の目的であっても、承諾なくして、他人の住居に侵入するときは、住居侵入罪が成立する」と述べるもの[55]や、憲法62条の定める国政に関する調査を行う目的があったとしても、看守者の意思に反する立入は「憲法の保障する住居権の侵害となり」、調査権の「行使のために強力な手段を用いるが如きは……到底正当な職務行為とはいい得ないから」違法性も阻却されないとするもの[56]が見られ、また、政党の見解等の書かれたビラをマンション内に立ち入って各戸に配布した事案で、ビラ配布自体は憲法で保障される表現の自由の行使に当たるとしても、その手段たるマンションへの立入に対する評価は別であり、当該マンションの「管理組合の意思に反して立ち入ることは、本件管理組合の管理権を侵害するのみならず、そこで私的生活を営む者の私生活の平穏を侵害するもの」だと判示した最高裁判決[57]があるからである[58]。この点は、緊急避難に当たるケースであればともかく、単に適法な行為を行うというだけで住居に立ち入る権限を承認する根拠は薄弱であり、判例の立場を支持できると解される。

　翻って、立入目的が違法な場合も同様に扱われるべきだとすれば、侵入の

---

54) 最判昭和58・4・8刑集37巻3号215頁〔大槌郵便局事件〕。
55) 名古屋高判昭和26・3・3高刑集4巻2号148頁。
56) 札幌高判昭和30・8・23高刑集8巻6号845頁。
57) 最判平成21・11・30刑集63巻9号1765頁。同種事案でビラ配布自体の正当性に言及することなく邸宅侵入罪の成立を肯定したものとして最判平成20・4・11刑集62巻5号1217頁（第1審・東京地八王子支判平成16・12・16判時1892号150頁は、住居侵入罪の構成要件に該当するとしつつ、立入動機の正当性、態様の相当性、侵害の軽微性等を指摘し、可罰的違法性を否定した）。その他、前掲注37)最判昭和32・9・6。
58) 不退去罪の肯定例として最決昭和42・8・28集刑164号17頁。なお、目的の内容をなす行為が適法ともいえない事案に関するものであるが住居侵入罪の肯定例として最大判昭和25・9・27刑集4巻9号1783頁（隠退蔵物資等を摘発するための立入）、東京高判昭和30・9・27東高刑時報6巻9号317頁（実質的には担保である賃貸中の機械を引き揚げるための立入）。

判断材料から違法目的は除かれることになろう。違法に時限爆弾を製造するために住居に立ち入っても，居住者から技術支援の要請を受けていたケースでは住居侵入罪は成立しない。市役所庁舎内で，市長の承諾のもと，違法な官製談合が行われたケースでも同様である。居住者の意思に反しない場合，違法な行為について共犯責任を問われることは格別，住居権が侵害されたとはいえないと解されるのである。かくして，立入行為の外観も（適法・違法を問わず）立入の目的も侵入の判断要素に入らないとするときに確認されるのは，平穏説を主張する意味が失われているとの事実であろう。

3　立入への同意

　侵入の有無を判断するに際して，住居権説・許諾権説では立入に対する居住者の意思が決定的となる。平穏説においても，Ⅱ2(1)で紹介したように，「住居者・看守者の承諾・推定的承諾があれば，住居の平穏が害されないと考えられる」，「重点は，被害者の承諾ではなくして住居の平穏」にある[59]として「平穏」の重視を明言する立場も見られるものの，多くは，「立入りについて，居住者・看守者の承諾ないし推定的承諾がある場合には，住居侵入罪は認められない」[60]といったように「承諾」に優位を認める説明がされている。

　問題は，立入に対する同意はどの範囲まで及ぶのか，具体的には，住居権者が立入を承諾したのは行為者の立入の目的について錯誤があったからで，もしそれを知っていたならば立入を拒否したであろう場合にも住居侵入罪は成立するか，事実上誰でも入ることができるような場所についてはどのように考えるのかである。

　この点をめぐって，判例は広く行為者の立入目的を同意の射程内に含めてきている。違法な立入目的は居住者が立入を許さないであろうことを推定させる事情になる旨の判示は古くから見られたし（Ⅲ1，Ⅲ2(2)），「被害者において顧客を装い来店した犯人の申出を信じ店内に入ることを許容したから

---

[59]　福田・各論206頁。同旨の裁判例として前掲注25)盛岡地判昭和53・3・22。
[60]　大塚・各論116頁，瀧川・前掲注15)(1951年) 84頁，団藤・各論505頁，木村・読本78頁，藤木・講義各論233頁，前田・各論171頁。

と言って，強盗殺人の目的を以て店内に入ることの承諾を与えたとは言い得」ず，「被告人等の本件店屋内の侵入行為が住居侵入罪を構成すること言うまでもない」と述べた最高裁判決[61]もある[62]。事実上立入が可能な場所に関しては，博覧会のパビリオンへの立入は管理者において展示物の破壊という「意図を知れば結局入館は許されなかったはず」である[63]，ベランダより垂れ幕を下げ，ビラを撒布するという建物の「禁止事項を目的に立入る者も……事実上その立入りを阻止することはできないが，管理者の意思に反する立入りであることは否定できない」[64]，3階以上が住居部分となっている5階建ビルに近隣の病院を監視する目的で立ち入ることは「とうてい右所有者，管理者らの承諾をえられる性質のものでない」[65]などとして下級審において建造物侵入罪の成立が肯定され，さらに，最高裁でも，「現金自動預払機利用客のカードの暗証番号等を盗撮する目的で，現金自動預払機が設置された銀行支店出張所に営業中に立ち入」る行為について，「立入りが同所の管理権者である銀行支店長の意思に反するものであることは明らかである」[66]として同様の判断が示されている。

　他方，学説では，判例によると住居侵入罪の成立範囲が広汎に及んで妥当でないとの認識を共有しつつ，限定を行う様々な見解が唱えられている。もっとも，結論からいえば，いずれにも難があると思われる。限定の試みの一つは，平穏説から主張され，「スリ又は万引きの目的でデパートに立入

---

61)　前掲注29)最判昭和23・5・20。
62)　立ち入る者の同一性について錯誤を生じさせた場合に侵入を認めたものとして東京高判昭和38・2・14高刑集16巻1号36頁（憲兵隊員だと身分を詐称したもの），東京高判平成5・2・1判時1476号163頁（虚偽の氏名，住所等を記載した公衆傍聴券を衛視に提示して参議院に立ち入ったもの）。
63)　前掲注25)大阪地判昭和46・1・30。さらに仙台高判平成6・3・31判時1513号175頁（国民体育大会の開会式を妨害する目的で入場券を所持して会場に立ち入る行為に建造物侵入罪を肯定）。
64)　東京高判昭和48・3・27東高刑時報24巻3号41頁。さらに東京地判平成7・10・12判時1547号144頁（小銃の部品を積み替えるためにビルの半地下駐車場に乗用車を乗り入れる行為に建造物侵入罪を肯定）。
65)　広島高判昭和51・4・1高刑集29巻2号240頁。同様の監視目的での立入に関して名古屋地判平成7・10・31判時1552号153頁。ただし，住居の平穏が害された点を強調する判示となっている。
66)　前掲注48)最決平成19・7・2。

場合」でも,「外観上そのことが明白でな」ければ侵入に当たらない[67]などとされるところ,侵入の判断に際して立入の外観が考慮されるべきでないことは既に見た(Ⅲ2(1))。他の説明は,「デパートの売場,ホテルのロビーなどのような客の来集する場所や,公衆に開放されている官公署の庁舎・構内など」の立入については「包括的に看守者らの承諾がある」[68]と述べる。これには,犯罪などを行う目的での立入まで含めて包括的に看守者が承諾しているとはいえないとの批判[69]を向けうる。「事前に被害者側がその目的を察知しえない以上,有効な(包括的)承諾があったとみるべき」だ[70]との反論もあるものの,個別の立入者の目的がわからなくても特定の目的を取りあげて包括的に立入を承諾しないことは可能と思われる。最も有力な見解は,許諾権説を背景とするもので,「住居侵入罪の保護法益は,……立入りの許諾権にほかならないから,誰の立入りを認めるのかについて錯誤がない以上,有効な許諾があったものとして」同罪の成立は否定される[71]と主張する。しかし,既述のように,住居侵入罪が保護すべき法益の実質を十分に捉えていない点で許諾権説には疑義がある。また,「侵入」についていえば,事実上多くの人が立入可能な住居・建造物のもとで侵入を否定する帰結は説得力

[67] 藤木・講義各論234頁。団藤編・注釈(3)242頁〔福田〕,岡野・前掲注21)75頁,前田・各論172頁。
[68] 大塚・各論117頁。内田・各論174頁(消極的に同意を与えているとする),曽根・各論81頁,西田・各論102頁,日髙・前掲注28)86頁(「社会生活上是認されるような態様での立ち入りは,推定的同意がある」とする),松宮・各論124頁(平穏な態様の立入には包括的同意があるとする)。
[69] 包括的同意の範囲を超えるとして建造物侵入罪の成立を認めるのは大谷・各論140頁,川本・前掲注28)62頁。
[70] 曽根・各論82頁。
[71] 山口・各論126頁。平野・概説184頁,町野・前掲注33)216頁,224頁,川端博「住居侵入罪」芝原ほか編・現代的展開各論116頁,中森・各論70頁,西田・各論101頁。部分的に承諾の効力を否定する見解として佐伯仁志「被害者の錯誤について」神戸法学年報1号(1985年)96頁(人の同一性の錯誤につき否定。同錯誤を「少なくとも一方は既知の(『顔』を知っている)2人の人の間での人格(『顔』)の混同」とする),伊藤ほか・アクチュアル各論107頁〔齊藤彰子〕(立入の段階で「外見上判断可能な属性についての錯誤」につき否定),髙橋・各論150頁(上記,齊藤説と同旨),和田俊憲「住居侵入罪」法教287号(2004年)59頁(人やその客観的属性を特定して立入が許されている場合,人や属性に関する錯誤があれば侵入に当たるとする)。

新しい住居権説の立場を採りつつ,動機錯誤の考慮を限定する見解として山中・各論168頁,林(幹)・各論103頁。

をもつとしても，(数の多い) その他の住居・建造物ではその維持は困難と解される。等しく家屋内で強盗を行う目的でも，隙を見て立ち入れば住居侵入罪が成立し，工事の業者を装って立ち入れば成立せず，気づいた時点で強盗に退去を要求できれば不退去罪に問う余地が残るといった差異的取扱に理由があるとは思われない[72]のである。

かくして，立入への同意は行為者の立入目的について錯誤があれば有効といえず，立入は侵入に当たるとするのが原則と解される。住居空間の形成に対する居住者の意思に法益性を承認する住居権説のもとでは，その錯誤は法益関係的錯誤に当たると述べることもできよう。問題は，立入目的が個別には問われず事実上誰でも立入ができる住居 (の一部) や建造物について，やはり住居侵入罪の成立を認めるべきでないとすれば，その帰結をどのように導くかである。この点は，住居権自体が制約されると構成できるように思われる。即ち，他者と広く社会的に接触するために，望ましくない目的で立ち入る者を選別し排除することを住居権者が断念し，その限度で住居権が制約される場合 (行為者の側からいえば，立入目的を告知する義務が例外的に免除される場合) があると解するのである。

「事実上誰でも立入ができる」かどうかは，もとより物理的可能性ではなく，四囲の状況から住居権者が立入目的による選別等を断念していると解釈できるという意味で客観的に判断される。例えば，料金を支払いさえすれば入場できる美術館や1階エントランスに誰でも投函できる集合ポストが設置されているマンションであれば，禁止事項の掲示があっても，展示品を毀損する目的やピンクちらしを投函する目的での立入は建造物侵入罪に当たらず，個別に不退去罪が成立しうるにとどまる。しかし，事前に住所・氏名・連絡先等の申告をしたり，持ち物検査を受けたりする必要がある美術館では同一の目的での立入が既に建造物侵入罪を成立させる[73]。また，エントランスの奥の居室が並ぶ廊下等への立入は，その間に居住者によるロック解除

---

72) 川本・前掲注28)64頁，井田・各論70頁。
73) 参照，札幌高判昭和28・11・26高刑集6巻12号1737頁 (入口に事務所を設けて舎監及び舎監補佐4名が管理していた寮への立入)，前掲注62)東京高判平成5・2・1 (入館に際して傍聴券に氏名，住所，年齢を記載させ，内容を職員が点検，確認していた)。

を要するドア等の物理的な障害がなかったとしてもやはり侵入に当たる。このような解決が考えられるのである。

Ⅳ　まとめ

　住居侵入罪の保護法益は，居住者が住居空間を支配し，その意思に基づいて形成する自由を内容とする住居権と解される。住居権者の範囲は，戦前の住居権説のように形式的に家長等に限るべきではなく，住居支配の現実に即して画定しなければならない（新しい住居権説。Ⅱ 1 (1)(2)，2 (2)）。立入の態様を重視する平穏説は立入の外観や目的は侵入の有無を判断する際に考慮すべきではない点において（Ⅲ 2），許諾権説は法益の内容を立入の部分に切り詰めて保護すべき実体を捉えきれない点において（Ⅱ 2 (2)，Ⅲ 3），いずれも支持できない。

　住居権・管理権は，住居・建造物等に対する事実的支配に基づいて成立するものであり，法的に認められた支配権限であることを要しない。したがって，住居権・管理権の法的に適正な行使も要請されないことになる。立入に対する（恣意的，差別的といった）不適正な不同意も効力を否定されず，このことは公共建造物でも異ならない。ただし，立入に正当な理由があれば，（違法阻却か構成要件不該当かはともかく）建造物侵入罪の適用はない（Ⅱ 2 (3)）。

　侵入は，立入の態様を重視する平穏説以外では，居住者の意思に反する立入と定義される。立入の目的について住居権者の側に錯誤がある場合に「意思に反する」といえるかをめぐっては，法益として住居空間の支配，形成を重視する限り，立入目的に錯誤があれば承諾意思に重大な（あるいは，法益関係的な）瑕疵があるといえ，原則として侵入に当たると解される。もっとも，住居権者が，他者と広く社会的に接触するために，望ましくない目的で立ち入る者を選別し排除することを断念していると評価できる場合は，住居侵入罪は成立せず，目的が判明した時点で住居権者が個別に退去を要求し，これに従わない者のみ不退去罪に問われるとすべきであろう（Ⅲ 3）。

第10章

奪取罪における不法領得の意思

I　はじめに

　財物を客体とする財産犯のうち窃盗罪，強盗罪，詐欺罪，恐喝罪及び横領罪は，他人の財物の領得を内容とする点でその毀損や隠匿を内容とする毀棄罪と性質を異にすると考えられ，「領得罪」と総称される。これらの領得罪のうち，被害者の所持する財物を行為者側に移転させる形態において共通し，「奪取罪」と呼ばれる前4者の犯罪類型について，財物の所持の移転という客観面に対する認識（故意）を超えた「不法領得の意思」という，条文に書かれていない主観的要件を立てるのか，その内容はどのように考えるかを取りあげる。

　領得意思必要説は伝統的な判例の立場であり，リーディングケースとされる大判大正4・5・21刑録21輯663頁[1]は，小学校の教員が勤務先の校長を失脚させるべく，校長の管理する同校の勅語奉置所から教育勅語謄本など3点を取り出して自己の受持教室の天井裏に隠した事案で，次のように述べている。「窃盗罪は不法に領得する意思を以て他人の事実上の支配を侵し他人の所有物を自己の支配内に移す行為なれは……本罪の成立に必要なる故意ありとするには法定の犯罪構成要件たる事実に付き認識あるを以て足れりとせす不法に物を自己に領得する意思あることを要す而して所謂領得の意思とは

---

[1]　最高裁判例として最判昭和26・7・13刑集5巻8号1437頁。さらに参照，大判昭和12・5・27刑集16巻794頁。旧刑法下の判例で領得意思を不要とする立場と解されるものに大判明治32・12・26刑録5輯83頁がある。借用証書を債権者から奪いその場で「自己の口中に差入れ遂に形跡を留めさるに至らしめた」事案で，「其口中に入れ云々したるは窃盗罪成立後の事実に属する」として証書毀棄罪（罰金の併科が規定されており，窃盗罪より刑罰は重い）の適用を求めた検察側上告を棄却している。

権利者を排除して他人の物を自己の所有物として其経済的用方に従ひ之を利用若くは処分するの意思に外なら」ず。「被告の行為は故意に校長 M の支配を侵して学校所蔵の物を自己の支配内に移したる事実なりとするも固より其物を自己に領得するの意思に出てたるものに非されは窃盗罪を以て論すへきに非す」，と。

そこでは，不法領得の意思の内容として「権利者を排除して他人の物を自己の所有物」とする意思（以下，「権利者排除意思」という）と「経済的用方に従ひ……利用若くは処分する」意思（以下，「利用・処分意思」という）が挙げられており，それぞれ，物の奪取により利用可能性を害されるという被害者側の事情，奪取した物を利用・処分するという行為者側の事情を考慮するものと解される。これら両者を領得意思に要求するのは学説の多数の立場でもある。以下では，利用・処分意思（Ⅲ），権利者排除意思（Ⅳ）の順に検討を進める。

Ⅱ　奪取罪の保護法益との関係

不法領得の意思の要否は，奪取罪の保護法益に関する本権説と所持説（占有説）の対立の反映とする理解も以前は有力であった。即ち，「所有権其の他の本権を保護するといふことが盗罪の結局の意味であると考へる立場から，……不法領得の意思を要するものと考へる」[2]，あるいは，「所持を所持として法益であると解するにおいては，その損害が特に領得の意思を以ってせられる場合に限り窃盗罪を構成するというのは理由のないことである」[3]などと主張された。しかし，現在では，本権説か所持説かは，奪取罪の被害者による物の所持に本権の裏づけを要するか否かの問題であり，奪取した物に対する行為者の態度——利用・処分する／短時間では返還しない——に関わる不法領得の意思の問題とは「対象とする局面を異にする」との理解[4]が支持

---

[2]　小野・各論 237 頁。現在，本権説と必要説に結びつきを認めるのは川端・各論 286 頁，安里全勝「不法領得の意思」現代刑事法 12 号（2000 年）35 頁。

[3]　牧野英一『刑法各論(下)』（有斐閣，1951 年）583 頁。他に，所持説から不法領得の意思不要説を導くのは大塚・各論 202 頁。

を得ている。

　有力説からは，不法領得の意思という「所有権侵害に向けられた意思を必要とすることによって，主観的要素の形で，所有権侵害の要素が構成要件の中にはいって来る」5)との指摘も見られる。たしかに，本権説では，行為者の認識は，被害者による「物の所持」の背後にある「所有権その他の本権」にまで及ぶことを要する。もっとも，そのような「所有権（その他の本権）侵害に向けられた意思」とは，本権説のもとで――さらに毀棄罪でも――必要となる「（事実的）故意」にほかならず，特別の主観的要素ではないし，不法領得の意思と「異なる局面」を捉えるものであることにも変わりがない。

III　利用・処分意思

1　根　拠

　利用・処分意思を要求する見解6)7)は，物の（通常は経済的な）価値を取得することに領得罪の本質を求めていると考えられる。論者は次のように説明する。「窃盗も毀棄も，物に対する支配（占有）を失わしめる点は同じ」で

---

4)　中森喜彦「不法領得の意思」芝原ほか編・現代的展開各論178頁。江家・各論273頁，平野龍一「刑法各論の諸問題(8)」法セ211号（1973年）130頁，西田・各論157頁，山口・問題探究各論110頁，林美月子「窃盗罪における不法領得の意思についての一考察(2)」警察研究53巻4号（1982年）68頁。

5)　団藤・各論564頁注(11)。権利者排除意思と本権説の結びつきやすさを指摘するのは大谷・各論198頁，前田・各論241頁。

6)　権利者排除意思と併せて要求する戦前の見解として大場・各論上550頁，泉二・各論693頁（ただし，用語は「横領の意思」であり，「自己又は第三者の為めに財産上不法の利益を享くる目的を以て他人の財物の占有を排除する意思」とする）。戦後の見解として平野龍一「不法領得の意思をめぐって(1)」警察研究61巻5号（1990年）3頁，藤木・講義各論279頁，大谷・各論200頁，斎藤信治「不法領得の意思の必要性」八木國之先生古稀祝賀『刑事法学の現代的展開(上)』（法学書院，1992年）383頁（「故なく他人の権利（本権）を著しく侵害してでも，直接・間接に自己の利益になるように物を処理しようという意思」を領得意思とする），堀内・各論120頁，中森・各論100頁，西田・各論158頁，160頁，山中・各論254頁，林（幹）・各論190頁，山口・各論198頁，松宮・各論206頁，佐伯仁志「不法領得の意思」法教366号（2011年）79頁。

あり、「毀わされ〔た〕物は回復し得る望みがなく、したがって、毀棄罪の方が被害者の受ける打撃が大きい」とさえいえる。にもかかわらず、窃盗罪の刑が毀棄罪の刑よりも重いのは、「窃盗罪においては、犯人が他人の物によって経済的利益を取得するということがあり、……そのことが社会に多くの窃盗罪を産み出し……、したがって、刑法は、その予防の」必要がとくにあるからだ[8]、と。

以上には、権利者排除意思のみを要求する見解[9]、さらに、不法領得の意思を不要とする見解[10]から異議が向けられている。前者は、「領得の意思とはその財物につきみずから所有者としてふるまう意思」であり、所有者ならば物の廃棄も自由になしうる以上、「単に放棄・破壊・隠匿するだけの意思」もそこに含まれる[11]と主張する。背景には、領得罪を、物の（毀棄も含む広義の）利用可能性を奪ってこれを取得する犯罪とする理解があると見られる。もっとも、（事実上の）利用可能性は物の所持とともに行為者に移転するのであるから、領得とは物の所持を取得することだと述べるに等しく[12]、利用・処分意思を否定する実質的理由において、後者の領得意思不要説と変わらないことになろう。不要説は、物の奪取（所持の取得）をもって領得罪として十分と考えるためか、領得とは何かを明確に述べないまま、利用・処

---

7) 利用・処分意思のみを必要とする戦前の見解として草野豹一郎「領得の意思」同『刑事判例研究(1)』（巌松堂書店、1934年）365頁（領得の意思は「唯単に経済上の享益の意思と解すれば足りる」）。戦後の見解として江家・各論271頁、佐伯千仭『刑法各論〔訂正版〕』（有信堂高文社、1981年）146頁、吉田常次郎「窃盗罪と不法領得の目的」同『刑事法判例研究』（学芸書房、1956年）318頁（経済的用法に従って利用し、「よって自己又は第三者を利せんとする意思」、即ち、「利得の意思（Bereicherungsabsicht,……）をも必要」とする）、中野次雄「判批」『刑事判例評釈集昭和26年度(13)』（有斐閣、1956年）209頁、井上正治＝江藤孝『刑法学各則〔新訂〕』（法律文化社、1994年）125頁（「毀棄・隠匿の意思にすぎないばあいには不法領得の意思を欠く」とする）、安里・前掲注2)38頁、前田・各論244頁（「用法に従って処分する意思」とし、具体的に直接利得・享益の動機が明確な場合と物の典型的な利用の場合を挙げる）、木村光江「不法領得の意思について」都立大学法学会雑誌31巻2号（1990年）113頁（直接利得の動機がある場合、物の典型的な利用の場合、又は、間接利得の動機があり、かつ、典型的ではないがよくある物の利用の場合に領得意思を肯定する）、高橋・各論223頁、伊東・現代社会209頁。"
8) 江家・各論273頁。「経済的利益を取得する意思というのは、その物の経済的価値、すなわち、その物の使用価値（効用）を取得する意思、つまり、享益の意思のことで、必ずしもその物によって自己の財産を増加させる意思、すなわち、営利の意思（Bereicherungsabsicht）であることを必要としない」（同271頁）とする。

分意思必要説の不都合を指摘することが多い[13]）。即ち，同説は「毀棄・隠匿の意思を以って窃取したるが其の目的たる毀棄・隠匿の行為に出でざりし場合に於て被害者を保護し得ざるの缺陷」があり，総じて「犯人保護に偏し被害者保護に薄い」[14]などと批判する。

たしかに，奪取罪の主観的要件を重くすれば，その成立範囲は狭まる。しかし，毀棄目的で他人の財物を奪取した者が毀棄行為に出なかったとしても隠匿罪として，利用・処分を行ったときは占有離脱物横領罪として可罰的[15]と解するならば，被害者はなお刑法上保護されないわけではない。「領得」とは物の単なる利用「可能性」の移転（これは「隠匿」でも客観的には生じている）にとどまらず，移転した物の利用・処分により現に価値を取得することだと捉え，毀棄罪との法定刑の相違を積極的に根拠づける[16]利用・処分意思必要説は基本的に支持できると思われる。

2　内　容

それでは，意思の内容とされる利用・処分とは何か。なお，以下では，物を利用・処分する行為と並んで，行為により領得されるものも重要であるこ

9）　小野・各論237頁（ただし，使用窃盗として不可罰なのは「権利者を完全に排除しない場合に限ら」れるとする），瀧川幸辰『刑法各論』（世界思想社，1951年）121頁，団藤・各論563頁，福田・各論231頁，佐久間・各論189頁（「『客観的な『領得』の実態に見合う主観的要素として，……窃盗の故意を超えた不法領得の意思」が必要だとする）。戦前の見解として山岡萬之助『刑法原理〔訂正増補版〕』（日本大学，1920年）466頁（「領得の意思は行為者に於て所有者と同様なる支配を物の上に行はんとする意思」とする）。

10）　戦前の見解として牧野・日本刑法(下)343頁，岡田庄作『刑法原論各論〔増訂改版〕』（明治大学出版部，1918年）571頁。なお，宮本・大綱325頁（財物の「経済的支配の可能」を得ることを領得とする）。戦後の見解として木村・各論114頁，植松・概論Ⅱ367頁，大塚・各論200頁，中・各論137頁，内田・各論253頁，平川・各論347頁，川端・各論284頁，曽根・各論121頁，石堂淳「窃盗罪における不法領得の意思についての一考察」阿部純二先生古稀祝賀『刑事法学の現代的課題』（第一法規，2004年）288頁。

11）　団藤・各論563頁。

12）　林・前掲注4)「(3)」警察研究53巻6号（1982年）53頁。

13）　牧野英一「窃盗罪の要件としての領得の意思」同『刑法研究(3)』（有斐閣，1927年）329頁は，「刑法の規定が，形式上，領得の意思を必要として居ることのないのは明かであ」り，「領得の意思を必要とするに於ては，特にその合理的基礎が説明されねばならぬ」と述べる。必要説の側に挙証責任ありとの考え方が明瞭である。

14）　木村・各論114頁，115頁注。

とから，利用意思を（利用により）物の効用を享受する意思，処分意思を（処分により）物の価値を取得する意思とも呼ぶ。

　まず，奪取した物のもつ経済的な効用・価値を享受・取得することが利用・処分に当たるのは明らかである。処分には，物の売却や賃貸などのほか，燃料のそれとしての使用や食物の摂取など物の費消[17]も含まれると解される。進んで，判例は，経済的とはいえない効用・価値を得る場合であっても，奪取罪の成立を認めている。即ち，不正な水増し投票のために投票用紙を投票所から持ち出す[18]，送電線を切断して流木を係留するために利用する[19]，不正行為を摘発する証拠となる物を持ち出す[20]といった行為に窃盗罪を肯定する。他方，被害者が物の所持を失うだけで，行為者に得るものがあるとしてもせいぜい嫌がらせ，仕返しなどの主観的満足にすぎない場合，即ち，専ら毀棄・隠匿の目的の場合，奪取罪の成立を認めていない。Ⅰで挙げた大正4年判決の事案はこれに当たる[21]。

　検討を要するのは，被害者における物の所持の喪失に伴って行為者に何ら

15）　平野・前掲注6)9頁，中森・各論101頁，西田・各論158頁，林(幹)・各論195頁注(71)，山口・問題探究各論113頁。横領罪を肯定するのは斎藤(信)・前掲注6)384頁，斉藤豊治「不法領得の意思」中山ほか編・講座(4)265頁（物を使用後に返還する意思がある場合は「事務管理に準ずる委託信任関係」が認められるとする）。窃盗罪を認める異説として園田寿「不法領得の意思」関西大学法学論集31巻2＝4号（1981年）131頁，豊田健「毀棄，隠匿の目的と不法領得の意思」慶應義塾大学法学研究61巻2号（1988年）263頁。

16）　利用・処分意思が重い刑を基礎づけるならば，占有離脱物横領罪が毀棄罪よりも刑が軽い点を説明できないと批判するのは内田文昭「不法領得の意思をめぐる最近の議論について」曹時35巻9号（1983年）10頁。反論として山口・問題探究各論123頁，佐伯・前掲注6)81頁，同頁注(19)。占有離脱物横領罪では占有侵害が欠けると指摘し，占有離脱物「毀棄」は同横領罪の法定刑の限度で処断されるべきだとする。

17）　その場で費消するケースにつき佐伯仁志「窃盗罪をめぐる3つの問題」研修645号（2002年）4頁。毀棄罪とするのは内田・前掲注16)9頁，曽根威彦「不法領得の意思」曽根・重要問題各論147頁。

18）　最判昭和33・4・17刑集12巻6号1079頁。大津地判昭和35・9・22下刑集2巻9＝10号1256頁（凶器として使用する意図で猟銃と散弾実包を持ち出した。ただし，判旨は，被害者が利用を妨げられる点を重視する），東京高判昭和44・5・2東高刑時報20巻5号75頁（追手を脅迫するために菜切り包丁を持ち出す行為を窃盗とし，事後強盗罪の既遂を肯定する）。

19）　最決昭和35・9・9刑集14巻11号1457頁。最決昭和37・7・26集刑143号201頁（性的嗜好を満足させるために女性の下着を盗む行為に窃盗罪を肯定する），横浜地川崎支判平成24・5・23判時2156号144頁（里親を探している者からストレス発散のために殺傷する意図を隠して猫を譲り受ける行為に詐欺罪を肯定する）。

20）　仙台高判平成23・7・12LEX/DB25472600。

かの利益がもたらされる場合である。奪取により別の犯行を隠蔽・偽装するケースに関する下級審裁判例には，犯行が発覚しないように腕時計等を死体から取り去り，別の場所に投棄するつもりで袋に入れておいたところ，結局，後に質入れした事案で，奪取時に不法領得の意思がない以上，窃盗罪は不成立としたもの[22]，強盗の被害者による警察への通報や逃走を妨げる目的で携帯電話や自動車の鍵を取りあげた事案で領得意思を否定したもの[23]がある一方，物盗りの犯行を装うため，現場から現金，ネックレス等を持ち去り，自宅の物入れに隠したり庭に埋めたりした事案で，「単に物を廃棄したり隠匿したりする意思からではな」いとして領得意思を肯定したもの[24]がある。さらに，刑務所に入る目的で他人の自動車内からステレオパック等を持ち去り，直ちに最寄りの派出所に被害品を携えて出頭した事案について，「経済的用法に従った利用又は処分の意思は全く認めることができない」などとして窃盗罪を否定したもの[25]に対して，コンビニ強盗のケースで，仮に刑務所に入るのが目的であったとしてもという傍論ながら，利用・処分意思とは「単純な毀棄又は隠匿の意思をもってする場合を排除するという消極的な意義を有するに過ぎないと解される」から，いずれにせよ不法領得の

---

[21] 領得意思の否定例として仙台高判昭和46・6・21 高刑集24巻2号418頁（仕返しのためにチェーンソー1台を持ち出し，海中に投棄した），東京高判昭和50・11・28 東高刑時報26巻11号198頁（インコを逃がす目的でカゴごと持ち出し，追跡者に傷害を負わせた事案で事後強盗致傷罪を認めた原判決を破棄），福岡地小倉支判昭和62・8・26 判時1251号143頁（覚せい剤使用の疑いある者から廃棄の目的で覚せい剤の所在を聞き出そうと暴行を加えた），東京高判平成18・4・3 高刑速（平18）84頁（被害者が漁に使用していたジャージ等をいやがらせのために持ち出し，他人の畑や海中に投棄した）。さらに，奪取の被害者以外の者を安堵・困惑させることを意図したケースとして大判昭和9・12・22 刑集13巻1789頁（知人のために競売期日を延期させるべく競売場より競売記録を持ち出す行為に公用文書毀棄罪を適用する），東京高判昭和30・4・19 高刑集8巻3号337頁（自動車の所有名義の変更を妨害するために陸運事務所から自動車登録原簿を持ち出した）。

[22] 東京地判昭和62・10・6 判時1259号137頁。

[23] 松山地判平成19・7・19 裁判所HP。否定例として大阪高判昭和61・7・17 判時1208号138頁（強盗に見せかけるために現場から金品を持ち帰った），釧路地帯広支判平成14・3・18 裁判所HP（下着泥棒を装うために下着を持ち出し，直ちに投棄した），奈良地判平成14・12・16 裁判所HP（証拠を隠す目的で防犯カメラのビデオテープを持ち帰った），名古屋高判平成19・8・9 判タ1261号346頁（スロットマシンに不正なロムを取りつけるために正規のロムを取り外した。気がついた店員による逮捕を免れるための暴行を事後強盗致傷罪ではなく，傷害罪として処理する）。

意思は否定されないと判示したもの[26]が現れている。

　下級審裁判例の状況からは，利用・処分意思を専ら毀棄・隠匿する目的以外の意思として消極的に規定することで十分かどうかが争点であることが窺える。この点をめぐり，最高裁のレベルでは，農業協同組合の保管する政府所有米が一部紛失していることの責任を追及されないようにするため，既存の米俵から米を抜き取り新しい米俵を作って数合わせをする[27]，支払督促制度を悪用して叔父の財産から金員を得る目的で，裁判所から叔父宛に発送された支払督促正本等を叔父が受け取るのを阻止すべく本人を装って郵便配達員から受領する[28]といった行為につき，それぞれ窃盗罪，詐欺罪の成立が否定されている。後者の最高裁決定は，「支払督促正本等について，……何らかの用途に利用，処分する意思がなかった場合には，……不法領得の意思を認めることはできない」と判示しており，利用・処分意思を積極的に「奪取された物から直接に」効用を享受し，価値を取得する意思として理解する態度を明らかにしているといえよう。

　毀棄罪と較べて重い奪取罪の刑を基礎づけるのが利用・処分意思であること，奪取罪はあくまで財物を客体とする犯罪であることからは，奪取された物から直接に効用を享受し，価値を取得することを要し[29]，被害者における所持の喪失を契機として利益を得ることでは足りないと解すべきだ[30]と

24) 東京高判平成 12・5・15 判時 1741 号 157 頁（強盗致傷罪，窃盗罪を肯定）。大阪高判昭和 24・12・5 判特 4 号 3 頁（それまでの犯行を隠蔽するために職場の大金庫から手提金庫を取り出して二百数十メートル離れた河中に投棄する行為に窃盗罪を認める），長崎地佐世保支判昭和 58・3・30 判時 1093 号 156 頁（殺人を強盗犯人の犯行のように装うために被害者の所持金等を奪取した事案で強盗殺人罪を肯定する）。
25) 広島地判昭和 50・6・24 刑月 7 巻 6 号 692 頁。
26) 広島高松江支判平成 21・4・17 高刑速（平 21）205 頁。なお，同判決は，強取した現金を生活費に当てる意思があったとして領得意思を肯定している。本来的な利用・処分の意思があれば，奪取罪は成立するのであり，その結果，刑務所に入れると期待していたとしても領得意思の認定は左右されない。さらに参照，東京地判平成 13・7・25 判時 1809 号 158 頁。散髪料金の支払を脅迫により免れ，直ちに警察署に出頭した事案で強盗利得罪の成立を認める。
27) 最判昭和 28・4・7 刑集 7 巻 4 号 762 頁。米の移し替えが同一倉庫内で行われており，占有侵害がないことも窃盗罪不成立の理由とされている。
28) 最決平成 16・11・30 刑集 58 巻 8 号 1005 頁。第 1 審（神戸地判平成 15・8・19 刑集 58 巻 8 号 1029 頁参照）及び控訴審（大阪高判平成 16・3・5 刑集 58 巻 8 号 1040 頁参照）は詐欺罪の成立を認めている。

思われる。最高裁判例の採る方向が支持される。

　利用・処分意思は，主観的要素であることから[31]，さらに近時では，「(非難を強める)動機の強力性を基礎付ける」ものであり重い責任を導くとして[32]より積極的に，責任段階に位置づける見解が有力である。しかし，物を所持するに至ること，即ち，物の(毀棄を含む広義の)利用可能性を得ることを超えて，現実にその物から効用・価値を獲得することは法益侵害の程度において高いといえる[33]のであり，これを内容とする意思を主観的違法要素とする理解はなお維持されてよいと思われる。

Ⅳ　権利者排除意思

1　根　拠

　Ⅲ1で述べたように，権利者排除意思とは，「その財物につきみずから所有者としてふるまう意思」とされ，物の(毀棄を含む広義の)利用可能性を取得することを領得とする理解が背景にあると見られる。この意思を要求す

---

29)　奪取に際して利用・処分の方法が特定されていることは要しないと解される(豊田・前掲注15)264頁，佐伯・前掲注6)78頁)。「家まで持って帰ろうと思って」(最判昭和31・11・1集刑115号285頁)，あるいは，「なにげなく」(東京地判昭和38・12・21下刑集5巻11＝12号1184頁。さらに神戸地判平成18・2・6LEX/DB28115161，裁判所HP)といった意識のもとでも領得意思は認定される。被害者にふくむところがある(最判昭和30・9・27集刑108号619頁)，あるいは，いたずらする(上記の東京地判)といった感情とも併存しうる。

30)　山口厚「不法領得の意思」山口・新判例196頁，佐伯・前掲注6)81頁，林美月子「不法領得の意思と毀棄・隠匿の意思」立教法学75号(2008年)12頁，伊藤渉「いわゆる『不法領得の意思』をめぐる判例の動向について」東洋法学52巻2号(2009年)11頁。これに対して，「占有物の場所的移転によって生ずる利益を享受する意思」で十分とするのは正田満三郎「領得罪と毀棄罪(2)」判時1320号(1989年)18頁。なお，債権者から借用証書を窃取あるいは詐取するケースは，借用証書との関係では，そこから直接に効用を享受するわけではないので私用文書等毀棄罪にとどまると解される(林幹人「詐欺罪における不法領得の意思」林(幹)・判例刑法320頁，高橋・各論227頁，林(美)・前掲12頁，山口・新判例203頁。反対，佐伯・前掲注6)82頁，足立友子「不法領得の意思」松原芳博編『刑法の判例各論』〔成文堂，2011年〕87頁)。債務の履行を(相当期間)免れるという利益の取得との関係では，利益窃盗は不可罰であり，詐欺利得罪の成否は，被害者の処分行為をどの程度厳格に捉えるかにより結論が異なることになろう。

31)　瀧川・前掲注9)121頁。

る意味は，一時使用のために物を奪取し，使用後に返還する——窃盗罪を念頭に「使用窃盗」とも呼ばれる——形態を被害者の利用可能性を侵害する程度が軽微であることを理由に不可罰とする点にある。古く大審院判例もこれを承認しており，「窃盗罪の成立には他人の財物に付き不正領得の意思を以て其所持を侵して之を自己の所持に移すことを必要とするが故に単に一時使用の為めに之を自己の所持に移すか如きは窃盗罪を構成せさるもの」[34]と判示している。

権利者排除意思の必要説には，使用窃盗も可罰的でよいとの反論[35]も見られるものの，むしろ，不可罰の結論を等しくしながら，それは同意思を要求しなくても導きうるとする批判の方が有力である。即ち，「他人の財物を無断で一時使用する行為が，その財物の物体をも価値をもほとんど奪うものでない限り，これを不可罰と解すべきであるが，その理由は，……その行為自体が可罰的な財物の窃取行為とは認められないから」である[36]，あるいは，そのような行為には「権利者の排除ないしその危険が存在しないという……客観的違法性の見地」，「または権利者排除の危険の認識〔責任故意〕の不存在」によりその不可罰を根拠づけるべきである[37]などとされる。

これに対しては，「可罰的違法性の欠如を根拠とするのは，占有取得……

---

32) 山口・問題探究各論124頁。平野・前掲注6)5頁，大谷・各論199頁，斉藤(豊)「不法領得の意思」中山ほか編・講座(4)252頁，西田・各論158頁，前田・各論245頁，林(幹)・各論195頁，佐伯・前掲注6)84頁。再犯の可能性の高さを指摘するのは堀内・各論121頁，高橋・各論224頁（ただし，主観的違法要素でもあるとする），毀棄罪と区別するための犯罪類型個別化機能をもつにすぎないとするのは山中・各論254頁。

33) 行為の違法性の大きさを根拠とするのは藤木・講義各論279頁（「犯人の意思，犯行の態様の両面から，物を持ち去る行為についての脅威感，可罰的違法性に強弱の差を生ずる」），伊東・現代社会208頁（物の「利用行為を占有奪取時から目的としていること」に「不法実体」がある）。行為の規範違反性（財産秩序全体に対する脅威）の大きさを理由とするのは中森喜彦「不法領得の意思」阿部ほか編・基本講座(5)95頁。

34) 大判大正9・2・4刑録26輯26頁。

35) 利用・処分意思のみを要求する立場から江家・各論276頁（「使用窃盗においては一時的にもせよ他人の物を使用して利得する意思がある」），領得意思不要説の立場から木村・各論114頁（「財物の一時使用に因り被害者に対して重大なる利益の損失を生ぜしめる場合を保護するにつき甚だ不十分」）。

36) 大塚・各論201頁。草野・前掲注7)360頁，植松・概論Ⅱ370頁，内田・前掲注16)21頁，平川・各論347頁，川端・各論284頁。既遂後の事情を可罰性阻却事由とするのは高橋・各論223頁。

によって既遂を認める限り，一時使用・返還というその後の事情が犯罪の成否を左右することになって，理論的には正当化され得ない」，また，一時の使用では権利者が排除されていないというのであれば，結局，「占有侵害……が当罰的な程度にまで継続してはじめて既遂に達することになり，犯罪の完成時期が不当に遅くなる」[38]との批判が向けられている。物の所持が行為者に移転する時点で後の返還による侵害の軽微性を考慮しようとすれば，行為者の返還「意思」という主観面に依拠せざるをえないであろう。その限りで，批判は支持される。問題は，権利者排除意思が果たして奪取罪に固有の主観的要件といえるかである。

2　内　容

権利者排除意思を承認する立場でも，奪取した物を返還する予定であれば直ちに奪取罪は不成立としているわけではない。学説では，「使用窃盗のばあいにも，もしそれが微小とはいえない程度の価値の消費を伴うような形態のものであれば，それはもはや単なる使用ではなく，……窃盗罪の成立を肯定するべき」だとされ[39]，また，他人の乗用車を所有者に無断で4時間余り乗り回していたところ無免許運転で検挙された事案で，「数時間にわたって完全に自己の支配下に置く意図」があり，「たとえ，使用後に，これを元の場所に戻しておくつもりであったとしても，被告人には……不正領得の意思があったというべき」と判示した最高裁決定[40]がある[41]。他方，同種事案での否定例は，個別の特殊事情があるもの[42]を除けば，犯行場所を往復するために自転車を無断使用したケースで，持ち出しから返還までの時間は「最大限2，3時間を超えるものではなく，その間の自転車の消耗も考慮に値いしないほど軽微であること」を理由にした下級審裁判例[43]などが見られ

---

37)　曽根・各論122頁（占有排除意思は構成要件故意とする）。これを「領得の意思の欠如を責任『故意』の欠如と言い換えているだけ」だと批判するのは斎藤（信）・前掲注6)391頁。窃盗罪の故意の欠如により説明する見解として斉藤豊治「近年の不法領得の意思論」齊藤誠二先生古稀記念『刑事法学の現実と展開』（信山社，2003年）447頁（故意は，占有移転の認識に「所有権侵害・危殆化の意思」を含む），前田・各論243頁注21，木村（光）・前掲注7)86頁，伊東・現代社会207頁。
38)　中森・芝原ほか編・現代的展開各論179頁。
39)　団藤・各論563頁。

るにすぎない。

　留意を要するのは，「価値の消費」や「(自転車の) 消耗」，あるいは，自動車を「完全に自己の支配下に置く」ことが被害者に生じた損失や物の利用可能性の侵害を意味する[44]だけであれば，それらは毀棄罪を基礎づけるにとどまる点である。例えば，所有する自動車を肝心な時に使用できず損害を受けたケースで，それが自動車の破壊による場合，器物毀棄罪が成立するならば，「肝心な時を含んだ一時」の持ち去りによる場合も同様に考えられよう。窃盗罪を根拠づけるのは，そうではなくて，「一時」の間に行為者が価値を得ること，自動車を乗り回すことだと解される。もっとも，そこでは，奪取された物の「利用」が (ガソリンを含めれば「処分」も) 着目されている。要するに，最高裁のケースでは，返還するまでの間に自動車の効用を (実質的に) 享受する意思があったから窃盗罪が肯定され，下級審のケースでは，効用のより低い自転車を犯行の前後それぞれ10分前後使用するだけという，可罰的とはいえない程度の効用を享受する意思しかなかったから同罪が否定されたと見るべきように思われるのである。

　物自体が返還されてもその間に物の価値が取得される場合も同様に，処分意思の問題として考えられる。直後に換金する意思でパチンコ店内でパチンコ玉を不正に取得する[45]，直ちに返品して代金相当分の交付を受ける意思で万引きをする[46]といった行為が窃盗罪に当たるのは，以上の観点から説明される。さらにここに属する事例群の一つに，自己の債権が期日に履行さ

---

40) 最決昭和55・10・30刑集34巻5号357頁。自動車の (返却意思を否定できない) 無断使用に関する窃盗罪の肯定例として最決昭和43・9・17判時534号85頁 (盗品の運搬等に相当長時間にわたって使用後，返還した)，東京高判昭和33・3・4高刑集11巻2号67頁 (18時間にわたる使用中に緊急逮捕された)，東京高判昭和33・4・2東高刑時報9巻4号97頁 (4時間ほど乗り回したり，盗品の運搬に使用した後に元の場所に戻した)，札幌高判昭和51・10・12判時861号129頁 (4時間近く使用後に事故を起こし，放置して帰宅した)，高松高判昭和61・7・9判時1209号143頁 (犯行発覚を避けるため強盗現場への乗り入れ・逃走用車両として使用し，約30分後に元の場所に戻した)。船舶に関する肯定例として神戸簡判昭和34・12・8下刑集1巻12号2596頁 (約3.5km離れた犯行現場を往復するために使用した)。
41) その他の肯定例として東京高判昭和38・4・9東高刑時報14巻4号64頁 (アパート内の居室に侵入した後で戻す意思のもとアパート玄関先で居室の鍵を入手した)，東京高判昭和50・5・15東高刑時報26巻5号97頁 (他人になりすまして金融を受ける際の身分証明資料として保険証等を窃取した。一部は詐欺の犯行後に郵送などにより被害者に返還している)。

れれば返還する意思で債務者の物を持ち出す行為が挙げられる。履行がなければ売却するなどして債権の満足を得る意図であれば，条件付[47]処分意思ないし担保価値を取得する意思があるといいうるから領得意思を肯定できると解される。最高裁判決にも，「物品を持ち帰った当時すでにこれを処分する等の方法により自己の債権を決済する意思をもっていたとすれば，被告人に不法領得の意思があったものということができる」と判示したもの[48]がある。ただし，所持を失った被害者の困惑に乗じ，物の返還と引き替えに自己の債権の満足を得る意思のもとで窃盗罪を肯定する下級審裁判例[49]は，処分意思を，奪取した物から直接に価値を取得する意思とする立場（Ⅲ２）を前提にする限り，疑問視されよう。

　もう一つの事例群は，コピーして返却する意図で情報を記録した媒体を持ち出す行為である。下級審裁判例には，製薬会社が新薬の製品化の参考にするために，他の製薬会社が開発した抗生物質の製造承認申請用資料等が編綴されたファイルを，国立予防衛生研究所の室長が管理する戸棚からその部下の協力を得て持ち出し，自社でコピーを作成して約16時間後および約7時

---

42) 名古屋高判昭和37・5・31判時311号33頁（雇主の自動車を従兄弟を訪ねるなどの目的で無断使用した。雇主は「使用人の一時の出来心で特にこれを取立てて咎める気持はなく，この程度のことは容認していた」などの事実を認定する）。東京高判昭和37・12・6東高刑時報13巻12号295頁（バッテリーもエンジンキーも取り外してあった軽三輪に乗ってギヤを触ったところ，坂道を50〜60m下って停車した事案），大阪高判昭和50・10・17高刑集28巻4号424頁（労働組合の指令により東京にある親会社に赴いて賃上げ要求をする際，示威のため大阪支店にある営業用トラックを無断使用した。使用した者が，「平常は権利者から業務を行うため乗物の占有をゆだねられている者であるなど権利者および乗物との間に特別の関係を有する場合」は，その点も考慮して「使用が権利者を完全に排除する意思による」かを判断すべきだとする）。

43) 京都地判昭和51・12・17判時847号112頁。なお，操縦方法を教えるためにジープを一時自己の所持に移しても窃盗罪は不成立と判示したものに東京高判昭和26・12・27東高刑時報1巻15号237頁がある。

44) 西田・各論161頁は，権利者排除意思を「一般に権利者が許容しないであろう程度・態様の利用をする意思」と規定する。さらに平野・概説207頁。

45) 最決昭和31・8・22刑集10巻8号1260頁，名古屋高判昭和28・10・14高刑集6巻11号1525頁。

46) 大阪地判昭和63・12・22判タ707号267頁。権利者を排除し，かつ，「その物の用法にかなった方法に従い利用・処分する意思」があったとする。

47) 物の処分が必要となる事態が生じなければ返還するという条件付の処分意思も不法領得の意思に当たる点については大阪高判昭和28・1・21高刑集6巻1号57頁。

間後に元の戸棚に返却した事案で,「本件各資料の経済的価値がその具現化された情報の有用性,価値性に依存するものである以上,資料の内容をコピーしその情報を獲得しようとする意思は」不法領得の意思にほかならないと述べたもの[50],住民基本台帳閲覧用マイクロフィルムは「その網羅性・正確性のため高い経済的価値を有」しており,これを「複写する目的で所定の閲覧場所〔＝区役所内〕から持ち出す」のは不法領得の意思に基づく行為といえ,数時間後に返却したとしてもその認定を妨げないとしたもの[51]が見られる。情報という価値が取得される点において領得が認められているとすれば,支持できる構成と思われる。

これには,「情報の複写それ自体では未だ侵害は生じない……のであり,侵害は情報の漏示……,さらにその情報の利用によって生じる。……物の返還後に生じるような間接的な侵害までを窃盗罪の対象に含めることが妥当かには問題がある」[52]との批判も向けられている。たしかに,被害者において財産的損害が顕在化するのは情報が利用された場合であろう。しかし,奪取罪の成立には媒体の所持の移転に領得意思が伴っていればよく,それは情報を取得する意思[53]で十分と解される。

48) 最判昭和32・3・19判時109号26頁。結論的には,「手形金の支払われるまで3日間右物品を保管する意思に過ぎ」ないと解する余地もあり,この場合,領得意思は否定されるので,行為者の意思を明らかにするよう原判決を破棄,差し戻した。差戻後の名古屋高判昭和33・3・3裁特5巻2号64頁は,上記の「保管する意思」を認定し,窃盗罪を否定している。窃盗罪の肯定例として高松高判昭和33・6・23裁特5巻7号284頁,大阪高判昭和35・7・29高刑集13巻5号428頁(「物件の経済的価値を排他的に自己に収得する意思」があったとする),高松高判昭和36・9・19下刑集3巻9＝10号822頁。
49) 東京高判昭和36・6・8東高刑時報12巻6号92頁,仙台高判昭和62・2・3高刑速(昭62) 173頁(「権利者を排除し物件の経済的価値を排他的に取得する意思」があったとする。もっとも,持ち出した油圧ブレーカーを換価処分する意思もあったようである)。
50) 東京地判昭和59・6・15刑月16巻5＝6号459頁。
　　ほぼ同様の事案に関して東京地判昭和59・6・28刑月16巻5＝6号476頁。もっとも,複写した媒体を手許に残すのは元のファイルを「自己の所有物とするのと同様」であり,「これは正に権利者でなければ許容されないこと」だと判示している。その他の肯定例として東京地判昭和55・2・14刑月12巻1＝2号47頁(転職先会社に譲り渡すために会社の機密資料である購読会員名簿を社外に持ち出してコピーをとり,2時間後に返却した)。
51) 札幌地判平成5・6・28判タ838号268頁。
52) 山口・問題探究各論119頁。林陽一「財産的情報の刑法的保護」刑法雑誌30巻1号(1989年) 25頁(同14頁では,利益窃盗との限界が曖昧になる点も指摘する),今井ほか・各論156頁〔小林憲太郎〕。

権利者排除意思をめぐっては，返還する意思がない場合に奪取罪を成立させる機能が指摘されることがある。Ⅳ 1 で触れた大審院判例54)は，自転車の無断使用の事案で，「被告が当初より無断使用の末之を破壊し且乗捨る意思」であったなら，「終局的に被害者の所持を奪ひ事実上自己の完全なる支配に移し之を使用処分して自ら所有者の実を挙くる意思」，即ち「不正領得の意思」があると解しうると判示する。強盗傷人の犯行後の追跡を免れるため，海を渡ろうと対岸に乗り捨てる意思で肥料船を無断使用した事案に関する最高裁判例55)もほぼ同様の判示により窃盗罪の成立を肯定している。

しかし，「終局的に被害者の所持を奪」うという事態56)は物の毀棄・隠匿でも生じるのであり，「自己の完全なる支配に移」すことが逃走手段等としての使用をいうのであれば，むしろ利用意思が問われているといえよう。加えていえば，切迫した状況下で海を渡るのに利用したという最高裁のケースではともかく，大審院のケースにおいて，仮に自転車の使用が短時間だった場合，可罰的な程度の効用を享受する意思はないとして毀棄罪の適用にとどめてよいと思われる。（可罰的な程度の）利用意思の問題とするこのような把握は，権利者を排除しても利用・処分はしない意思のもとで領得意思を否定した，Ⅰの大正4年判決とも整合すると解されるのである。

権利者排除意思の欠如による奪取罪の不成立が，被害者における物の利用可能性に対する侵害の軽微性に基づくとの理解のもとでは，同意思は可罰的違法性に関わるものとして主観的違法要素とされる57)。これに対して，奪

---

53) 林(幹)・各論 194 頁は「物に化体された価値を実質的に侵害する意思」とするが，行為者側において，「価値を取得する意思」と解する方が適切に思われる。
54) 前掲注 34)大判大正 9・2・4。
55) 前掲注 1)最判昭和 26・7・13。窃盗罪の肯定例として東京高判昭和 27・12・4 判特 37 号 115 頁，福岡高判昭和 28・5・27 判特 26 号 20 頁，東京高判昭和 30・4・26 裁特 2 巻 9 号 369 頁（約 1000m 乗った後に自転車を乗り捨てた），高知簡判昭和 34・12・23 下刑集 1 巻 12 号 2678 頁。強盗罪の肯定例として東京地判昭和 62・10・22 判時 1293 号 177 頁（タクシー運転手を脅迫して，車外に去らせた後，「タクシー車両に乗り込み，自らこれを運転して現場から逃走し，その後同車内の金員を奪った上，人の居ない所でこれを乗り捨てようとの意思」が認められ，「タクシー車両に対しても不法領得の意思」が存したとする），山形地判平成 20・3・26 裁判所 HP。
56) そのような事態は，学説でも，「利用可能性の持続的な侵害とともに，返還請求権・利益をも侵害するもの」（山口・問題探究各論 118 頁）だとして重視される。

取罪で問われるのはあくまで利用・処分意思であり，奪取罪の成立が否定されるとすれば，それは享受・取得される効用・価値の軽微性に拠ると考える立場では，被害者における物の利用可能性に対する侵害の軽微性は（毀棄・）隠匿罪の可罰的違法性に関わる主観的要素[58]と性格づけられよう。

V　まとめ

　奪取罪において不法領得の意思を必要としつつ，その内容を利用・処分意思，精確には，奪取した物から直接かつ実質的に，その効用又は価値を取得する意思と捉えてはどうかというのがここでの主張である（Ⅲ 1, 2）。権利者排除意思のもとで捉えられてきた，物の返還による被害者側の利用可能性に対する侵害の軽微性は毀棄罪において考慮される（Ⅳ）。奪取罪では，被害者の利用可能性に対する侵害をめぐる主観面は，物の所持の移転に向けられた認識たる故意で十分だと述べてもよい。現象的には，物の奪取が（可罰的程度の）利用・処分意思に担われていれば奪取罪が，そうでなければ通常は毀棄（・隠匿）罪が成立するものの，権利者排除意思が欠ける場合，毀棄（・隠匿）罪もまた成立しないと解されるのである。

---

57)　平野・前掲注6)5頁，大谷・各論201頁，中森・各論102頁，西田・各論160頁，山口・問題探究各論118頁，佐伯・前掲注6)83頁。なお，使用窃盗の不可罰を導く犯罪類型個別化機能をもつにすぎないとするのは山中・各論254頁。

58)　参照，大阪高判平成13・3・14高刑集54巻1号1頁。器物損壊罪に関して，物の「利用を妨げる行為にも当然程度というものがあり，その程度によっては効用を失ったと同等には評価することができず，『損壊』には当たらない場合がある」とし，評価に際しての考慮事情の一つに「長時間にわたる未返還」を挙げる。

第11章

不法原因給付と詐欺罪・横領罪

I　はじめに

　本章では,「不法原因給付と詐欺罪・横領罪」を取りあげる。ある人の財産を構成する物や利益を他の者が取得しても,売買契約に基づいて引渡を受けたというように,法的な根拠がある場合,それが財産犯に当たることはない。ただし,適法な債権の行使であっても,欺罔や暴行・脅迫といった手段を用いて履行を受ける行為には,暴行罪や脅迫罪にとどまらず,詐欺罪や恐喝罪といった財産犯が成立しないかをめぐって議論がある。逆に,法的な根拠が欠ける場合,他の要件を充たせば財産犯が成立する。もっとも,民法は708条本文において「不法な原因のために給付をした者は,その給付したものの返還を請求することができない」と規定しており,この規定により返還請求が拒まれる場合,法的な根拠なく財物等を取得したり,取得した財物等を処分したりしても,財産犯は不成立と考える余地が生じる。そのような処理の妥当性を扱う。

　「不法原因給付と詐欺罪・横領罪」は,民法に対する刑法の独立性・従属性という理論的問題の個別論点として議論が積み重ねられてきた[1]。以下では,判例・学説のこれまでの経緯を示しながら,従属か独立かというよりも,財産関係の法的評価において民法を尊重すべきことは当然として,どの範囲・限度で尊重するのか——民法708条は果たして尊重すべき規定なのか——という問題意識のもとに検討を進める。

---

[1]　参照,木村亀二『刑法総論』(有斐閣,1959年) 72頁。不法原因給付物に対する横領罪を肯定することは刑法を私法的概念から解放してその独立性を確立するものと評価する。

Ⅱ 詐欺罪の成否

1 先行して給付を受ける類型

「不法原因給付と詐欺罪」として問題となる類型の一つは，人を欺いて「不法な原因」に当たるような事実を誤信させ，成立した違法な債権の先履行として財物の交付を受けたり，財産上の利益を得たりするものである。

この類型では，判例は一貫して詐欺罪の成立を認めてきている。戦前では，紙幣を偽造するための資金又はその報酬などとして財物を騙し取った事案で，「縦令其財物の交付か不法の原因に由りたるものにして被害者に於て民法上其返還を請求する能はさる場合」であっても，詐欺罪は成立する。「何となれは苟も詐欺の手段に因り他人を錯誤に陥れ財物を交付せしめたる以上は其行為は不法に他人の財産権を侵害したるもの」であり，「其用ゐたる手段か不法を原因とする行為にして被害者に於て民法上の救済を得る能はさるか為めに」，詐欺罪の違法性が阻却される理由はないからだと判示したもの[2]など[3]がある。

戦後に至ると，性的行為を内容とする業務に従事すると偽って金を借りるいわゆる前借金詐欺の事案で，「前借契約の民事的効力の如何を問わず，被告人の本件所為は刑事上詐欺罪を構成する」とした原判決を正当としたも

---

[2] 大判明治43・5・23刑録16輯906頁。同旨のものとして大判明治42・6・21刑録15輯812頁，大判明治42・11・1刑録15輯1490頁。紙幣偽造のための資金と偽り現金を騙し取った行為に詐欺罪の成立を肯定しつつ，付帯私訴による資金相当分の損害賠償請求，あるいは，押収された現金の還付を民法708条により認容しなかったものに大連判明治36・12・22刑録9輯1843頁，大判昭和12・2・27刑集16巻241頁がある。

[3] 詐欺賭博により，相手方を振出人とする小切手1通を交付させ，併せて，以前の賭博で負けて交付した自己を振出人とする小切手1通を返還させた事案で，「小切手は刑法第246条第1項に所謂財物なること勿論」と述べて詐欺罪の成立を肯定したものとして大判昭和10・11・28刑集14巻1246頁がある。小切手の性質に鑑み，補足的に，相手方の振り出した小切手は善意の第三者に譲渡すれば満足が得られること，自己の振り出した小切手は不法原因給付のために返還請求できないことを挙げている。しかし，後者については，前者と同様に，相手方がその小切手を善意の第三者に譲渡すれば満足が得られることを指摘すれば十分だったように思われる。

の⁴⁾のほか，統制価格に反する闇値で錦糸を買い受ける際に，古雑誌を現金に見せかけて支払を行った事案で，「相手方の財物に対する支配権を侵害した」こと⁵⁾と併せて，詐欺罪の処罰根拠は「単に被害者の財産権の保護のみにあるのではなく，かかる違法な手段による行為は社会の秩序をみだす危険がある」点に求められるとし，「経済統制法規によって処罰される行為であるとしても相手方を欺罔する方法即ち社会秩序をみだすような手段を以て……財産権を侵害した以上」，詐欺罪の適用を免れないとの理由をも掲げるもの⁶⁾が登場する。もっとも，その後，社会秩序の危殆化という根拠づけが持ち出されることはあまりなく，民法上の返還請求権の有無は詐欺罪の成否に影響しないとの従前の説明が主に用いられている。詐欺賭博により負担させた141万円の債務のうち2万円が支払われた事案で，残りの139万円についても詐欺利得罪の成立を肯定した最高裁決定⁷⁾や，殺人を請け負うと騙して2200万円を騙し取った事案で，「殺人の請負は，不法原因給付のなかでも，違法性の最も高度なものである」といった弁護側からの主張を「詐欺罪の成立を否定すべき理由とはなしえない」として排斥した近時の地裁判決⁸⁾がそれである。

学説においても，この類型に関しては詐欺罪を認めるのが圧倒的な通説⁹⁾であり，判例と同様，被害者の財物に対する適法な支配が侵害されている点に根拠を求めるのが一般的である。例えば，詐欺罪の「場合には騙取の既遂

---

4) 最決昭和33・9・1刑集12巻13号2833頁。さらに名古屋高判昭和30・4・18裁特2巻10号416頁，名古屋高金沢支判昭和31・12・25裁特3巻13号1245頁。
5) 経済統制法規違反の取引に関しては，闇米を売ると欺いて代金を騙取したケースに関して，詐欺罪に当たるとの結論を簡単に判示したものに最判昭和25・12・5刑集4巻12号2475頁，仙台高秋田支判昭和31・3・13裁特3巻6号259頁（傍論）がある。
6) 最判昭和25・7・4刑集4巻7号1168頁。前借金騙取のケースで詐欺罪を肯定する際に，詐欺が社会秩序を乱す危険のある手段であることを根拠とするものに福岡高宮崎支判昭和29・2・26判特26号118頁，東京高判昭和31・2・20裁特3巻4号129頁，福岡高判昭和31・11・9高刑集9巻9号1072頁がある。このような根拠づけに疑問を留保するものとして中野次雄「不法原因給付と詐欺罪の成否」ひろば11巻6号（1958年）53頁。
7) 最決昭和43・10・24刑集22巻10号946頁。決定が正当とする控訴審判決は，法律行為の私法上の有効性は詐欺罪の成立に影響しないと判示する。さらに，贈賄すると偽って小切手等を騙し取った事案につき東京高判昭和45・1・19東高刑時報21巻1号1頁。被害者の財産権に侵害があるからとする。
8) 神戸地判平成14・1・8裁判所HP。

と為るに至る迄は給付者に所有権の存すること明かにして欺罔手段を以て其所有権を侵害するもの」といえる[10],あるいは,財物が「交付される前の段階では,問題の不法な契約をした後にも被害者は民法上交付を拒めるわけだから,その限りで民法によって保護された適法な利益が被害者にはある」[11]といった説明[12]が挙げられる。もっとも,これには,詐欺罪は財を移動させる動機に着目する犯罪類型であり,財物を適法に支配していても返還を請求できないような理由に基づいて手放せば,同罪の保護を受けられないのではないかとの疑問が生じよう。実際,少数説は,「法の禁止する目的を実現する意図のもとに行われた」財産の処分のもとでは,「法の保護を受くべき財産」が存在しない[13]として詐欺罪の不成立を主張していたのである。

民法708条を考慮した否定説に関しては,詐欺罪では,給付したものの返還請求を認める同条ただし書が適用されるとの主張も見られる。詐欺の「行為者が不法の原因を作り出した」といえるとすれば,「不法の原因が受益者についてのみ存すると解することにほかならないともいいうる」[14]とする。

---

9) 詐欺罪の要件を形式的に充たすとの理由によると見られるのは小野・各論256頁,団藤・各論559頁,団藤編・注釈(6)241頁〔福田平〕,大塚・各論253頁,川端・各論295頁,前田・各論236頁(所持説から説明を行う)。なお,前借金詐欺のケースについて,詐欺罪の構成要件に該当するけれども可罰的違法性を欠くとするのは井上正治=羽田野忠文「不法原因給付と詐欺・横領」同『判例にあらわれた財産犯の理論』(酒井書店,1964年)172頁。行為者を「接客婦として拘束することに刑法が協力することは……耐えられない」という「法感情」(同174頁注(8))を理由とする。同様の見解として村井敏邦「不法原因給付と詐欺・横領」西原ほか編・刑法研究(6)312頁。
10) 泉二・各論891頁。
11) 林幹人『財産犯の保護法益』(東京大学出版会,1984年)166頁。
12) 同旨の見解として宮本・大綱371頁,江家・各論311頁,宮内裕「不法原因給付と横領罪・詐欺罪」日本刑法学会編『刑法講座(6)』(有斐閣,1964年)139頁,平野・概説220頁,曽根・各論156頁,中森・各論118頁,平川・各論338頁,髙橋・各論336頁,山口・各論273頁,葛原力三「判批」刑法判例百選Ⅱ〔第6版〕(2008年)91頁。異なる説明をするのは八木國之「不法原因給付と財産罪」同『新派刑法学の現代的展開〔増補版〕』(酒井書店,1991年)349頁(「行為者は,違法手段によって,事実的な社会的財産秩序を侵害したものとして,詐欺罪が成立する」),藤木・講義各論317頁(「占有者の意に反して不法な手段で財物の占有を侵害する行為の危険性に照らし,民事上の効果とは別個の観点から,刑事上の責任を認めるべき」だとする)。
13) 瀧川幸辰『刑法各論』(世界思想社,1951年)157頁。詐欺罪不成立の結論が,瀧川のように,財産上の損害の発生を同罪の成立要件とする立場(同152頁)と論理的に結びつくわけではないと思われる。本文で示した瀧川の所説にある「財産」を「財物」に置き換えても説明が可能であることからも,それは示されよう。

しかし，ただし書の適用は個々の事案ごとに判断され，詐欺の行為者が常に受益者とする処理は民事法の領域では行われていない[15]。刑法としてそのように解釈すべきというのであれば，民法708条本文の適用を刑法において排除する理由を実質的に示す必要があると解される。

不法原因給付のために返還を請求できないとの事情が詐欺罪では考慮されないのはなぜか。古い学説であるが，次の説明が参考になると思われる。即ち，民法708条は「其の財物の給付を適法なりとして之を保護するに非す。只，其の給付の原因か不法なりとの事実に基き，給付者を保護することなきのみ。故に，仮令被害者は不法の原因の為給付を為したるときと雖，犯人か欺罔の手段を以て之を騙取したるものなるときは詐欺罪の成立あるへし」[16]と説く。不法原因に基づく給付はあくまで違法である。民法708条は，これを適法に変えるものではなく，給付者からの返還請求に裁判所が手を貸さないことを規定するにとどまる。換言すれば，給付者が受けられないのは「法の保護」ではなく，「執行上の保護」にとどまる。所説はこのように捉えることができると思われる。

2　後行の給付を免れる類型

詐欺罪の成否が問題とされるもう一つの類型は，「不法な原因」に基づく給付を受けた後に，欺罔の手段を用いて自己の負担する違法な債務の履行——物や利益の提供——を免れるものである。詐欺罪の成否につき判例・学説は分かれている。

---

14)　西田・各論213頁。さらに大谷・各論284頁，山中・各論336頁。なお，西田・各論212頁は，民法708条本文により返還請求権が否定されると詐取された財物について被害者の追求権が認められず，後に情を知りつつ買い受けた者等に盗品等関与罪が成立しないのは問題だとも述べている。しかし，それだけではただし書適用の根拠として十分とはいえないであろう。

15)　例えば，裏口入学を斡旋すると欺いて金員を騙し取ったケースで「被害者」からの返還請求を認めなかった民事裁判例として東京地判昭和56・9・25判時1034号108頁，東京地判昭和62・8・28判時1277号135頁がある。さらに，脱税工作の名目のもとに5億円余りを騙し取った事案につき名古屋地判平成7・7・13判タ907号200頁。なお，ただし書を含む民法708条による判断に従った詐欺罪の成否を主張するものとして恒光徹「不法原因給付の法理と詐欺罪・横領罪の成否」岡山大学法学会雑誌41巻3号（1992年）50頁。

16)　牧野・日本刑法(下)396頁。

詐欺罪を肯定する裁判例には，売春の代金支払を欺罔により免れた事案で，1で紹介した，闇取引の仮構に詐欺罪の成立を認めた最高裁判決とほぼ等しい表現を用いて，詐欺行為の「社会秩序を乱す危険」を指摘するもの[17]がある。また，否定する判決は，売春行為は「善良の風俗に反する行為であって，その契約は無効のものであるからこれによって……債務を負担することはな」く，相手方を「欺罔してその支払を免れても財産上不法の利益を得たとはいい得ない」[18]，あるいは，売春の「対価請求権は，明らかに……犯罪行為それ自体によるもので，法律上何らの保護も与えられて」おらず，「その限りにおいては，刑法第246条第2項の詐欺罪の成立する余地はない」[19]と述べている。学説では，肯定説は，「刑法上の詐欺罪の成否は民事上の効果とは独立に判断されるべき」[20]などと主張するものの，根拠は必ずしも明確とは言い難いのに対して，否定説は，一般に上記の判決と同様に，「欺罔手段を用いて売春の代金の支払を免れた場合には，その役務および債権自体に不法性があるから」[21]，あるいは「騙取された利益が法律上の保護を受け得ないものであるときは，財産に対する侵害がないから」[22]などと説明されている。

違法な債務の履行を求めることはできず，その不履行が社会秩序を乱すともいえないとすれば否定説が妥当なようにも感じられる。しかし，例えば，性的行為に応じると騙して金銭の交付を受けた場合，1の先行して給付を受ける類型に当たり詐欺罪が成立し，性的行為に応じるつもりで金銭の交付を受けたけれども，気が変わって欺罔により役務の提供を免れた場合，詐欺罪

---

17) 名古屋高判昭和30・12・13裁特2巻24号1276頁。結論的に恐喝罪を肯定したものに名古屋高判昭和25・7・17判特11号88頁がある。争点とされたのは，性的サービスの提供が財産上の利益に当たるかであった。
18) 札幌高判昭和27・11・20高刑集5巻11号2018頁。
19) 福岡高判昭和29・3・9判特26号70頁。
20) 前田・各論337頁。さらに肯定説として団藤・各論618頁注(18)，団藤編・注釈(6)242頁〔福田〕，大谷・各論284頁，川端・各論296頁。詐欺罪の余地を認めつつ，個別事情を考慮した解決を主張するのは内田・各論234頁，306頁。
21) 平野・概説220頁。
22) 江家・各論311頁。さらに宮内・前掲注12)139頁，大塚・各論253頁注(19)，曽根・各論156頁，中森・各論95頁，平川・各論339頁，西田・各論213頁，林・前掲注11)176頁，高橋・各論336頁。

は不成立という帰結の相違に説得力があるかは疑わしい。理論的にいえば，行為者は，自己の負担する違法な債務の履行は求められないとしても，先行して満足を得た自己の違法な債権について不当利得の返還請求に応える義務を負う[23]。相手方の返還請求権を民法708条をもって否定して詐欺罪を認めないのは，1の先行して給付を受ける類型において民法708条を考慮しない通説と一貫しないとの批判が向けられよう。かくして，1におけると同様の理由づけ，即ち，自己の債権に対する先行給付はあくまで違法であり，民法708条によって適法に変わるわけではなく，先行給付を行った者は「執行上の保護」を受けられないにすぎないとして詐欺罪を肯定することは可能と思われる。

III　横領罪の成否

1　民法708条に配慮しない立場

「不法な原因」に基づいて委託され，返還を請求できない物を領得する行為に横領罪が成立するかについて，判例は，窃盗犯から委託された盗品等を勝手に処分するケースでは異なる趣旨のもの[24]が見られるけれども，委託

[23)]　したがって，賭博に負けて生じた支払債務のように一方的に負担する違法な債務であれば，欺罔の手段で免脱しても詐欺罪は不成立と解される。参照，東京地判昭和37・7・17判タ136号59頁。ただし，詐欺罪を否定した直接の理由は詐欺の意図が欠けていた点に求める。

[24)]　横領罪の否定例として大判大正8・11・19刑録25輯1133頁。盗品の売却を委託され，その代金を着服した事案で，委託者は「該代金の上に所有権を獲得す可き謂なきか故に被告の判示行為は……横領罪を構成」しないとする。さらに大判大正11・7・12刑集1巻393頁は，盗品である自転車を預かった者がこれを領得した事案で，委託者がもともと所有者でなく，その物に対する権利を何等有しないという大正8年判決と同様の指摘をするほか，自転車の所有者との関係では既に贓物寄蔵罪（現在の盗品等保管罪）が成立しており，「更に横領罪の成立を認むへきものに非す」と判示する。

しかし，大判大正4・10・8刑録21輯1578頁は，やはり盗品の売却代金を着服した事案で，「横領罪の目的物は単に犯人の占有する他人の所有物なるを以て足」る，大判昭和13・9・1刑集17巻648頁は，運搬中に盗品であることを知り，これを売却した事案で，「物の給付者が民法上其の返還を請求し得るや否は横領罪の成否に消長を及ほさ」ない，と述べており，戦後の最判昭和36・10・10刑集15巻9号1580頁は，盗品の売却代金を着服した事案で，これらの判決を引用しつつ，横領罪の成立を肯定している。

者が物の所有者である通常の場合，古くから横領罪を肯定している。即ち，贈賄の嘱託のもとに預かった金員を自己のために費消した事案で，「被告か不法の原因の為めに物の給付を受けたる場合に於て其物の給付者か民法に依りて物の返還を請求し能はさるときと雖も之か為めに給付者か其物の所有権を喪失し被告か之を取得すへきものに非さるを以て被告か占有せる物は依然他人の所有物として存続し」ている[25]し，刑法252条1項が「物の給付者において民法上その返還を請求し得べきものであることを要件としていない」[26]以上，横領罪が成立すると述べ，また，外国為替管理法に違反して密輸出する金地金を購入するために預かった資金を着服した事案で，「結局受領者は事実に於て其の財物を自由に処分するを得へく横領罪成立の基礎を缺く」から，横領罪を承認する「御院の右判例は……当然変更せらるへき」との上告を，「給付者……に於て其のものに対する所有権を喪失することなければ」横領罪に当たり，「本院判例……を変更するの理由ありと認むるを得」ず[27]として排斥している[28]。

学説でも，判例と同様の根拠づけによる横領罪の肯定説が伝統的に唱えられてきた。即ち，委託物の返還を請求できなくても，「委託者……は其物に対する所有権を失ひ同時に託せられたる……者は之に依りて其物の所有権を得たるものと解する」ことはできないから[29]，あるいは，所有権の所在に言及することなく，端的に「委託関係が民法上保護されないことは必ずしも

---

25) 大判明治43・9・22刑録16輯1531頁。同旨のものとして大判明治43・7・5刑録16輯1361頁，大判大正2・12・9刑録19輯1393頁。
26) 最判昭和23・6・5刑集2巻7号641頁。
27) 大判昭和11・11・12刑集15巻1431頁。
28) 戦後の下級審判例として札幌高判昭和24・10・8高刑集2巻2号167頁（闇米を売却した代金を着服した事案），福岡高判昭和25・8・23高刑集3巻3号382頁（闇米を購入するために預かった資金を着服した事案），東京高判昭和29・6・29判特40号166頁（大蔵大臣〔現在の財務大臣〕の許可を得ないで賃借した変圧器を売却処分した事案）。なお，経済統制法規に違反する行為が不法原因給付に当たるかどうかはそれ自体として争点であるが，後2者の判決は「当たるとしても」という仮定的判断を行っている。物の委託関係が民法90条ないし708条に当たらないことを理由に横領罪を肯定したものに東京高判昭和26・4・28判特21号89頁（白砂糖を闇値で買い付ける資金を着服した事案），福岡高判昭和26・10・23判特19号29頁（貴金属管理法に違反する金地金取引を依頼され，売却代金を着服した事案）がある。
29) 大場・各論上660頁。給付者の所有権を重視する説明として川端・各論299頁。

刑法に於て横領罪の成立を妨げるものではない」から[30]と主張されたのである。これに対して，有力な論者はそれらの根拠づけを批判して否定説を展開した。

2 民法708条に配慮する立場

委託者に所有権があるとする点への反論としては以下の叙述が挙げられよう。「所説の如く民法第708条の給付者にして所有権を失ふものに非すとせは受託者か委託の趣旨に反して其目的物を処分するは横領罪と為る可きこと疑の存せさる所なりと雖も既に法律上の請求権を失ひたる給付者か依然として所有権を有すとの解釈果して民法の趣旨なりと為すを得るか予輩の疑を懐く所以実に此点に存す若し民法の解釈にして給付者の所有権喪失を認むるを正当なりとせは其の目的物は既に自己の占有する他人の物に非さるか故に本問題は之を否定す可きこと勿論なり」[31]，と。しかし，不法原因に基づき給付された物の所有権につき受給者への帰属を認める民事判例が後に出されるとはいえ，少なくともそれ以前の時期においては，主張に弱さがあったことは否めない。否定説の多数は，所有権の所在を持ち出すのではなく，給付された物について「占有者はその所有者に対し何等の義務をも負担することなきを以て，結局自由に処分し得る」[32]，あるいは，「占有者に於て全然返還義務のないものであるから，これを領得することは本来違法でない」[33]，さらに，委託者の所有権は「保護を失った所有権」であり，それは「もはや所有権ではない」[34]といった論拠を掲げていた。

否定説の追い風となったのは，先に触れた民事判例，即ち，不貞関係を維持するために女性に対して新築建物を贈与したケースを不法原因給付に当たるとしたうえで，「本件建物の所有権は上告人〔＝女性〕に帰属するにい

---

30) 小野・各論267頁。木村・各論155頁，藤木・講義各論340頁（委託物が他人の物である点も言及する），内田・各論234頁，363頁（横領罪の余地を認めつつ，個別事情を考慮した解決を主張する），前田・各論377頁。
31) 泉二・各論890頁。
32) 牧野・日本刑法(下)436頁。さらに宮内・前掲注12)133頁。
33) 宮本・大綱382頁。
34) 瀧川・前掲注13)138頁。さらに植松・概論Ⅱ443頁。

たったものと解するのが相当」だとした最高裁昭和45年判決[35]の登場であった。この判例を明示的に「刑法学上も支持されるべき」と評価し、「不法原因給付物の所有権は、給付と同時に受給者に移り、その後の受給者の行為には横領罪は成立しえない」とする説明[36]も見られるようになる。現在では、横領罪を否定する立場[37]が通説化していると解される。

ところで、民法708条による規制に配慮しながらも、なお横領罪の否定に結びつけない構成も提起されている。即ち、賄賂として提供するように委託された財物を着服したケースを念頭に、「それが公務員に渡されない以前には、なほ未だ不法原因の為めに給付したものとはいへない」から[38]、あるいは、そこでの「不法原因給付の内容は、所有権ではなく、たんなる占有にすぎなかったのであり」、所有権はなお給付者の側に存在するから[39]、横領罪ないしは占有離脱物横領罪[40]が成立するとされた。また、近時においても、物の所有権を「終局的に移転したのではなく」、「賄賂として渡してもらうという趣旨で委託したにすぎない場合」は、民法708条にいう不法な原因のための「給付」に当たらないと解したうえで、「刑事で問題とされているような場合は、全て実は不法原因給付ではない」のであって、横領罪で「処

---

35) 最大判昭和45・10・21民集24巻11号1560頁。
36) 大塚・各論290頁。
37) 佐伯千仭『刑法各論〔訂正版〕』（有信堂高文社、1981年）165頁、団藤・各論637頁（「民法上返還義務のない者に、刑罰の制裁をもって返還……を強制するのは、法秩序全体の統一を破るもの」だとする）、平野・概説224頁、福田・各論275頁、中森・各論130頁。昭和45年判決を援用するのは高橋・各論372頁、山口・各論303頁、佐伯仁志「判批」刑法判例百選Ⅱ〔第6版〕（2008年）123頁。
38) 島田武夫『刑法概論各論』（有斐閣、1934年）260頁。さらに草野豹一郎「不法原因による給付受領者の領得行為と横領罪」同『刑事判例研究(4)』（巌松堂書店、1939年）232頁。横領罪の成否が問われるのは、贈賄のために委託された賄賂金のように「其の物の所有権が相手方に未だ移転して居ないと考へらるる場合」とする。
39) 井上＝羽田野・前掲注9)187頁。さらに、瀧川幸辰「不法原因に基く給付と横領罪」同『刑事法判決批評(2)』（立命館出版部、1937年）301頁（前掲注27）大判昭和11・11・12につき、資金の受領者が「金銭の単なる占有者に過ぎない」場合、その処分は横領罪になるとする）、八木・前掲注12)332頁。
40) 江家・各論324頁（民法708条の適用はないとしても、いずれにせよ、「委託は法の保護を受ける価値を有しない」から、信任関係の違背がなく、委託物横領罪は成立しないとする）、野村稔「判批」刑法判例百選Ⅱ〔第4版〕（1997年）107頁（「給付」には当たらないとしても、「不法な原因」に基づく委託ではあるから法的保護に値しないと説く）、恒光・前掲注15)66頁。

罰することは可能」と主張され[41]，一定の支持[42]を得ている。

　もっとも，民法708条にいう「給付」に「委託」が入らないとする有力説の解釈は少なくとも民事判例の立場とは言い難い[43]。加えて，そのような解釈が刑法から見て根拠があるかについても否定的に解される。有力説の論者からは，「不法の目的のために委託したにすぎないような場合は，その取戻しの請求を拒むと，受託者の方が事実上一方的に利益を受ける結果になってしまうことが多い」との指摘[44]も見られる。しかし，給付の相手方が一方的に受益したかどうかは，相手方が自らも給付者に対して何かを負担したかどうかに係るのであって，例えば，賄賂を公務員に直接供与するか，供与するように仲介者に預けるかの相違が公務員・仲介者の受益の程度に影響するとは思われない。そもそも，刑法の横領罪が前提とする「物の委託」という関係に，規制の趣旨を異にする民法708条の「給付」の理解において重要な意味を持たせようとする解釈には無理があるといえよう。

3　検　討

　「給付」から「委託」を除外できないとすれば，不法原因給付として返還請求が否認されるケースでは横領罪の成立を否定する，近時通説化しつつある立場が支持されることになるか。結論からいえば，支持できないと思われる。

　否定説の有力な論拠となっている最高裁昭和45年判決については，同判決が，「本件建物の所有権は，右贈与によっては上告人〔＝女性〕に移転しない」とし，「贈与者〔＝男性〕において給付した物の返還を請求できなくなったときは，その反射的効果として，目的物の所有権は贈与者の手を離れて受贈者〔＝女性〕に帰属するにいたったものと解するのが，最も事柄の実

---

41)　林・前掲注11)170頁。既に森下忠「判批」平野龍一編『刑法の判例〔第2版〕』（有斐閣，1973年）270頁において同旨の見解が唱えられている。
42)　大谷・各論307頁，平川・各論339頁，西田・各論242頁，伊東・講義各論218頁，平澤修「不法原因給付と詐欺・横領罪」阿部ほか編・基本講座(5)247頁。なお，曽根・各論173頁は，「給付」と「寄託」の二分説を支持しつつ，公務員に渡す賄賂を仲介者に預けるケースは不法原因給付に当たるとして横領罪を否定するなど，同罪の成立範囲は「きわめて限られたもの」だとする。また，山中・各論382頁は，「寄託」にも民法708条の適用を認めながら，所有権は給付者に残り，委託信任関係も存在するとして横領罪を肯定する。

質に適合し，かつ，法律関係を明確ならしめる」と判示した点を確認する必要があろう。不法原因給付を内容とする契約でも，その意思表示だけでは所有権は移転せず，給付を行っても相手方が請求に応じて任意に返還すれば，所有権は給付者のもとにあり続け，請求を相手方に拒否されて返還を受けられなくなったとき（実際上は，給付者が返還請求を断念したときか，裁判で相手方の所有権が認定されたときであろう）に初めて相手方への所有権の帰属が認められる。判決をこのように理解するとすれば，横領罪に問われる事案では，通常，返還請求の不能が確定していることはないであろうから，所有権は委託者にあり同罪は成立しうることになるのである[45]。

また，民法708条により物の返還義務がないとされるのであれば，委託者が有するのは「保護を失った所有権」にすぎないという点についても，そのような主張は，詐欺罪に関して紹介したように，不法な内容の給付を行うと欺かれて財物を交付した者には「法の保護を受くべき財産」がないとする少数説の理解を顧みることなく詐欺罪の成立を肯定する（圧倒的な）通説の立場と一貫しないと思われる。これには，横領罪では，「既に法が本来認めない不法状態に至っており，かつその復帰に関してももはや法は救済しないと

---

43) 特定物の寄託・貸付の場合に民法708条の適用があるかどうかについて最高裁判例はないようである。不特定物を含めて下級審裁判例では，家屋の使用貸借に関して東京地判昭和40・5・10下民集16巻5号818頁（公序良俗に反する性的関係を維持する目的で使用を許諾），金銭の委託・貸付に関して東京地判昭和34・8・11下民集10巻8号1664頁，東京地判昭和50・3・26判時792号59頁，東京地判昭和56・12・10判時1028号67頁，東京地判平成6・3・15判タ876号204頁（いずれも裏口入学の斡旋を依頼して工作資金を預託）や，最判昭和47・4・25判時669号60頁，大阪高判昭和50・1・23判時779号68頁，東京高判昭和59・3・26判タ527号103頁（いずれも賭博に関するもので賭金や賭博開帳資金を融資），東京高判昭和55・6・26判時973号93頁，東京高判平成11・6・16判時1692号68頁（いずれも公序良俗に反する性的関係を維持するための金銭貸付）が返還請求や損害賠償請求を認めていない。なお，有力説の民法学説における位置づけについては，批判的立場から恒光・前掲注15)59頁，佐伯仁志＝道垣内弘人『刑法と民法の対話』（有斐閣，2001年）46頁，田山聡美「不法原因給付と横領罪の成否(3)」早稲田大学大学院法研論集92号（1999年）107頁，反論として林幹人「不法原因給付における『給付』の意義——批判に答えて」上智法学論集45巻2号（2001年）63頁を参照。
44) 林・前掲注11)172頁注(8)。
45) なお，昭和45年判決の直後に出された東京高判昭和45・11・10刑月2巻11号1145頁は，預金等に係る不当契約の取締に関する法律に違反するいわゆる導入預金を獲得するために交付された金員を費消した事案で，それまでの刑事判例と同様の理由づけにより，仮に不法原因給付に当たるとしても横領罪が成立するとしている。

いう状態に達した後」に行為が行われるのであり,「行為の時点において未だ法は破られていない状態にある」詐欺罪とは異なる。「本来, 法は不法な原因に基づく給付を阻止したいのであるから, 不法抑止の意味からも, 詐欺罪の場合にのみ犯罪の成立を認めることは不均衡でない」との擁護論[46]も唱えられている。しかし, 横領罪を肯定すると, 前提となる不法原因給付を受けようとする者(潜在的な横領行為者)に対して, 詐欺罪を否定すると, 行為者が全くの取り得になる反面として, これに給付を行おうとする者(潜在的な詐欺被害者)に対して, それぞれ抑止効果を期待できるとも考えられる。不法抑止という観点が詐欺罪と横領罪の差異的取扱いに根拠を提供するとはいえないであろう。詐欺罪において肯定説を支えると見られる論理をここに応用するならば, 先行して行われた物の委託はあくまで違法であって, 民法708条によって適法に変わるわけではなく, 給付者は, 民事裁判を通して物を返してもらえないという「執行上の保護」を失うにすぎない, したがって, 受託者の側に横領罪が成立する, との帰結に至るのが筋ではないかと解されるのである。

　加えていえば, 民法708条を意識した通説的見解を貫徹させることが本当に可能なのかも疑わしい。例えば, 賄賂として絵画が贈られたケースで, 公務員の方から積極的に働きかけるなど, 民法708条ただし書に当たる事情があれば, 返還請求が認められる, 即ち, 贈賄者には所有権が存在することになろう。かくして, 現金を得ようと絵画を売却した公務員が横領罪に問われうる[47]とする見解も唱えられるものの, 一般には, 公務員に所有権が移転しているから横領罪の射程外で同罪は成立しないと考えられていると思われる。そこでは刑法的に修正を受けた「所有権」が観念されているともいえる

---

46) 田山聡美「不法原因給付と詐欺罪の成否」早稲田大学大学院法研論集106号(2003年)204頁。
47) 田山・前掲注43)120頁。民法708条ただし書により返還請求権が否定されない場合, 受給者には「給付された目的物を原所有者に誠実に返還すべき義務」があり, これは「横領罪における委託信任関係を肯定するに十分な関係」だと説く。論者は, 民法708条本文について,「不法」は「一定類型の強行法規違反も含む」,「給付」は, 貸借型の場合,「その物を占有し得る事実状態」ないし「事実上の利益が完全に移転したこと」として緩やかに捉え, 他方で, ただし書を柔軟に用いて返還義務の範囲を適切に画定したうえで, これを横領罪に当てはめる民法従属的解釈を展開している(同113頁)。

のである。そうだとすれば，不法な原因に基づいて委託された物であっても，本来は返還されるべきであり，給付者に——民法上はともかく，刑法上は——保護に値する「所有権」を認めて，その物を領得する行為に横領罪を成立させる解釈も十分に成り立ちうると解される。

IV　まとめ

「不法原因給付と詐欺罪・横領罪」をめぐる理論状況について大まかにまとめるなら，判例は，詐欺罪のうち，後行の給付を免れる類型では判断が分かれているものの（II 2），基本的に両罪ともにその成立を肯定する立場を採り（II 1，2，III 1），学説は，詐欺罪のうち，先行して給付を受ける類型では成立を肯定（II 1），後行の給付を免れる類型では否定説がやや優勢（II 2），横領罪では否定説が通説化（III 2）している，となろう。視点を変えると，判例は民法に対する刑法の独立性を，学説は，民法が保護しない利益を刑法も保護すべきではないという意味での従属性を，それぞれ重視していると一般的には評価されることになると考えられる。しかし，民法708条は，法的根拠なく給付したものの返還の実現に裁判所が例外的に手を貸さないことを規定するものだとの理解を拡げていくと，刑法の独立性か従属性かとは異なる問題解決の視野が開けてくるように思われるのである（II 1，2，III 3）。

第12章

公共危険犯としての放火罪

I　はじめに

　社会法益に対する罪の一つである放火罪を取りあげる。旧刑法は、「放火失火の罪」を「第2編　公益に関する重罪軽罪」ではなく「第3編　身体財産に対する重罪軽罪」のもと「第2章　財産に対する罪」の第7節に置いており、放火罪（・失火罪）を財産という個人法益に対する罪として構想していたと考えられる[1]。これに対して、現在の刑法は、放火の対象物件における「焼損」（平成7年改正による刑法の表記の平易化に際して、それまでの「焼_{ショウ}燬_キ」から改められた）の発生と併せて、幾つかの類型で「公共の危険」の発生を成立要件とし、また、「第2編罪　第9章　放火及び失火の罪」の後に、

---

1) 放火罪の個別の類型は、「火を放」つ行為と各対象物件における「焼燬」の結果を基本に作られており、例えば、最も重い402条は「火を放て人の住居したる家屋を焼燬したる者は死刑に処す」と規定していた。「焼燬」をめぐっては、「各目的物の性質に従ひ其用を失ふに至」ること（岡田朝太郎『刑法講義〔訂正再版〕』〔明治大学出版部、1905年〕刑法各論の部355頁）などとする効用喪失説（さらに勝本勘三郎『刑法析義各論之部(下)』〔有斐閣書房、1900年〕445頁。目的物の「存在を亡失せしめるの程度に至ら」しめることとする）が「旧刑法時代末期の通説」とされる（大塚仁「放火罪の既遂時期に関する『燃え上り説』の意義」平松義郎博士追悼論文集『法と刑罰の歴史的考察』〔名古屋大学出版会、1987年〕71頁）。これは放火罪を財産に対する罪の一つとする把握に沿う解釈といえる。もっとも、大審院判例は独立燃焼説を採っており（大判明治35・12・11刑録8輯97頁。「犯人の使用したる燃焼物の火力を借らす独立して家屋建造物焼燬の作用を継続し得るの状態に在るとき即ち……燃上りたる時を以て放火罪の既遂あり」とする。さらに大判明治37・2・12刑録10輯216頁、大判明治39・10・12刑録12輯1046頁）、また、毀棄罪に較べて放火罪の法定刑は重く、「火を放て自己の家屋を焼燬」する行為も可罰的である（旧刑407条）など、旧刑法下でも解釈や個別規定において公共危険の観点が考慮されていた。旧刑法時代の判例・学説・改正作業等については、星周一郎『放火罪の理論』（東京大学出版会、2004年）59頁、163頁、秋元洋祐「放火罪における『焼損』と『公共の危険』の意義について(1)」法と政治60巻1号（2009年）117頁等を参照。

出水及び水利に関する罪（第10章），往来を妨害する罪（第11章）という公共危険犯と総称される犯罪に関する章を置く。物の燃焼作用は，物自体を毀損するのみならず，より広い（ときに放火した者が予想もしなかった）対象・範囲に広がって深刻な被害をもたらすとの特性を有する。現行法は後者を重視し，放火罪（・失火罪）を公共の安全という社会法益を危殆化する罪に位置づけていると解される。

「第9章　放火及び失火の罪」には，108条の現住建造物等放火罪を筆頭に多くの犯罪類型が規定されている。以下では，それらを個別に検討するのではなく，放火罪の重要な成立要件と考えられる「焼損」，「現住性」，「建造物」について，公共危険犯としての性格を意識しつつ適正な解釈を明らかにすることを目指す。

II　公共の危険

「公共の危険」の意義について，従来の裁判例は，刑法「第108条及第109条〔第1項〕の物件に延焼する結果を発生すへき虞」のある状態[2]としてきた。公共危険の発生を要件としない108条・109条1項の罪では，それぞれが掲げる客体（現住建造物等，他人所有の非現住建造物等）の焼損により，公共の危険が通常は発生すると考えられていることになり，したがって，それらに延焼する危険により公共の危険も生じたと解しうること，公共危険の発生を要件とする109条2項・110条2項の罪の結果的加重犯として，108条・109条1項の規定する客体への延焼罪（刑111条）が置かれていることなどに根拠が求められる。

これに対して，近時の最高裁決定[3]は，公共の危険は，「108条及び109条1項に規定する建造物等に対する延焼の危険のみに限られるものではなく，不特定又は多数の人の生命，身体又は前記建造物等以外の財産に対する危険も含まれる」と判示する。学説では，公共危険の「範囲を無限定にする

---

2)　大判明治44・4・24刑録17輯655頁。もっとも，大判大正5・9・18刑録22輯1359頁は，116条2項に関するものであるが，「第108條及ひ109條の物に延焼せんとし其他一般不定の多数人をして生命身体及ひ財産に対して危害を感せしむる」状態を公共の危険としている。

ものであって妥当でない」とこれを批判し，従来の立場を維持すべきだとの見解も有力である。放火罪の処罰根拠が「建造物への延焼を介して火災が燃え広がることによって不特定または多数人の生命・身体・財産に被害を及ぼす」ことにあるからだ[4]とする。

しかし，放火罪が「他の物へ燃え移る危険」のみを捉えているとの前提には疑問があり，より広く「物の燃焼作用から生じる危険」を問うていると解される。物の燃焼は人の手でコントロール困難であるが故に公共危険犯を基礎づけるのである。公共危険の限定は，「財産」を「(108条，109条1項の客体を含む) 重要な」財産[5]とし，「危険」を物の焼損から「直接に」生じるものとする方が適切に思われる。（不特定又は多数の者の）生命，身体のみならず重要な財産が危殆化されないことにより，公共の安全は保障されているといえるからである[6]。また，直接的な危殆化の要求により，集まった野次馬が火傷を負い，あるいは，火災を感知した二酸化炭素消火設備の作動により人が窒息死しても，それは公共危険の現実化でないと解されることになる。したがって，公共の危険は，「不特定又は多数の人の生命，身体又は重要な財産に対して物の焼損から直接に生じる危険」と定義される[7]。

---

3) 最決平成15・4・14刑集57巻4号445頁。駐車場に止めてあった乗用車にガソリン約1.45lをかけて放火し，高さ約1m，幅約40〜50cmにわたって火炎を燃え上がらせた事案で，被害車両から3.8m離れて駐車中の第1車両，及び，さらにこの車両から0.9m離れて駐車中の第2車両に「延焼の危険が及んだ等」の事実を指摘し，公共危険の発生を肯定する。

4) 西田・各論306頁，309頁。伊東研祐「社会法益に対する罪(2)」法セ654号 (2009年) 119頁，山口・各論389頁，二本柳誠「放火罪」曽根＝松原編・重点課題各論193頁。なお，この立場でも，さらに108条・109条1項の客体に延焼する危険があれば，直接には110条の客体に延焼する危険であっても公共の危険は肯定される。

5) 団藤・各論187頁注(2)，大塚・各論358頁，今井ほか・各論307頁〔島田聡一郎〕，秋元・前掲注1)177頁（財産は「規模や性質からみて延焼によって危険領域を拡大する物」に限る）。「ごく軽微な財産」を除外するほか，「当該財産の性質や規模等の物理的な面と犯行時の天候等も踏まえた周辺の人の危惧感等の心理的な面を総合して判断する」とするのは大コメ(7)10頁〔村瀬均〕。109条に関して，公共の危険は人に対するものを含まないとしつつ，「燃焼の客体として意味ある重要な財産」に対する危険とする見解として小暮得雄＝内田文昭＝阿部純二＝板倉宏＝大谷實編『刑法講義各論』(有斐閣，1988年) 294頁〔岡本勝〕。

Ⅲ　焼　損

1　従来の議論

　放火罪の全ての類型（刑 108 条～ 110 条）において要件とされる「焼損」の意義をめぐっては，学説上古くから争いがある。即ち，火が媒介物を離れ，目的物が独立して燃焼を継続しうる状態に達したこととする独立燃焼説[8]とその重要部分を焼失して目的物の効用が失われたこととする効用喪失説[9]の対立を基本としながら，中間に位置するものとして，「俗に謂はゆる『燃え上った』こと，即ち物の重要な部分が燃焼を始めたこと」とする燃え上がり説[10]，目的物が燃焼により毀棄罪にいう程度に効用を喪失することとする毀棄説[11]が唱えられてきた[12]。他方，判例は，「焼燬とは犯人に依て点せられたる火か其媒介物たる燃料を離れ焼燬の目的物……に移り独立して

---

6) これに対して，財産に対する危険を除外するのは深町晋也「放火罪」山口編著・クローズアップ各論 276 頁，本庄武「放火罪における『公共の危険』の内実」一橋論叢 133 巻 1 号（2005 年）48 頁，財産に関しては 108 条・109 条 1 項の物件に延焼する危険に限るのは曽根・重要問題各論 293 頁。周りに人も延焼する物もない場所に他人所有の A・B 2 台の車があり，A に放火して B に延焼の危険が及んだ場合，行為者が初めから A・B 両車を焼損させる意図であれば器物毀棄罪しか成立せず，A のみの意図であれば 110 条 1 項の罪が成立するのは不均衡などと批判する。しかし，A と B は別個の客体であり，故意は各別に検討される。B との関係で公共危険の認識が否定されるとしても，A との関係で 110 条 1 項の罪を認める余地はあると解される。

7) 公共危険の判断は，従来，「理性」（前掲注 2）大判明治 44・4・24），「健全な国民的理性」（小野・各論 73 頁），「一般人の印象」（植松・概論Ⅱ 96 頁）に基づくとされてきた（近時では大谷・各論 377 頁が「一般人の感覚からすれば……〔延焼〕の危険を感ずる程度」，井田良「放火罪をめぐる最近の論点」阿部ほか編・基本講座(6) 185 頁が「一般人の心理として感ずるであろう危険」とする）。たしかに，厳密に物理的に判断するのは適当でないとしても，公共の危険は，少なくとも 109 条 2 項や 110 条の罪では「結果」として要求されており，判断時点における客観的状況を十分に考慮したうえで科学的常識を踏まえた者が，建造物への延焼等の危険が十分にありえたと考えることは必要と解される（山中・各論 485 頁〔「物理的・経験的な蓋然性を基準として，客観的に判断すべき」とする〕，前田・各論 451 頁，山口・各論 389 頁）。より厳格な態度を示すのは曽根・各論 217 頁（「法益に対する物理的・客観的危険」），小暮ほか編・前掲注 5) 293 頁〔岡本〕（「あらゆる専門的知識と認識能力を有する者が，行為時に存在した客観的状況を判断基底に据えて，判断時までに判明した因果要因と因果法則とに基づいて，実害発生の可能性の存否を判断する」）。

其燃燒力を継続する事実を指称する」[13]として一貫して独立燃焼説を採用している。理由は,「放火の所為か一定の目的物の上に行はれ其状態か導火材料を離れ独立して燃焼作用を営み得へき場合に於ては公共の静謐に対する危険は既に発生」したといえる[14]からだとする。

　放火罪を公共危険犯とする理解のもとでは,焼損も公共危険の発生を示すものでなければならず,加えて,人の手を離れて刻々と燃え広がるという火の性質に鑑みれば,焼損は,放火から公共の安全の侵害に至る過程の早い段階に設定されるべきことになろう。放火された当の客体がどの程度毀損されたかや,燃えたのが物の重要部分かどうかは公共の危険と直接には関わりなく,焼損を厳格に解して未遂にとどまる範囲を広げる積極的理由もない点で,効用喪失説,毀棄説及び燃え上がり説は支持しがたく,独立燃焼説が基本的に妥当と思われる。ただし,同説によると,公共危険の発生を要求しない108条・109条1項の罪において既遂の成立が相当に早期化することから,3で述べるように,燃焼の継続可能性の判断を慎重に行う必要がある。

8)　草野豹一郎「放火罪に於ける焼燬の意義」同『刑事判例研究(2)』(巌松堂書店,1936年)141頁(「火が犯人の支配力の外に出で燃焼を継続して大事に至るべきことを予想」させる事態を焼損とする),団藤・各論194頁,藤木・講義各論88頁,中森・各論164頁,西田・各論302頁,高橋・各論452頁,山口・各論385頁。
9)　泉二・各論142頁,宮本・大綱435頁,牧野・日本刑法(下)66頁,瀧川幸辰「放火罪の既遂」同『刑事法判決批評(1)』(立命館出版部,1937年)231頁,木村亀二「放火罪の既遂時期」法学志林37巻6号(1935年)89頁,植松・概説Ⅱ97頁,曽根・各論218頁,小暮ほか編・前掲注5)288頁〔岡本〕。
10)　小野・各論75頁。平野・概説248頁(重要部分かどうかは「建造物の効用という視点からではなく,公共の危険という視点から判断」されるとする),福田・各論67頁,井上正治=江藤孝『刑法学各則〔新訂〕』(法律文化社,1994年)223頁,松宮・各論335頁。なお,前田・各論445頁は,建造物の「重要部分が建造物全体に燃え移る危険のある程度に炎を上げて燃えたこと」を焼損とする。
11)　江家・各論92頁,中・各論203頁,大塚・各論373頁,大谷・各論380頁,川端・各論480頁,山中・各論476頁(一部損壊により公共危険の発生が「法的に推定」されているとする)。
12)　焼損を公共危険の発生に解消する少数説として内田・各論447頁,平川・各論109頁(焼損を「類型的に抽象的危険を生じる状態」とする)。
13)　大判明治43・3・4刑録16輯384頁。さらに最判昭和23・11・2刑集2巻12号1443頁。
14)　大判大正7・3・15刑録24輯219頁。

2 物の燃焼を含まない焼損？

　従来の諸見解はいずれも目的物の「燃焼する」状態に焼損の規準を求めていたところ，近時は，燃えない，ないしは，非常に燃えにくい建材が建造物等に使われるようになり，規準の不都合——焼損の認定が難しく，既遂犯がなかなか成立しない——が意識されている。学説では，「媒介物の火力によりコンクリート壁が崩落し，あるいは（人が窒息死する程のガスが出て），媒介物の火力によって建物が効用を失う程に至」ること[15]，「火力による客体の損壊により発生した有毒ガスや煙などの影響で，もし付近に人がいたとすればその生命・身体に危険が生じさせる可能性ある段階に到達した」こと[16]を焼損とする見解も有力である。しかし，判例は，難燃性建造物が放火されたケースでも，一部に存在する可燃部分の独立燃焼の有無を指摘し[17]，あるいは，建物が大きく損傷されていても，独立燃焼がなければ未遂罪の適用にとどめる[18]など，従来の立場を維持しており，学説[19]もなお同様と見られる。

　放火罪が焼損を要件とするのは，物自体の毀損を超えてより広い対象・範囲に危険が及ぶという燃焼作用の特性に着目したからだと解される。燃焼を

---

15) 河上和雄「放火罪に関する若干の問題について」捜査研究26巻3号（1977年）43頁。さらに団藤・各論195頁注(9)（耐火性建造物について独立燃焼説と効用喪失説を併用する），伊東・現代社会324頁。

16) 井田良「放火罪をめぐる最近の論点」阿部ほか編・基本講座(6)190頁。毀棄説に立ちつつ目的物の一部損壊から公共危険が生じた時点を焼損とするのは大塚・各論374頁，大谷・各論381頁，川端・各論481頁，火が媒介物から目的物に燃え移り，気化ガスを継続的に発し始めた時点とするのは諸沢英道「判批」判評315号（判時1145号）69頁。なお，焼損を「目的物の酸化等による一定程度継続した高温化」（星・前掲注1)300頁，さらに前田・各論445頁)，難燃性部分の酸化等による高温化から易燃性部分の継続的な独立燃焼に至ること，又はその逆（秋元・前掲注1)172頁)，「熱力によって，建造物の内的・外的危険が発生した事態」（林（幹)・各論333頁）とする見解も唱えられている。しかし，火に接して熱くなることがなぜ焼損といえるかは明らかでない。客体が変質するというのであれば，その損壊等に着目する本文の有力説の一種と位置づけられよう。

17) 結論的に焼損を肯定するのは札幌高判昭和47・12・19刑月4巻12号1947頁，東京高判昭和49・10・22東高刑時報25巻10号90頁，最決平成元・7・7判時1326号157頁。否定するのは東京高判昭和52・3・31高検速報（昭52）2228号，東京高判昭和52・5・4判時861号122頁。なお，浦和地判昭和50・1・29判時795号112頁は効用喪失説に立って既遂の可能性を認め，現住建造物等放火罪の未遂の成立を肯定する。

伴わない物の損壊は毀棄罪の対象であり，そこから公共の危険が生じれば放火罪と評価するとの論理には飛躍がある。難燃性建造物の問題は建造物等を「火力により損壊し，よって公共の危険を生じさせる」類型を追加するなど，立法的に解消するのが筋と思われる。

3　焼損の認定

独立燃焼説では，媒介物を離しても目的物が独自に燃焼し，それが継続しうる状態にあるとき，焼損が肯定される。燃焼の継続可能性は燃焼開始時における予測の問題であり，厳密には，その後に燃えた面積の広狭や自然鎮火の有無とは区別されるものの，実際上それらは，燃焼の継続が当時どれくらい見込まれたかを推認する重要な手がかりといえる。

判例は燃焼の継続可能性の程度をかなり低く設定しており[20]，12階建マンション内に設置されたエレベーターのかごに放火し，厚さ1.2cmの鋼板（かごの側壁）に貼り付けられた可燃性の化粧シート約0.3㎡を燃焼させたが，火は消えたとの事案で焼損を認定した最高裁決定[21]も見られる。これに対

---

18) 東京地判昭和59・6・22刑月16巻5＝6号467頁。ビルのゴミ処理場のゴミに放火し，コンクリート内壁表面のモルタルを約12.9㎡にわたって剝離・脱落させる，コンクリート天井表面に吹き付けてあった厚さ約1cmの石綿を約61.6㎡にわたって損傷・剝離させる，天井に取り付けてあった蛍光灯，白熱電灯等を溶融・損傷させるなどした事案で，独立燃焼の証拠がないとして検察側による108条の既遂の主張を斥けた。なお，燃焼しなくても物置の「庇としての使用に堪え得ない状態」になったとして109条1項の罪の既遂を肯定した判決に東京地判昭和38・5・13判タ148号81頁がある。

19) 中森喜彦「不燃焼構造建物に対する放火罪の成立」判タ789号（1992年）30頁，西田・各論304頁，大コメ(7)28頁〔村瀬均〕，山中・各論478頁，高橋・各論454頁，山口・各論386頁。効用喪失説から客体の燃焼を必要とするのは曽根・各論219頁。

20) 消火活動の有無は明らかでないが，例えば，天井板を約1尺四方（前掲注13）最判昭和23・11・2)，屋根板を長さ約23cm幅約5cm，及び，長さ約8cm幅約10cmの部分（東京高判昭和34・2・23東高刑時報10巻2号128頁)，床板を約1尺四方，押入床板及び上段各約3尺四方（最判昭和25・5・25刑集4巻5号854頁)，燃やしたケースにおいて，問題なく焼損が認定されている。

21) 前掲注17)最決平成元・7・7。燃焼面積が0.1㎡程度で焼損を肯定した最近の裁判例（以下，括弧内は燃焼箇所と面積である）として水戸家土浦支決平成22・2・17家月62巻8号102頁（住居の床0.13㎡)，静岡地沼津支判平成22・2・17裁判所HP（住居の窓枠0.1184㎡。消火活動により鎮火)，名古屋地判平成24・3・8LEX/DB25480905（不燃・難燃材が多く使われている店舗の一部0.14㎡)，鹿児島地判平成24・5・31LEX/DB25482493（家屋の外壁0.162㎡)。

して，学説では，「ある程度の」燃焼継続可能性を要求する立場[22]が有力である。論者が述べるように，「燃焼を持続することによる公共の危険を肯定する」ためには必要な限定[23]ではないかと思われる。近時の下級審裁判例には，火炎びんによる放火で，警察署の「天井ベニヤ板の壁紙，戸棚の引き戸及び床のピータイルを燻焼させ」たこと，及び，中学校の「保健室の床の合成樹脂タイル約 15 枚」を燻焼させたほか，「階段踊り場の床板も直径約 0.5 メートルにわたり燻焼」させ，「床板の縁が炭化したこと」を認定しながら現住建造物等放火罪の未遂にとどめたもの[24]など[25]も現れている。

Ⅳ 現住性

1 意 義

刑法 108 条は，「現に人が住居に使用し又は現に人がいる建造物」等を客体とする放火について「死刑又は無期若しくは 5 年以上の懲役」という重い刑を規定する。後者の現在建造物等については，内部にいる人の生命・身体に対する危険がとくに高いものとなる事情が考慮されたと解される。この危険と公共の危険は質的に異なるものではなく，建造物等の内部に不特定又は多数の人がいる場合には重なることになる。

前者の現住建造物等については，人の現在が前提とされないことから，現在するかもしれない人に対する危険が重い刑罰の実質的根拠と考えられる。かくして，現住性を端的に「住居であることにより認められる，人が現在す

---

22) 西田・各論 303 頁，高橋・各論 453 頁，丸山雅夫「判例理論としてのいわゆる『独立燃焼説』(下)」判評 394 号（判時 1397 号）7 頁。
23) 山口・各論 385 頁。
24) 東京地判平成 14・3・14 裁判所 HP。否定例として神戸地判昭和 33・10・14 一審刑集 1 巻 10 号 1654 頁（換気用網戸の外枠を燃焼させ下枠 12.3cm，縦枠 2.3cm を炭化させた），宇都宮地栃木支判平成 13・11・27 裁判所 HP（倉庫の土台柱約 0.0482㎡を燃焼させたが自然鎮火した）。
25) 「燻焼した」にとどまるとして焼損を否定するものとして岡山地判平成 14・9・27 裁判所 HP，名古屋地判平成 15・12・24 裁判所 HP，千葉地判平成 17・2・21 裁判所 HP，青森地判平成 18・3・9 裁判所 HP，水戸地判平成 24・6・18LEX/DB25482192。

る類型的な高度の可能性」とする見解[26]も唱えられている。しかし，人の現在する「類型的な」可能性とは「住居であること」にほかならず，本説の意義を，人の現在する（高度の）可能性を個別に問う点に求めるとすれば，主観面でその認識が必要となり，故意阻却の範囲が拡大するとの不都合[27]は否めない。判例は，「現に人の住居に使用する」とは「現に人の起臥寝食の場所として日常使用」することだ[28]として，人に対する危険を抽象的に構成している。「住居」を「人の起臥寝食の場所」とするのは緩やか[29]であり，人の生活の本拠ないし基盤とする見解[30]も主張されるものの，本拠でない居所を108条の客体から外すのは重罰の根拠にそぐわない面がある。上記の定義に従い，判例では，居住が主たる目的でなくとも[31]，宿直室のように夜間の寝泊まりに使われるだけでも[32]，特定の人の利用に供されなくとも[33]，現住性が肯定されている。

2 現住性の終了時期

「現に……日常使用」の要件をめぐっては，使用の頻度や終了時期が問題となる。使用者の生命・身体に対する抽象的な危険であることを考慮すれば，使用頻度はそれほど高いものを要求されないであろう。近時の最高裁決

---

26) 山口・各論379頁。高橋・各論457頁, 458頁注31, 深町晋也「放火罪」山口編著・クローズアップ各論293頁。
27) 現在建造物については，軽率に人がいないと思った場合でも故意を阻却せざるをえない。その不都合を現住建造物のもとで緩和することは考えられてよいと思われる。
28) 大判大正2・12・24刑録19輯1517頁。通説も同旨と見られる。団藤・各論196頁注(5), 大谷・各論383頁, 曽根・各論219頁, 西田・各論298頁, 山中・各論479頁, 前田・各論447頁, 井田良「放火罪をめぐる最近の論点」阿部ほか編・基本講座(6)184頁。なお，大判明治42・4・6刑集15輯402頁は，犯人以外に誰も現在しない村役場を現住建造物とするが，判例としては特異であろう。
29) 「人が多少永久的の意味を以て正則に寝食する」場を住居とし，「数時間……の当直を以て住居なりと謂ふか如き」は「言語の意義に矛盾」し「附会の甚たしきもの」と批判するのは大場・各論下73頁。
30) 平野龍一「刑法各論の諸問題(14)」法セ221号（1974年）46頁（生活の本拠）, 中・各論201頁注(6), 林(幹)・各論330頁（生活の拠点ないし基盤）。
31) 札幌地判平成6・2・7判タ873号288頁（仮眠休憩施設のある警察官派出所）。
32) 大判明治45・3・12刑録18輯266頁, 前掲注28)大判大正2・12・24。さらに最決平成元・7・14刑集43巻7号641頁（神社の社務所，守衛詰所）。
33) 最判昭和24・6・28刑集3巻7号1129頁（待合の離れ座敷）。

定[34]に，5名の者が交替で約1か月半の間に十数回宿泊した程度でも現住性を認めたものがある[35]。

使用を止めたかどうかは，それまでの現住者が住居に戻ってくる客観的可能性と主観的な帰還意思に基づいて判断されると思われる。上記の最高裁決定は，現住者である従業員を社員旅行に参加させて家屋を人がいない状態にしたうえで放火したとの事案に関わるが，従業員は旅行後も宿泊を継続する意思を有していた点，旅行前に従業員から家屋の鍵を回収しておらず，宿泊の中止を指示してもいなかった点などを指摘したうえで，「本件家屋は，……旅行中の本件犯行時においても，その使用形態に変更はなかった」として現住性を肯定している。調査官解説は，使用形態の変更による「住居たる性質」の得喪に着目するのが決定の趣旨[36]とする。しかし，現住性の要件が立てられる理由からは，場所の性質ではなく人への（抽象的な）危険が正面から取りあげられるべきであり，使用形態の不変更は不在者の帰還意思を推認させる事実にとどまるように思われる。

戻ってくる客観的可能性のない状況としては現住者の死亡が典型[37]である。もっとも，他に多くは考えにくく，現住性の認定にとって帰還意思の有無がより意味をもつ。裁判例では，家出のケースで，妻が自分と2人の子供の衣類，調度品等をほとんど運び出していても，被告人と「共同生活を続ける意思を気持の一隅に保有していた様子」が十分に窺われるなどとして現住性を認定したもの[38]，放火前に行う居住者の連れ出しに関して，上掲の最

---

34) 最決平成9・10・21刑集51巻9号755頁。
35) 避暑地の別荘などが不在期間中でも現住性を有するかについて，否定するのは大場・各論下72頁，藤木・講義各論89頁，小暮ほか編・前掲注5)285頁〔岡本〕，西田・各論299頁，大コメ(7)68頁〔村瀬(均)〕，山口・各論379頁，肯定するのは植松・概論Ⅱ100頁，大谷・各論383頁。山仕事の際に1週間から10日，合わせると1年の半分以上宿泊に用いられている家屋に現住性を肯定したものに東京高判昭和38・12・23高検速報（昭38）1137号がある。
36) 中谷雄二郎「判解」最判解刑事篇平成9年度221頁。学説では，秋元洋祐「放火罪における現住性の意義」法と政治62巻4号（2012年）101頁が，生活必需品の存在と寝食に使用している事実に着目して現住性を判断すべきだと主張する。
37) 居住者全員を殺害した家屋を非現住建造物とするのは大判大正6・4・13刑録23輯312頁。居住者の殺害や死亡後直ちに現住性を失う点に疑問を呈するのは草野・前掲注8)150頁，団藤・各論197頁注(7)，佐久間・各論276頁。出入り商人や客などの立ち寄る可能性を指摘するが，居住者でない者が存在する可能性から住居性を導くのは無理であろう。

高裁決定のほか，中学1年の次男と小学5年の長女を親戚訪問の名目で自宅から連れ出した事案で「居住の意思を抛棄していたものとは到底認められ」ず，現住性を失わないとしたもの[39]，被害者夫婦を殺害し，夫婦が預っていた姪の子供（5歳の幼女）を生家に連れて行った後，被害者宅に放火した事案で，両親の「監護の下に復せしめた……ときから，右幼女は，本件家屋に居住せざるに至った」としたもの[40]がある。居住者が幼児・年少者や従業員等である場合，その者の帰還意思のみならず親や上司等[41]の意向，指示の内容や拘束力なども考慮されることになろう。

V 建造物

1 意 義

放火罪の客体のうちで法定刑の重さや適用の実際から見て重要なのは刑法108条・109条に挙げられる「建造物」である。建造物は毀棄罪（刑260条）の客体でもあり，109条が自己所有の場合に限って公共危険の発生を要求していることから，放火罪においても財産的価値が考慮されていると見られる。加えて，建造物と並べ，109条は鉱坑，108条はさらに汽車，電車という260条にはない客体を掲げており，建造物において財産以外の観点，具体的には，その焼損により生じる公共危険の大きさ，及び，その内部に現在す

---

38) 東京高判昭和54・12・13東高刑時報30巻12号192頁。他の肯定例として横浜地判昭和58・7・20判時1108号138頁（妻が着の身着のままで家出し半日も経過していなかった。「被告人との生活をもう一度やり直す気持ちが全くなかったわけではな」いとする），岐阜地判平成14・5・30裁判所HP（妻が同居の結婚生活を始めて21日後に家出し，従兄の家で生活していた。「近いうちに本件家屋に戻る意思」があり，「一時的に家出をしていたにすぎ」ないとする）。
39) 最決昭和37・12・4集刑145号431頁。
40) 松江地判昭和33・1・21一審刑集1巻1号50頁。
41) 犯行の約2時間前に偶々被告人宅を訪れた妻の母が3歳3か月の長女を約420m離れた実家に連れて行った事案で，幼児の住居は父親（放火の前に妻を殺害）の意思により定まるとして現住性を否定したものに福岡高判昭和38・12・20下刑集5巻11=12号1093頁がある。しかし，例えば，妻の母が再び長女を連れて戻る事態もありえ，文字通りに父親の意思のみで判断するとすれば適切でないと思われる。

るかもしれない人の生命・身体に対する危険（人に対する潜在的危険）もまた評価されていると解される。

　判例は，建造物を「家屋其の他之に類似する工作物にして土地に定着し人の起居出入に適する構造を有する物」[42]と定義する。「人の起居出入に適する」については，「性質上人の起居又は出入」が予定されていることと解する高裁判決[43]がある。しかし，人が内部に現在するかもしれない可能性をそのように建造物の「性質」により抽象的に画することは現住性の要件のもとで行われており，さらに建造物の要件を限定しなくてもよい，即ち，物理的に出入りが可能であれば十分[44]と思われる。また，土地への定着性について，居住用のトレーラー・ハウスなどを念頭に置き，これを不要とする主張[45]が見られる。たしかに，トレーラー・ハウスは財産的価値，公共危険の大きさ，人に対する潜在的危険のいずれからも建造物と遜色がない。けれども，土地への定着性は「建造物」という用語からの要請であり，実質論により不要とすることには疑問がある[46]。108条の客体に「自動車」を追加するといった形で立法的に解決されるべきかと思われる。

2　一個性

　一個の建物のある部分・区画に人が現住する，又は現在する場合，その建物は全体として現住・現在建造物と評価され，したがって，その余の，人の現住も現在もしない部分・区画に放火しても現住建造物等放火罪の未遂が，その結果，非現住・非現在部分のみが焼損したにとどまり，現住・現在部分

---

42)　大判大正 13・5・31 刑集 3 巻 459 頁。
43)　東京高判昭和 28・6・18 東高刑時報 4 巻 1 号 5 頁（豚小屋は 109 条の建造物に当たらないとする）。支持するのは平川・各論 112 頁，前田・各論 451 頁。
44)　団藤編・注釈(3) 166 頁〔藤木英雄〕，西田・各論 305 頁，高橋・各論 463 頁，伊東・前掲注 4) 118 頁，山口・各論 388 頁，今井ほか・各論 305 頁〔島田〕。
45)　河上・前掲注 15) 38 頁（他方で，「相応の恒久性，恒常性」を要件とすべきだとする）。さらに伊東・現代社会 307 頁。トレーラーハウスを建造物とするのは団藤編・注釈(3) 166 頁〔藤木〕（「効用に鑑み，建造物と認むべき」とする），中・各論 199 頁。消極に解するのは平川・各論 111 頁，小暮ほか編・前掲注 5) 286 頁〔岡本〕。
46)　木の柱を 10 本用い，外側をビニールシートや段ボールで被った縦約 3.5m，横約 3.2m，高さ約 1.5m の簡易建物を現住建造物と認定するに際して，土地に固定され定着している事実を指摘した近時の裁判例に東京地判平成 17・4・6 判時 1931 号 166 頁がある。

に延焼しなかったとしても，同罪の既遂が成立する。判例[47]・通説[48]は古くからこのように解している。理由は，一個の建物であるために現住・現在部分にまで延焼する可能性がかなり高いといえ，現住建造物等放火罪として評価する実質が備わっている点に求められてきたと思われる。

建造物の一個性は構造物として一体でなくても認められる場合がある。リーディングケースが平成元年7月14日の最高裁決定[49]であり，中央の広場を囲むように多数の社殿，門，楼，社務所，守衛詰所などの木造建物が並び，その間を木材を多く使用した廻廊，歩廊でつないだ建物群（放火当時，社務所と守衛詰所に神職とガードマンが現在した）について，「一部に放火されることにより全体に危険が及ぶと考えられる一体の構造」という物理的一体性と，「全体が一体として日夜人の起居に利用されていた」との機能的一体性を理由に一個性を承認する。

これらのうち，延焼可能性を含んだ物理的一体性は，上述のように，一個の建造物全体に現住・現在性を肯定する古くからの処理の根拠に相当するものといえる。延焼可能性は，物理的に連接していることを前提[50]としつつ，その欠如により一個性を否定する要素[51]と位置づけられ，物理的に区別される複数の建物を延焼可能性から全体として一個と評価することはできない[52]と解される。もう一つの機能的一体性を巡っては，「機能」の意味するところ，ひいては一個性の判断要素とされる根拠が問われる。この点は，当該建物内に現住又は現在する者が放火により焼損が生じる非現住・非現在部

---

47) 例えば，宿直室のある校舎（前掲注28）大判大正2・12・24）や，一部が空き家となっている長屋（大判昭和3・5・24新聞2873号16頁）は全体として現住建造物に当たる。

48) 現住部分と非現住部分を分ける少数説として宮本・大綱431頁。

49) 前掲注32)参照。

50) 各建物が通路で接続されている場合，その構造や形状により物理的接続の有無の判断は微妙に分かれる。肯定例として前掲注32)最決平成元・7・14のほか，大判昭和14・6・6刑集18巻337頁（「バラック式」屋根のみで連接する雨よけ程度の廊下〔上告趣意による〕），東京高判昭和31・7・31東高刑時報7巻8号338頁（柱がなく鉄骨の桁を渡してトタンで屋根をした渡り廊下），否定例として前掲注43)東京高判昭和28・6・18（「柱と柱との間に羽目板等もなく，単に……工場等と女子寄宿舎とを連接するいわゆる渡り廊下に過ぎないもの」）がある。

51) 現住建造物である宿泊棟と長さ約7.5mの渡り廊下でつながれた非現住建造物である研修棟に放火した事案で，宿泊棟への延焼可能性を否定して非現住建造物等放火罪の適用にとどめたものに福岡地判平成14・1・17判タ1097号305頁がある。

分に接近する可能性(比喩的にいえば,非現住・非現在部分が現在部分になる可能性)があれば,現住建造物等放火として重く罰する実質があることに根拠が求められ,「機能」もこのような接近可能性の意味[53]において捉えられるべきであろう。

2つの一体性の関係について,先の最高裁決定では明確でないもの,調査官解説は,両一体性の「どちらかの観点から……一体性が肯認される場合に一個の現住建造物」とする趣旨[54]だと述べている。したがって,機能的一体性のみで一個性を基礎づけうることになる。宿直室が庁舎から独立していることを認めながら,「宿直員は……執務時限後と雖も庁中の各部分を巡視するを通例と為すか故に……庁舎を以て人の住居に使用せる建造物」に当たると判示した大審院判決[55]もある。しかし,建造「物」という文言からは,物理的に連接することは一個性の最低条件であって,物理的に区別される複数の建物を——延焼可能性から一個と見るべきでないのと同様に——機能的一体性をもって一個とすべきではないと解される。この限りで,物理的一体性(連接関係)を併せて考慮する必要がある[56]ものの,他方で,延焼可能性と機能的一体性[57]は,それぞれ現住・現在部分へと延焼する危険と現住

---

52) 現住建造物に延焼させる目的で隣接する非現住建造物に放火しても,現実に延焼しない限り,現住建造物等放火罪の未遂にとどめるのが判例の立場である(大判昭和8・7・27刑集12巻1388頁,大判昭和14・2・22大審院判決全集6輯7号53頁)。ただし,現住建造物とされた「劇場に接着して建設」されている便所への放火につき,劇場への延焼がなくても現住建造物等放火罪の既遂を認めたものに最判昭和24・2・22刑集3巻2号198頁がある。

53) 機能的な「一体」性について佐伯仁志「放火罪の論点」法教132号(1991年)23頁は,マンションの「共用部分で利用できないと不便だというだけでは十分でなく,他の居住部分と一体として利用されていること」を要するとする。「ある程度高度な一体性」とするのは星・前掲注1)305頁。

54) 香城敏麿「判解」同『刑法と行政刑法』(信山社,2005年)391頁。

55) 大判大正3・6・9刑録20輯1147頁。

56) (延焼可能性を含む)物理的一体性ないしは物理的な連接関係の存在を前提として機能的一体性を考慮する余地を認める見解として山中・各論483頁,高橋・各論460頁,伊東・前掲注4)116頁,山口・各論381頁,井田良『入門刑法学 各論』(有斐閣,2013年)152頁及び注(13),佐伯・前掲注53)23頁,星・前掲注1)305頁,今井ほか・各論304頁〔島田〕。2つの一体性をともに「現住建造物放火罪に要求される水準」において必要とするのは秋元洋祐「放火罪における建造物の一体性」法と政治62巻2号(2011年)154頁,物理的接続性,機能的一体性,延焼の可能性などの総合判断(社会通念上の一個性)とするのは大谷・各論384頁。物理的連接関係の有無に関わりなく機能的一体性の考慮に批判的なのは西田・各論300頁,松宮・各論340頁,鈴木左斗志「放火罪」法教300号(2005年)118頁。

者・現在者が焼損箇所に接近する危険という異なる事象に着目しており，択一的な関係にあると考えられる。

一個性の判断に関わる近時の状況に，全体として耐火構造をもち各区画に延焼を防止する対策が施された集合建築物の登場がある。非現住・非現在部分に放火しても現住・現在部分に延焼する可能性がないのであれば，従来のように，建物全体を現住・現在建造物と捉える基盤を欠くといえるからである。実際，鉄筋コンクリート造10階建のマンション1階にあり，夜間で無人の医院に放火し焼損させた事案で，「本件医院は，すぐれた防火構造を備え，一区画から他の区画へ容易に延焼しにくい構造となっているマンションの一室であり，しかも，構造上及び効用上の独立性が強く認められる」として109条1項の適用にとどめた地裁判決[58]が出ており，同様の立場を採る学説[59]も有力である。もっとも，Ⅲ3で紹介した，マンションのエレベーターに放火した事案に関する最高裁決定[60]は，108条を適用した「原審判断を正当」とする際，エレベーターから住居部分への延焼可能性に触れていない。しかし，原判決[61]が，エレベーターは「マンションの各居住空間の部分とともに，それぞれ一体として住宅として機能し」ていると指摘しているところからは，機能的一体性が考慮されたと見る余地がある。上記の地裁判決も「効用上の独立性」を挙げており，判例が，耐火構造をもつ集合建築物のもとで現住・現在区画との延焼可能性[62]と機能的一体性がともに欠ける場合，建造物の一個性を区画ごとに認めるのであれば，支持できる方向と思

---

57) 用語の問題にすぎないが，「物理的一体性」のなかに延焼可能性を読み込むのではなく，これを独立した一個性の考慮要素とし，建造「物」としての外延を「物理的連接関係」などと区別するほうがわかりやすいと思われる。

58) 仙台地判昭和58・3・28刑月15巻3号279頁。一個性が争点とされたわけではないが，非現住・非現在区画に放火し，焼損させた事案で109条を適用した近時の裁判例（以下，括弧内は放火された区画である）に福岡高判平成10・1・20判時1637号135頁（鉄筋コンクリート造6階建で3階以上に居住者がいるビルの1階にある理髪店），広島地判平成15・1・7裁判所HP（上階が住居等として使用されている低層ビルの1階車庫），大阪地判平成18・12・13裁判所HP（鉄骨コンクリート造のマンション4階にある，居住者を全て殺害した後の居室）がある。

59) 大谷・各論384頁，西田・各論301頁，山中・各論483頁，高橋・各論461頁，山口・各論383頁。

60) 前掲注17)最決平成元・7・7。

61) 札幌高判昭和63・9・8高刑速（昭63）214頁。

われる。

　下級審裁判例には，鉄筋コンクリート造4階建の社員寮の空室に放火した事案で現住建造物等放火罪の成立を認める際に，他の居室への延焼可能性，居室間の行き来という機能的一体性と並んで，「本件犯行で発生した火災により生じた一酸化炭素等の有毒ガスが，他の居室に入り込んでそこにいる人に危険を及ぼす可能性」を挙げるもの[63]が見られる。そこでは，有毒ガスによる危険がそれのみで一個性を根拠づけるかが問題となりうるが，消極に解される。現住・現在部分が燃える可能性すらなければ，「現住建造物等に放火した」とはもはやいえないからである。現住又は現在する人の生命・身体に対する危険は，──公共の危険もそうであったように（Ⅱ）──客体の焼損から直接に生じることが前提とされるのである。

Ⅵ　まとめ

　放火罪一般で問われる公共危険の観点に，現住建造物等放火罪における，建造物等の内部に現在する（かもしれない）人の生命・身体に対する危険の観点も交えながら，焼損，現住性，建造物の各概念に検討を加えてきた。全体を通して留意すべきは，「危険」という実質論は重要で，常に考慮を要するが，それのみでは適切な解釈を導けない点である。焼損は公共危険の発生

---

[62]　耐火建築といっても程度は様々であり，延焼可能かどうかは個別に判断される。いずれも延焼がありうるとした裁判例であるが参照，東京高判昭和58・6・20刑月15巻4＝6号299頁，前掲注18）東京地判昭和59・6・22。ただし，別個の建物であれば，現住・現在建物への延焼可能性がいくら高くても非現住建造物等放火罪しか成立しない，すなわち，物理的一体性・連接関係が重視されているからといって，ここで延焼可能性の程度を極めて低く設定して一個性を広汎に肯認するのは適当でないであろう。「延焼の可能性がほぼ排除されて」いれば（山口・各論383頁）よいと思われる。前掲注58）仙台地判昭和58・3・28は，「悪条件の重なった極く例外的な場合」を除外して延焼可能性を否定している。延焼する「ある程度高度の危険性が必要」とするのは佐伯・前掲注53）23頁。

[63]　東京地判平成16・4・20判時1877号154頁。物理的一体性の判断を補充する要素として延焼可能性と併せて「有毒ガスや煙による影響の可能性」を挙げる見解として井田良「放火罪をめぐる最近の論点」阿部ほか編・基本講座(6)193頁。さらに平川・各論110頁，伊東・現代社会314頁。有毒ガスの考慮は焼損に燃焼作用を要求する文言解釈の「限界を超える」として反対するのは秋元・前掲注56）148頁。しかし，物の燃焼から生じる有毒ガスもあり，十分な理由とはいえないであろう。

を示すものだとしても，公共危険が生じれば焼損が認められるわけでなく，放火罪では目的物の燃焼が不可欠である（Ⅲ2）。現住建造物放火の重い処罰は，現在するかもしれない人の危殆化に根拠があるとしても，「住居」という文言に則した解釈をしなければならない（Ⅳ1）。建造物の一個性を判断する際に，内部にいる人に対する危険に着目するとしても，現住・現在部分が焼損する（あるいは，焼損する部分に人が現在する）可能性がなければ，現住建造物等放火罪を成立させるべきではない（Ⅴ2）。放火罪では，つかみどころのない「危険」をどのように「犯罪」として構成するのかが重要な課題となっているのである。

第13章

偽造の概念

I　はじめに

　文書偽造罪において重要となる概念の一つは「偽造」であり，現在，それは形式主義の考え方に基づいて「名義人と作成者との間の人格の同一性を偽る」[1]ことと定義されている。「名義人」とは文面上，文書を作成したとされている者，「作成者」とは現実に文書を作成した者をいう。「文面上」と「現実」との間に不一致がある場合，「偽造」が認められる。

　現実に（あるいは文面上），文書を作成した（とされる）者（以下，両者を包括して「文書作成人」と表記することがある）とはどのような者かをめぐっては，事実説と観念説という2つの基本的な考え方が存在する。事実説は作成の概念を事実的に捉え，比喩的にいえば，手を動かして書く者を文書作成人とするのに対して，観念説は作成をより観念化して理解する。両説の相違は，事実的な文書作成人とは別の文書作成人を（文面上，あるいは現実に，）観念しうる場合に表れる。以下では，文面上2人の文書作成人が存在するようにも見える代理・代表名義の文書において「名義人」は本人か代理人・代表者かの問題を取りあげ[2]，名義人・作成者の一般的な意義を明らかにした後，さらに具体的に検討する。

---

[1]　最判昭和59・2・17刑集38巻3号336頁，最決平成5・10・5刑集47巻8号7頁。伝統的には，当該文書を作成する権限のない者が他人の名義を用いて文書を作成すること（最判昭和51・5・6刑集30巻4号591頁）との定義が用いられてきた。

[2]　代理人が文書を作り，本人の名前のみを記載した場合，同様に代理人と本人のいずれが「作成者」かとの問題があり，事実説では，「作成者」は代理人となり，「名義人」たる本人と一致せず，偽造が認められてしまう。もっとも，事実説のこの難点は，「名義人」の同意を理由として偽造罪を否定する構成により一応回避できると解されている。

Ⅱ 名義人・作成者の意義

1 代理・代表名義の文書における名義人

　乙が（実在する）甲の代理人（あるいは，〔実在する〕法人甲の代表者）でもないのに「甲代理人乙（あるいは甲代表者乙）」と記載した文書を作成した場合，即ち，代理・代表資格のみを冒用し，自分の名前を出して文書を作成した場合に偽造罪が成立するかをめぐっては，事実説によると文面上も現実にも乙が文書作成人となり，消極に解される。資格冒用は文書の内容を偽るもので虚偽文書作成罪の対象とされ，私文書では刑法160条に掲記の診断書等を除いては不可罰となる。しかし，この帰結を維持する学説[3]はほとんど見られない。刑法159条3項の適用が唱えられたことはある[4]ものの，偽造を文書の内容を偽ることとする実質主義に立たない限り，主張には無理がある。現在の学説において，事実説はほとんど[5]採られておらず，文書作成人は観念的に把握されている。

　具体的には，「甲代理人乙」・「甲代表者乙」と記載された文書では，名義人を本人たる「甲」とする立場[6]と「甲代理人である乙」・「甲代表者である乙」[7]，ないしは，甲の正当な代理人・代表者である「丙」[8]とする立場が主張される。判例は，理事会議事録の作成権限という厳密には代理・代表資格

---

[3]　山岡萬之助『刑法原理〔訂正増補版〕』（清水書店，1927年）551頁，吉田常次郎『日本刑法』（自治館，1936年）340頁。

[4]　牧野英一『刑法各論(上)〔追補版〕』（有斐閣，1954年）は，「文書の内容が事実の真相と合一するときは，文書の偽造に因って当然に待ち設けられる実害を生ずる虞がないのであるから，犯罪を構成しないものと解すべき」（151頁）だとして実質主義を支持し，ここから内容を偽る「無形偽造も亦文書偽造として論ぜられねばならぬ」（154頁）としたうえで，代理名義を冒用する私文書の無形偽造も刑法159条3項の適用を受ける（164頁）と説く。さらに，木村・読本148頁（刑法159条3項は「印章・署名のない他人名義の私文書の有形偽造と自己名義の虚偽文書の作成を罰する規定であって，代理名義の冒用の場合にも適用」されるとする），柏木千秋『刑法各論』（有斐閣，1960年）248頁（代理・代表資格を冒用するのは無形偽造としながら，「有形偽造に準ずる」ので「有形偽造の範疇に入れて一般的に処罰するのが妥当」とする）。

[5]　異説として髙山佳奈子「文書の名義人」山口編著・クローズアップ各論250頁。

とはいえない権限を冒用した事案に関してではあるが,「他人の代表者または代理人として文書を作成する権限のない者が,他人を代表もしくは代理すべき資格,または,普通人をして他人を代表者もしくは代理するものと誤信させるに足りるような資格を表示して作成した文書は,その文書によって表示された意識内容にもとづく効果が,代表もしくは代理された本人に帰属する形式のものであるから,その名義人は,代表もしくは代理された本人であると解するのが相当」とした最高裁決定[9]があり,前者の立場と考えられる。もっとも,このような対立は見かけ上のものであろう。名義人を,本人甲,即ち「代理・代表資格を乙に与えたと見られる甲」というか,代理人乙,即ち「代理・代表資格を甲から与えられたと見られる乙」と述べるかは,代理・代表資格により観念化された名義人(文面上の文書作成人)を甲と乙のどちらの側から捉えるかの相違にとどまるからである[10]。

2 文書作成人の捉え方

より一般的に「文書作成人」をどのように定義するかをめぐっては,基本的に,表示された「意思」を重視する立場と「責任」の負担先に着目する立場とが対比される。即ち,文書の内容を表示する意思を有する者[11],文書

---

6) 大場・各論下365頁,宮本・大綱538頁,泉二新熊『刑法大要〔増訂版〕』(有斐閣,1936年)469頁,島田武夫『刑法概論各論』(有斐閣書房,1934年)91頁,小野・各論99頁,瀧川幸辰『刑法各論』(世界思想社,1951年)241頁,団藤・各論278頁,平野・概説261頁,大塚・各論448頁,藤木・講義各論153頁,内田・各論536頁,大谷・各論469頁,平川・各論451頁,川端博『文書偽造罪の理論〔新版〕』(立花書房,1999年)82頁,曽根・各論246頁,中森・各論196頁,高橋・各論526頁,林(幹)・各論359頁,山口・各論461頁,松宮・各論372頁,島田聡一郎「代理・代表名義の冒用,資格の冒用」現代刑事法35号(2002年)51頁。
7) 植松・概論Ⅱ 155頁,福田・各論96頁,宮沢浩一「偽造罪の客体」日本刑法学会編『刑法講座(5)』(有斐閣,1964年)144頁,西田・各論372頁,山中・各論563頁。
8) 江家・各論142頁,川崎一夫「偽造概念と文書の意義」阿部ほか編・基本講座(6)234頁,237頁。
9) 最決昭和45・9・4刑集24巻10号1319頁。代理資格を偽ったケースとして大判明治42・6・10刑録15輯738頁。代理資格をもって作成する「文書は代理者其人の文書にあらずして本人の文書に属し従て該文書は代理者に対し其効力を生するものにあらずして本人に対し其効力を生するもの」だと判示する。「本人」を名義人とする趣旨と見られる。
10) なお,本人と代理人のいずれも名義人とする二重名義説として松原芳博「代理文書と文書偽造罪」井田良ほか編『川端博先生古稀記念論文集(下)』(成文堂,2014年)370頁。

に表示された意思ないし観念の主体[12]，あるいは，規範的に，表示された意思・観念の帰属する主体[13]とする見解が前者に，表示内容に責任を負う者[14]，文書の効果が帰属する者[15]，あるいは，「文書を作成することに関する責任の主体」[16]とする見解が後者に位置づけられる。判例の立場は必ずしも明らかでないものの，上記の最高裁決定が，「表示された意識内容にもとづく効果が，……本人に帰属する形式」であることを根拠に名義人を本人としているところからは，後者の立場と考えられよう。

　もっとも，文書作成人の定義としては，以上の対比は決定的とはいえないと思われる。留意を要するのは，乙が甲の名義で文書を作成したケースにおいて，名義人甲と作成者乙という2つの人格が存在し，乙の書いた内容が甲の意思に合致することが必要だとか，甲が責任を負担するのであれば構わないとかといったことが問われているわけではない点である。そうではなくて，文書上は名義人，現実世界では作成者として立ち現れる文書作成人という1個の人格が存在するだけであり，したがって，文書作成人は「意思」を表示する者であり，「責任」を負う者でもあるからである。問題は，「意思」にせよ「責任」にせよ，文書作成人をどのように観念的に把握するか，具体的には，名義人・作成者を確定する際に考慮されるべき事情はどこまでかを明らかにすることである。

---

11) 林幹人「有形偽造の考察」同『現代の経済犯罪』（弘文堂，1989年）142頁，伊東・現代社会359頁。
12) 松宮孝明「文書偽造罪における作成者と名義人について」立命館法学264号（1999年）357頁。
13) 高橋・各論501頁，山口・各論437頁，伊藤ほか・アクチュアル各論362頁〔成瀬幸典〕。
14) 中森・各論192頁，西田・各論355頁。参照，宮本・大綱545頁（「偽造とは広く文書の内容に因って効力を受くる者即ち文書の裁可名義者たる地位に在る者を偽ること」とする）。
15) 平野・概説254頁（権限ある作成者が作成した文書は名義人が自ら作ったのと同じ効果をもつから偽造とはいえないとする），町野・現在312頁。なお，山中敬一「文書偽造罪における『偽造』の概念について」関西大学法学論集50巻5号（2000年）29頁は，「『作成者』とは，民法上・公法上の原則によりその法的効果は本人に帰属される，『自らの』表示行為を行った者」とする。
16) 川端・前掲注6)81頁，平川・各論449頁，曽根・各論241頁，松原・前掲注10)365頁，今井猛嘉「文書偽造罪の一考察(4)」法協116巻6号（1999年）958頁。

III　考慮される事情の範囲

1　文書の作成権限

　既に見たように，乙が代理権・代表権を有することは名義人・作成者を特定する際の考慮事情となり，真に代理人である場合，本人である「甲」とのみ記載した文書を作成しても偽造に当たらない。さらに，Aが「理事会決議録」と題する文書を作成したうえ「理事録署名人A」と記名・押印した事案において，II 1で挙げた最高裁決定は名義人を「理事会」としており，私法的な意味での代理権・代表権に当たらないような「（包括的な）作成権限」もやはり文書作成者の判断資料に含まれると解されている[17]。この限度では，学説にも（観念説のもとでは）異論はないといってよいであろう。

　このように「作成権限」を考慮する以上，権限に付された「制約」も，それを超える範囲での文書作成が相対的に無権限のものとなることから，同様に判断資料となると考えられる。例えば，「数人の代表取締役が共同して会社を代表する定めがある場合」，「代表取締役の一人が，行使の目的をもって，他の代表取締役の署名もしくは印章を冒用して，共同代表の形で会社名義の文書を作成する行為は，文書偽造罪を構成」する[18]。このことは，「制約」が第三者に対抗できず，名義人に文書の内容について責任が及ぶ場合でも変わらないとするのが判例である。即ち，漁業協同組合参事で，当時の水産業協同組合法により商法旧38条1項の支配人としての地位にあり，その「代理権に加へたる制限は之を以て善意の第三者に対抗」できない[19]とされていた者が，「組合が組合員または准組合員のために融通手形として振り出す組合長振出名義の約束手形の作成権限」を専務理事の専属としていた組合

---

[17]　法人ではない団体の名義冒用につき大判明治44・3・31刑録17輯482頁，大判大正2・4・17刑録19輯502頁，設立無効の原因のある会社の名義冒用につき大判大正8・11・4刑録25輯1053頁，設立準備中の会社の代表者名義の冒用につき最判昭和34・6・12刑集13巻6号937頁。
[18]　最決昭和42・11・28刑集21巻9号1277頁。
[19]　商法旧38条3項。

内部の定めに反し，組合長や専務理事の承認を得ることなく同約束手形を作成した行為について，「実質的には同人に右手形の作成権限そのものがなかったものとみるべきである」として有価証券偽造罪の成立が肯定されている[20]。取引保護の要請から善意の第三者に対抗できないとしても，作成権限が創設されるわけではないことから[21]，偽造を認める帰結は支持されよう。

このような権限踰越のケースとは異なり，作成権限自体は否定されず，濫用されたにとどまる場合は偽造に当たらないとするのが通説[22]であり，判例も変遷は見られたものの同様に解している。即ち，当初は，銀行の取締役が自己又は共犯者の利益のために銀行の名義で定期預金証書を作成する行為につき，取締役といえども「其権限は業務執行の範囲を逸出する能はさること勿論」であり，「文書の実質のみならす其作成資格をも偽はりたるもの」だとして偽造に当たる[23]とするなど[24]，権限付与の趣旨・目的も作成権限の内容に取り込まれていた。しかし，銀行の支配人として営業の一切を担任

---

20) 最決昭和43・6・25刑集22巻6号490頁。常務取締役を辞任した者がその登記前に同名義で約束手形を偽造した事案で有価証券偽造罪を認めたものとして大判大正15・2・24刑集5巻56頁。商法旧12条では，「登記すべき事項は登記及び公告の後に非ざれば之を以て善意の第三者に対抗することを得ず」と規定されていた。この規定が考慮されないのは「第三者に損害を被らしめさる為之を保護するの趣旨に外なら」ないからとする。

21) 異なる理由づけとして平野・概説263頁（文書自体は有効な文書とはいえないとする），反対説として今井猛嘉「文書偽造罪の一考察(5)」法協116巻7号（1999年）1166頁。「作成権限の有無・範囲は，名義人が文書の受取人に対して，如何なる法的責任を負うかという対外的・客観的観点から認定されるべき」だと主張する。しかし，一般には，作成権限が欠けることで名義に対する信頼が裏切られると考えられており，結果として信頼が裏切られたことにならないのであれば作成権限があったといってよいという論理には疑問がある。なお，西田・各論338頁は，善意者保護規定が個別救済規定であり，多くの場合，占有者側が善意（・無過失）の立証責任を負うことを理由に偽造を認める。

22) 小野・各論101頁，瀧川・前掲注6)242頁，木村・各論248頁，江家・各論144頁，団藤・各論279頁，大塚・各論449頁，中森・各論196頁，西田・各論337頁，山中・各論565頁。反対，牧野・前掲注4)174頁（権限内で作成された文書であっても，取引上無害とはいえないことなどを理由とする）。

23) 大判明治42・12・13刑録15輯1770頁。さらに大判大正6・12・20刑録23輯1541頁（「取締役か会社の為めにするにあらすして自己の為めに文書を作成するに当り擅に会社の名義を使用して会社資格に於て文書を作成するは文書の偽造に外ならす」とする）。逆に，「専ら会社の利益を計る為め会社名義の文書を作成するは取締役の権限に属する」として偽造に当たらないとしたものに大判大正8・7・9刑録25輯846頁がある。

していた者が自己の私的な取引の資金を調達する目的のもと，支配人名義で小切手等を作成する行為について，「他人の代表者又は代理人か其の代表名義若は代理名義を用ゐ……文書を作成する権限を有する場合に偶々其の地位を濫用して単に自己又は第三者の利益を図る目的を以て擅に其の代表若は代理名義……を用ゐ文書を作成したるときと雖文書偽造罪は成立するものに非す」[25]と述べて消極に解する連合部判決が登場するに至ったのである[26]。

　権限付与の趣旨・目的がなぜ作成権限の判断要素から排除されるのか，ひいては権限の踰越と濫用がどのように限界づけられるのかをめぐっては，上記の連合部判決が，濫用にとどまる場合，「斯る文書に依て為されたる意思表示は私法上有効にして直接に本人に対して其の効力を生する」ことを指摘している。しかし，この説明では，権限踰越の場合でも，表見法理等により本人に効果帰属が認められれば，偽造が否定されかねない。この点は，権限付与の趣旨・目的に背馳するか否かは文書の内容の妥当性を考慮することにつながり，偽造の形式的判断と相容れないからと述べうるように思われる。かくして，「制約」が文書の内容を吟味するために付されたと見うる場合を権限濫用，文書の内容とは関わりのない責任の所在の明示や事務処理の便宜などの要請に基づく場合を権限踰越と解することになろう[27]。

---

24)　手形や小切手の偽造の成否について目的を考慮して判断したものとして大判明治43・4・19刑録16輯633頁（銀行の取締役と支配人が取引先のために約束手形を裏書した事案），大判大正3・12・17刑録20輯2426頁（銀行の取締役が自らを利する目的で銀行名義の小切手を振り出した事案）。他方，会社のために贈賄等を行う資金を得るために取締役が小切手を作成する行為を「権限外」として偽造罪の成立を認めた裁判例として大判明治45・7・4刑録18輯1009頁。

25)　大連判大正11・10・20刑集1巻558頁。なお，この直後に，会社の支配人がその資格を用いて木炭売買の契約書を作成した事案で私文書偽造罪の成立を認める大判大正12・3・13刑集2巻181頁が出ているが，木炭の売買が「会社の営業範囲に属せざる」ことを理由としている。

26)　公文書に関して作成権限の濫用は刑法156条の対象となると判示するものとして大判大正11・12・23刑集1巻841頁，最決昭和33・4・11刑集12巻5号886頁。

27)　団藤編・注釈(4)198頁〔藤木英雄〕（一般的権限の制限と見るか，一定限度内での決裁の省略かを具体的事例に即して考えるとする），西田・各論338頁（内部的制約が権限を否定する趣旨か〔権限踰越〕，手続的制約にすぎないか〔権限濫用〕による）。

2 文書の発給資格

　当該文書の発給が特定の機関等や人のみに可能な場合，そのような発給資格は文書作成人を特定する事情として考慮されるか。積極に解すると，発給資格を有しない乙が乙の名義で文書を作成しても，作成者は「発給資格をもつ乙」(虚無人) ないしは真に発給資格をもつ「甲」となり，偽造が認められることになる。判例はこの立場に立ち，国際運転免許証の発給資格を有しない「国際旅行連盟」の名義で同免許証に形状，記載内容等が酷似した「国際運転免許証」様の文書を作成した事案で，「本件文書の名義人は，『ジュネーブ条約に基づく国際運転免許証の発給権限を有する団体である国際旅行連盟』である」として私文書偽造罪の成立を肯定する[28]。

　この判断を示した最高裁決定は，理由を「本件文書の記載内容，性質などに照らすと，ジュネーブ条約に基づく国際運転免許証の発給権限を有する団体により作成されているということが，正に本件文書の社会的信用性を基礎付けるものといえる」と述べている。本件「国際運転免許証」は資格ある者によって発給されていると社会的に信用されており，それを裏切る点に偽造を認めうるという趣旨であれば，支持できると思われる。一般的にいえば，資格に基づいて発給される文書はその形式において作成権限を他に与えないことを示しており，したがって，作成者自身が資格を有していることを形式的に表している。1 で見たように，(他者に与えた) 作成権限による文書作成人の観念化を承認するのであれば，発給資格 (自己のみが有する作成権限) による文書作成人の観念化も肯定されてよい[29]と解されるからである。

3 業務遂行に必要な資格

　業務の遂行に特別の資格を要求される者が業務に関連して文書を作成した場合，作成者の特定に際して「資格」の有無は考慮されるかがここでの問題

---

[28]　最決平成 15・10・6 刑集 57 巻 9 号 987 頁。
[29]　山口厚「作成名義人の意義と有形偽造」山口・新判例 346 頁は「存在しない代理権限 (＝文書作成権限) を偽った代理権限の冒用の場合と同様，有形偽造の成立を肯定することができる」と説明する。

である。考慮されると，例えば，医師の資格を有しない乙が医師として患者を診察し，乙名義で診断書を書いたケースでは，作成者は「医師資格をもつ乙」(虚無人)となり，私文書偽造罪が成立しうることになる。最高裁決定には，弁護士資格を有しないにもかかわらず，第二東京弁護士会に所属する弁護士甲と同姓同名であることを利用し，自己を弁護士と信じていた不動産業者に「第二東京弁護士会所属，弁護士甲」と記載した弁護士報酬請求書などの文書を作成，交付した事案で，「たとえ名義人として表示された者の氏名が被告人の氏名と同一であったとしても，本件各文書が弁護士としての業務に関連して弁護士資格を有する者が作成した形式，内容のものである以上，本件各文書に表示された名義人は，第二東京弁護士会に所属する弁護士甲であって，弁護士資格を有しない被告人とは別人格の者であることが明らかである」と判示したもの[30]があり，判例は積極説に立つと見られる。

　弁護士や医師などの資格は，文書の作成それ自体に不可欠ではなく，業務の遂行に必要とされるにとどまる。文書が業務に関連して初めて，資格の有無が意味をもちうるのである。ここで「資格」を文書作成人を特定する資料に入れるならば，それは文書の内容に立ち入って偽造を判断していることになろう。上記の最高裁決定が，各文書は「弁護士資格を有する者が作成した形式，内容のもの」と述べているのも同趣旨と解される。ここから，学説では，「弁護士」等の記載は単なる肩書であり文書の内容を偽っているにすぎないとして，偽造を認めた決定に批判的な立場[31]も有力である。しかし，文書の内容を考慮するから直ちに形式主義に反するとはいえないであろう。文書の業務関連性は内容の真偽・当否とは区別して形式的に判断しうるのであり，これと結びついた業務上の「資格」は，いわば相対的な発給資格ともいえるから，これをもって文書作成人を観念化することは許容されるように思われる。

---

30) 前掲注1)最決平成5・10・5。
31) 平川・各論453頁，山中・各論558頁，林(幹)・各論368頁，伊東・現代社会382頁，松宮・各論377頁，松原芳博「文書偽造罪」曽根＝松原編・重点課題各論219頁。これに対して，結論的に最高裁決定を支持するのは大谷・各論471頁，西田・各論378頁，高橋・各論524頁，山口・各論471頁。

4 文書が予定する後の手続

　許可，発給，登録などの手続が予定されている申請書，届出書などの文書，例えば，クレジットカードの交付申請書や婚姻届などに書かれた名義人について，後の手続を考慮して判断することの可否を取りあげる。不適格事由があるために許可等を得られない乙が，それにもかかわらず乙の名義で，あるいは，乙の通称名である甲の名義で申請書等を作成した場合，作成者を「適格を有する乙」あるいは「本名である乙」と捉えるならば，いずれも偽造に当たることになる。

　以上に関しては，わが国に密入国し，後に他人である甲の名義の外国人登録証明書を取得したうえで生活を続け，甲の名称が相当広範囲において定着していた者が，再入国許可申請に当たり，申請書に甲の名称を使用した事案において，用いられた通称名である甲が「他人との混同を生ずるおそれのない高度の特定識別機能を十分に果たすに至っている」として私文書偽造，同行使罪の成立を否定した控訴審判決[32]を次のように述べて破棄した最高裁判決[33]がある。「再入国許可申請書は，……再入国の許可という公の手続内において用いられる文書であり，また，再入国の許可は，申請人が適法に本邦に在留することを前提としているため，その審査にあたっては，申請人の地位，資格を確認することが必要，不可欠のこととされている……。したがって，再入国の許可を申請するにあたっては，ことがらの性質上，当然に，本名を用いて申請書を作成することが要求されている」，と。

　偽造の結論を導く説明の一つは，本件再入国許可申請書の作成者を「適法な在留資格を有する（甲こと）乙」とし，その不存在から偽造を肯定するものである。判旨中「再入国の許可は，申請人が適法に本邦に在留することを前提としている」との記述からはその趣旨がうかがえ，同様の理由づけを

---

32)　大阪高判昭和57・12・6判時1092号154頁。
33)　最判昭和59・2・17刑集38巻3号336頁。承諾を得た名義使用に関して，いずれも私文書偽造罪の肯定例であるが，運転免許申請書につき大阪地判昭和54・8・15刑月11巻7＝8号816頁，一般旅券発給申請書につき大阪高判平成2・4・26高刑速（平2）195頁，東京地判平成10・8・19判時1653号154頁，東京高判平成11・5・25東高刑時報50巻1＝12号38頁がある。

もって判例を支持する学説[34]も有力である。たしかに、許可等の申請等と許可等の手続とは一体と見るべきで、許可等を受けられる「資格」（ここでは在留資格）を申請書の名義人を判断する資料に組み入れうるように思えなくもない。しかし、3で検討した業務上の資格とは異なって、ここでの「資格」の有無は当該手続の内容をなす検討事項であり、それを考慮することはもはや形式主義の枠組を超えるといわざるをえない。この限りにおいて、本判決を無形偽造を有形偽造として処罰するものだとする反対説の批判[35]は正しいと思われる。

もう一つの説明は、通称名と本名を区別し、本件申請書の作成者は「甲」ではなく「乙」だから名義に偽りありとするものである。一般に、通称名を使用して文書を作成しても、それが社会の広い範囲で定着していると見られる限り[36]、人格の同一性に齟齬はなく偽造に当たらないと解されている。しかし、両者を同一視できない例外を認めるのである。判旨中「再入国の許可という公の手続内において用いられる文書であり、……ことがらの性質上、当然に、本名を用いて申請書を作成することが要求されている」との記述は、公の手続内での使用が例外を認める事情となることを示しているといえよう。

許可、発給、登録などの手続では混乱を避けるために1つの名称で対象者を特定するのが通常であり、許可等の申請書等の名義人を判断する資料としてこの名称を考慮することは形式主義に反するものではなく、許されてよいと思われる[37]。ただし、クレジットカード発行の審査手続においてそれまで使用してきた通称名では発行を受けられなくなった者が知られていない本名で申請書を作成するといったケースも考えうるところであり、文書の予定

---

34) 大谷・各論474頁、西田・各論376頁、高橋・各論522頁、山口・各論468頁、今井猛嘉「文書偽造罪の一考察（6・完）」法協116巻8号（1999年）1347頁（有資格者が名義人として誤解される可能性が高いことを理由とする）。

35) 林(幹)・各論367頁。最高裁判決に批判的なものとして平川・各論452頁、曽根・各論244頁、伊東・現代社会381頁、松宮・各論375頁。

36) 参照、最決昭和56・12・22刑集35巻9号953頁。服役中に逃走したため、義弟の氏名を用いて生活していた者が交通事件原票の供述書にその氏名を使用した事案で私文書偽造罪を肯定。「右氏名がたまたまある限られた範囲において被告人を指称するものとして通用していたとしても」、偽造の成否に関わりはないとする。

する手続が「公」のものか，また「通称名」を用いたかどうかは重要とはいえないであろう[38]。まとめると，後の手続を予定する文書を作成する「(甲こと) 乙」は，「後の手続で乙 (あるいは甲) という名で特定される (甲こと) 乙」と観念化され，当該手続で実際には甲 (あるいは乙) として特定されている場合，作成者は存在せず，偽造になるのである。

5 文書の自署的性格

文書のなかにはその性格上自署を要すると解されているものがある。筆記試験の答案は典型例であり，甲から依頼を受けて乙が甲の名前で答案を書いて提出するいわゆる替え玉受験が不正であることはいうまでもない。しかし，その答案が偽造されたといえるかは別の問題であり，1の検討によれば，乙は作成権限を有する以上偽造に当たらないとも考えられそうである。

しかし，判例は文書の自署的性格を偽造の判断資料に含まれると解している。即ち，入学試験の替え玉受験に関して，志願者自身は名義の使用を認識していなかったと認定されていて傍論にとどまるが，次のように判示して私文書偽造罪を認めた裁判例[39]がある。「仮に，本件志願者のうち，替え玉受験が行われることについて何らかの認識があり，これを承諾するものがあったとしても，本件各答案は，志願者本人の学力の程度を判断するためのものであって，作成名義人以外の者の作成が許容されるものでないことは明らか」，と。また，運転免許停止の処分を受けたにもかかわらず車を運転し，取締中の警察官から運転免許証の提示を求められたので家に忘れてきたと嘘をつき，免許証不携帯を理由として作成された交通事件原票の末尾の「供述

---

37) 参照，山口・新判例344頁 (「戸籍名によって交通違反記録が管理される以上，交通事件原票供述書にも同じことが妥当する」とする)，伊藤ほか・アクチュアル各論379頁〔成瀬〕(再入国の許可が「公認の身分関係登録簿に登録された氏名 (＝本名) を手掛かりに行われること」を指摘する)。
38) 参照，東京地判平成15・1・31判時1838号158頁。その名前では融資を受けられなくなった者が養子縁組を行い，新たな氏名でサラ金業者に借入れのための申込書等を作成した事案で，縁組前の人格とは別個の人格を偽ったとして私文書偽造罪を肯定する。ただし，養子縁組は無効としたので本文と直接に関わる裁判例とはいえない。
39) 東京高判平成5・4・5高刑集46巻2号35頁。上告審である最決平成6・11・29刑集48巻7号453頁はこの問題については判示していない。

書」欄（「私が上記違反をしたことは相違ありません。事情は次のとおりであります。」との不動文字の後に供述者が署名するスペースがある）に予め承諾を得ていた他人の氏名を記入した事案において，「交通事件原票中の供述書は，その文書の性質上，作成名義人以外の者がこれを作成することは法令上許されない」と述べて私文書偽造罪の成立を肯定した最高裁決定[40]を挙げることができる。

　もっとも，「その文書の性質上，……法令上許されない」という最高裁決定の理由づけは明確とはいいがたい。この点は，控訴審判決[41]の判示にあるように，本件供述書の「内容は自己の違反事実の有無等当該違反者個人に専属する事実に関するものであって，名義人が自由に処分できる性質のものではなく，専ら当該違反者本人に対する道路交通法違反事件の処理という公の手続のために用いられるもの」であることが考慮されているのであろう。学説においても，表示内容について名義人への責任転嫁がありえないとして[42][43]判例は相当程度の支持を得ている[44]。他方，本人による承諾の効力を強調する反対説[45]も有力であって，両者は拮抗した状況にある。

　供述書に書かれた「違反事実」が「違反者個人に専属する」とされる意味が，免許証を携帯せずに運転したのは運転者以外にはありえないということであれば，偽造を承認する理由づけとしては妥当でないと思われる。誰が違

---

40) 最決昭和56・4・8刑集35巻3号57頁。さらに最決昭和56・4・16刑集35巻3号107頁。本決定以前の肯定例として東京高判昭和50・1・28高刑集28巻1号22頁。
41) 東京高判昭和54・8・28高刑集32巻2号173頁。
42) 大谷・各論473頁，中森・各論195頁，高橋・各論530頁。他人名義での文書作成が法的に許容されていることを要するとしつつ，本件では名義人と事実的な文書作成者との間で相互に表示意思を帰属させていたともいえないとするのは伊藤ほか・アクチュアル各論385頁〔成瀬〕。
43) 違法な目的を伴う承諾・授権は無効とする考え方（木村・各論248頁）により偽造罪を肯定する構成も考えられる（福田・各論97頁。なお，作成者と名義人の同一性をことさらに欺くための承諾は無効とするのは内田文昭「名義人の承諾と文書偽造罪の成否」研修396号〔1981年〕9頁）が，文書作成の目的と作成権限の存否は別の問題とするのが現在の一般的な理解であろう。
44) 文書作成が予定される一定の場所的状況を考慮する見解として西田・各論375頁（「交通事件原票は交通違反行為の現場で……作成されることが予定され」ており，名義人は「警察官により違反者と認定された」者とする），今井・前掲注16)976頁。前提となる「一定の状況」が，当該文書における意思・観念の表示を帰属させられるかという観点から実質的に判断されるべきことを指摘するのは山口・各論466頁。

反行為を行ったかは文書の実質的な内容に関わるからである。例えば，真犯人甲の身代わりで乙が警察に出頭し，「たしかに私がやりました。」と書いた供述書を作成し，乙と署名しても，内容虚偽の文書を作成しただけであって，「犯罪を犯した乙」は虚無人であるから偽造罪が成立するわけではない。そうではなくて，「供述書」という形式が重要と思われる。供述書は自己の体験を直接に表明する形式の文書，比喩的にいえば，丙が「○○を見た。」と語っている映像であり，作成者は，「現に供述した丙（映像で語っている丙）」と解されるからである[46]。試験の答案の自署性もまた，解答者の学力という一身的な事項を直接に表明する形式の文書であることに由来すると考えられる。

以上に対して，「供述した」かどうかも文書の内容に関わると批判するのは妥当でない。丙が「供述した」ことが内容となるのは，丁が「丙は○○と供述した。」と書いた丙に関する供述録取書においてである。もっとも，この供述録取書も丁との関係では供述書となる。ここからは，「供述書」であることは文書の形式の問題であることが確認されよう。また，作成権限を誰に与えるかは本人の自由であるとしても，当該文書の形式からそれが本人のみに限られることが否認されるわけではない。2 で検討したように，発給資格に基づく文書ではそのような限定が認められる。文書の自署的性格[47]も文書作成人を判断する際の考慮要素と解される。

6　名義人に関する補充的情報

文書の作成名義に付随して記される住所・電話番号，肩書や添付される顔写真，指印などは判断資料となるか。これまでの検討から，例えば，医師と

---

45)　平野龍一「文書偽造の二，三の問題」同『犯罪論の諸問題(下)』(有斐閣，1982年) 408 頁（「名義人は，その法律効果を引き受けてよいといっている」ことを指摘する），曽根・各論 253 頁，平川・各論 450 頁，伊東・現代社会 367 頁，林(幹)・各論 360 頁（ただし，不実の前科が記録されることから「有形偽造とされてもやむをえない」とも述べる〔367 頁〕），松原芳博「文書偽造罪」曽根＝松原編・重点課題各論 214 頁。

46)　川端・前掲注 6) 212 頁（「直接，本人自身によって作成されること自体が文書の証拠性を決定的に基礎づける文書」では自署性が要求されるとする），山中・各論 558 頁，567 頁（事実証明文書が一般に「知見」を表示する文書であり，知見の体験者のみが作成者とする）。さらに大塚・各論 452 頁注(31)。

の肩書は医師の業務遂行に関する文書のもとでは考慮されることが示されるものの，それ以外の場合に問題となる。この点をめぐっては，警察から指名手配を受けるなどの事情があって本名を明かしたくない乙が，甲という偽名を用いて就職しようと考え，虚偽の氏名，生年月日，住所，経歴等を記載したうえ，乙自身の顔写真を貼り付けて押印した甲名義の履歴書等を作成したという事案において，「これらの文書の性質，機能等に照らすと，たとえ被告人の顔写真がはり付けられ，あるいは被告人が右各文書から生じる責任を免れようとする意思を有していなかったとしても，これらの文書に表示された名義人は，被告人とは別人格の者であることが明らか」だとして私文書偽造罪の成立を肯定した最高裁決定[48]がある。

本件の履歴書では，甲の氏名のほか，虚偽の生年月日，住所，経歴等が記されており，人の特定に顔写真を持ち出す必要はなく，名義人を乙とは別人格の「甲」（虚無人）とした決定は支持される[49]。しかし，「氏名」だけでは人の特定に疑義が生じるような場合には，補充的情報も併せて判断されよう。例えば，文書上の乙の名義に付された丁という住所は，「丙を住所とする乙」のほかに「丁を住所とする（同姓同名の）乙」がいるときには，どちらの乙が名義人かを判断する資料となる[50]。なお，当該情報がその文書の性格上，名義人の特定を補充するにとどまらず，名義と並ぶ重要性をもつと

---

47) これは文書の形式の問題であって，作成に当たって自署が「要件」にされているかどうかとは異なる点には留意を要する。参照，松宮・前掲注12)360頁。仙台高判平成18・9・12高刑速（平18）329頁が，乙が，消費者金融会社に対する極度借入基本契約の締結及び融資用キャッシングカードの交付を申し込む書面に他人（甲）の名義（名義使用につき同意があった可能性は否定できないとされる）を用いた事案で私文書偽造罪の成立を肯定する際，当該申込書は名義人本人がその場で作成することが求められており，その要求に合理性があることを理由としているのは疑問である。それらは文書の形式には関わりないからである。本件申込書は後の審査手続を予定する文書であり，「そこで甲という名で特定される乙」という作成者が存在しないことを理由とすべきだったと思われる。これに対して，甲が現実に承諾していたのであれば偽造には当たらないとするのは松澤伸「判批」刑事法ジャーナル11号（2008年）106頁。

48) 最決平成11・12・20刑集53巻9号1495頁。

49) 7で取りあげる「甲」は許される仮名かという観点から消極に解し，最高裁決定を妥当とするのは大谷・各論474頁，西田・各論377頁，山中・各論557頁，高橋・各論522頁，山口・各論470頁（履歴書は継続的な雇用関係の基礎となるものであるから，甲への「成りすまし」が認められるとする），伊藤ほか・アクチュアル各論380頁〔成瀬〕。

評価できる場合は、情報も名義人を観念化する資料と解される。受験に際して提出を要求される写真票は顔写真にこそ本人を特定する意義があるといえる。したがって、乙が乙の名義で甲の顔写真を貼り付けた写真票を作成したケースでは、名義人は観念的に「甲の風貌をもつ乙」と捉えられるのである[51]。

7 文書外の事情

文書から読み取ることのできないような文書外の事情も文書作成者の判断資料となるかについて、学説では積極に解する立場が有力である。旅館の台帳に偽名を使用したが、宿泊代を踏み倒そうというのではなく身分や本名を隠したいだけである、事実的な作成者の身柄が拘束を受けている、当該文書が使用される範囲が当事者間に限られるなど、事実的作成者の意思や置かれている客観的状況、文書の予想される流通範囲を考慮して偽造を判断すべきだとされる[52]。他方、判例は、6で紹介した最高裁決定が「被告人が右各文書から生じる責任を免れようとする意思を有していなかったとしても」偽造に当たると判示し[53]、また、警察で取調を受け、供述調書の供述人欄に署名を求められた際に他人の氏名を記載した事案において私印偽造罪の成立を認めた裁判例[54]が見られるなど、文書外の事情を考慮することに慎重な態度を示している。

---

50) 偽弁護士に関する前掲注1)最決平成5・10・5の事案を住所等の記載を考慮して解決するのは今井・前掲注34)1362頁。同決定の対象となった複数の文書のうち、弁護士の肩書と所属弁護士会のみが記載され、住所等が書かれていない文書に限って私文書偽造罪を肯定する。

51) 未成年の甲の親からの依頼により、未成年の乙の親が乙の名義で甲の顔写真を貼付した一般旅券発給申請書を作成した事案で、「申請書から認識される名義人の人格を考えるに当たって最も重視されるべきは申請書に貼付された写真であり、貼付された写真によって特定される者」、即ち甲が名義人だとしたものに東京高判平成12・2・8東高刑事報51巻1=12号9頁がある。しかし、旅券の発給申請手続でも、申請者の「名前」による特定が出発点であるから、名義人は「甲の風貌をもつ乙」とする方が正確に思われる。

52) 林幹人「有形偽造に関する二つの新判例をめぐって」曹時45巻6号（1993年）1392頁。さらに、平川・各論453頁、山中・前掲注15)34頁、伊東・現代社会379頁（ただし、「文書上の記載等から得られる情報に劣後する補充的な機能を有するに止まる」とする）、髙山佳奈子「文書の名義人」山口編著・クローズアップ各論241頁、245頁（文書の流通範囲を重要な考慮要素とする）。さらに、後述する、供述証書への偽名使用を私印偽造罪に問う裁判例を被疑者の特定は氏名によらないと批判するものとして中森・各論196頁注(23)。

乙が（実在しない，あるいは，実在するが名義使用に同意していない）甲の名義で文書を作成しても，文書外の諸事情を考慮して「作成者」を「その状況にある乙」と捉えることは可能だとしても，「名義人」を文面から「その状況にある乙」と読めなければ偽造を否定することはできない。丙代理人丁が，丙とのみ記載した文書を作成しても偽造に当たらないのは，その文書が２～５で検討したような性質を有しない限り，文面上「丙自身かその代理人か」によって作成されたと読み取れるからである。しかし，「甲」という名称から「その状況にある，甲以外の誰か」まで文面において読み取れることは少ないであろう。「作成者」が乙であることを強調して「名義人」との一致を問わないのは，偽造概念を否定するに等しく妥当とは思われない。

　たしかに，商店のくじ引きで特賞を当てた人が当選者欄に他人の氏名を記入しても，脅迫状を別人の名前で作成しても私印偽造罪や私文書偽造罪に問うべきではなかろう。しかし，その理由は，記載された名前が当てにならないという意味でそもそも信頼がないからであって，人格の同一性に偽りがなく信頼が裏切られていないからではないと思われる。加えていえば，そのような名義に信頼のない文書を広く認めることには疑問があり，先に挙げられた旅館の台帳がそれに当たるかは微妙であろう。文書作成人の判断資料には，文書から読み取ることのできないような文書外の事情を含めるべきではないと解されるのである。

IV　まとめ

　「偽造」は，文面上の文書作成人（名義人）と現実の文書作成人（作成者）との間の不一致として形式的に理解される（I）。文書作成人が文面上２名

---

53)　前科の判明を恐れて同意なく知人の名前で履歴書を作成した行為につき私文書偽造罪を肯定したものに大判大正14・12・5刑集4巻709頁がある。交通事件原票中の供述書欄に仮名を書いた事案に関しては，違反事実を自認して署名していることを重視して同罪を適用しなかった原判決を「名義人と作成者の区別について明確な基準を立て難くなって……文書偽造罪の適用に混乱を生じ」させるなどとして破棄した東京高判昭和52・10・26東高刑事報28巻10号121頁，無免許運転の罪責を免れる意図はなかったと見られる事案で同罪を肯定したものに東京高判昭和54・7・9刑月11巻7＝8号760頁がある。

54)　京都地判昭和56・5・22判夕447号157頁，東京地判昭和63・5・6家月41巻7号126頁。

いるようにも見える代理（・代表）名義の文書，例えば，「甲代理人乙」と書かれた文書における名義人は，「乙」ではなく「代理資格を与えられた乙」であり，また「甲」ではなく「代理資格を与えた甲」でもある（Ⅱ1）。一般的な文書作成人の定義も同様であり，文書の内容に責任を負う者とも文書を表示する意思を有する者ともいいうる。重要なのは，文書作成人は観念化して把握されることであり，その判断資料をどこまで認めるかである（Ⅱ2）。

　通常の文書であれば，他人に作成権限を与えて自分の名前で文書を作らせることは広く認められるから，「作成権限」は観念化の考慮要素となる。作成権限を超えた文書作成は偽造であり，濫用にとどまれば偽造ではない。踰越か濫用かの限界づけは，権限に付された「制約」が文書の内容を吟味するためと評価できるか否かに基づいて行われ，そのように評価できる場合，「制約」を超える文書作成でも偽造に当たらないと解される（Ⅲ1）。その他の判断資料としては，まず，文書の発給資格が挙げられる。作成権限を他に与えない形式の文書だからである（Ⅲ2）。業務遂行に必要な資格は，文書の作成資格ではないものの，業務に関連する文書においては相対化された発給資格として考慮が許される（Ⅲ3）。後の手続が予定されている文書では，その手続で特定に使われる名称を文書作成者の判断資料に取り入れてよい（Ⅲ4）。（適式な成立の要件ではなく）それ自体の性格上，自署を要すると解される文書では，文書作成者は当該文書を書いた者として特定される。その者のみがいわば発給資格をもつことが文書の性質から示されているといえるからである（Ⅲ5）。名義人に関する補充的情報は，作成者との同一性が一応認められそうであるが，なお疑いが残る場合に考慮される（Ⅲ6）。文書から読み取ることができないような事情を文書作成人の判断資料に入れることには疑問がある。「文面上の」文書作成人である「名義人」の判断が困難となり，ひいては偽造概念の否定につながるからである（Ⅲ7）。

第14章

賄賂罪における職務行為

I はじめに

　国家的法益のうち国家作用の侵害に向けられた犯罪の一つであり，適用例の多い賄賂罪を取りあげる。賄賂罪は，刑法典では[1]「第25章　汚職の罪」のもと，職権濫用罪（193条〜196条）の後に置かれ，多数の類型を有する。基本となるのは197条1項前段の（単純）収賄罪（とそれに対応する贈賄罪）であり，「公務員」が「職務に関し」て「賄賂」[2]を「収受し，又はその要求若しくは約束」する（贈賄罪では，公務員に賄賂を供与・申込み・約束する）ことを要件とする。これらのうち，「職務に関し」とは，公務員の行う（あるいは，行った）職務行為（不作為を含む）と賄賂との間に対価関係があることと解されるところ，とりわけ，公務員の行為が職務上のものか否かの判断は難しさを伴う。「職務」の範囲をどのように画定するか。この難問について，判例・学説を整理し，検討を加える。

---

[1] 刑法典以外でも，賄賂（「財産上の利益」という概念が用いられるときもある）を受ける主体の範囲を拡張する形で相当数の賄賂罪が置かれている。例えば，株式会社の取締役等の贈収賄罪（会社967条），破産管財人等の贈収賄罪（破273条・274条），独占事業会社等の役職員の贈収賄罪（経罰1条・2条・4条），公職者・議員秘書のあっせん利得罪・利益供与罪（あっせん利得1条・2条・4条），外国公務員等に対する不正利益供与罪（不正競争18条1項・21条2項7号）等が挙げられる。なお，株式会社の取締役を主体とする場合などでは，賄賂罪は国家法益に対する罪として性格づけられない点には留意を要する。
[2] 賄賂とは「人の需用若くは欲望を充たすに足るへき一切の利益」（大判明治43・12・9刑録16輯2239頁）とされる。

II　保護法益

　検討の前提となるのは賄賂罪の保護法益の理解である。通説的見解は次のように説明する。賄賂罪には「二つの立法主義がある。一つはローマ法に由来するとされるもので，職務の正不正を問わずこれに対する報酬を罰する。けだし，職務の不可買収性……を基本とする考え方である。他の一つはゲルマン法に由来するとされるもので，不正な職務に対する報酬を罰する。これは職務行為の純粋性……ないし職務の不可侵性……の思想を出発点とするものである。わが刑法は，……概していえば，職務の正不正を問わず賄賂罪の成立をみとめ，その不正なばあいを加重的構成要件としている」。したがって，保護法益は「職務行為の公正〔とこれ〕[3]に対する社会一般の信頼」と解される[4]と。信頼保護説と呼ばれるこのような見解は，既に戦前から判例[5]・学説[6]の立場でもあった。

　以上に対して，近時では，「公務員がなにかおかしなことをやっているらしい，というだけで収賄罪の成立を認めるかのような，社会の信頼という概念の軽薄な広範性」[7]に疑問を呈し，より実質的に法益を「職務行為の公正」として一元的に捉える純粋性説[8]も有力化している。もっとも，そこでは，職務の不正を要件としない賄賂罪の把握のしかた，とりわけ，当該公務員が左右する余地のない職務に対して，あるいは，相当な職務行為を行った後に[9]，賄賂の収受等が行われるケースをどのように処理するかが解釈上問題となる。判例はこれらのケースでも信頼保護説に依拠して賄賂罪の成立を認めているのである[10]。

　純粋性説からの一つの回答は，賄賂の対象を「行為としての個々の職務（職務行為）ではなく，任務としての職務それ自体（公務）」[11]として抽象化し，「過去の職務行為の対価として利益を収受する」場合でも，「将来の職務

---

[3]　本文の説明のように，「職務行為の公正」と「これに対する社会の信頼」は性質を異にするとの理解のもとでは，法益として両者は並列される。解釈論的にも，「社会の信頼」のみでは，職務権限を有する他の公務員への働きかけを捉えるあっせん収賄罪の根拠づけが難しくなるなどの影響がある。もっとも，職務行為の範囲に関する本稿との関係ではこの点は重要でなく，「社会の信頼」のみを掲げる見解も含めて広く信頼保護説と呼ぶことにする。

行為の公正性に対する危険が生じる」[12]から，個別職務の不正性にかかわらず賄賂罪が成立しうるとするものである。しかし，賄賂を受け取っても不正な職務をしなかった公務員が将来は不正な職務を行うだろうとの判断は（抽象的危険はおろか）嫌疑罰さえ基礎づけられないように思われる。

　もう一つの回答は，職務の不正性を要件としない賄賂罪を個別の職務行為の公正に対する抽象的危険犯と構成する[13]ものである。このような理解から，単純収賄罪は「賄賂の対価となる職務行為が将来行われるべきものである場合にのみ成立」する[14]，あるいは，「賄賂によって職務が影響される危険がまったくないときにも収賄罪を認める」べきではなく，「職務行為のあとの賄賂の収受」のケースでは，「後に行われるべき贈与への期待によって職務行為が行われたのでないことが明らかなときには，……収賄罪の成立を否定すべき」だ[15]と主張される。しかし，この説明でも，相当な職務後に賄賂を収受等したケースは，職務の際に後の賄賂を期待していた場合でさえ，賄賂により職務が影響される危険があった（賄賂を期待したから相当な職務を行った）とはいえないであろうから，単純収賄罪等は不成立とならざる

---

4) 団藤・各論129頁。信頼保護を法益とするのは団藤編・注釈(4)397頁〔内藤謙〕，中・各論297頁，宮澤浩一「賄賂」中山ほか編・講座(4)65頁，大谷・各論635頁，斎藤信治「賄賂罪の保護法益(2)」法学新報96巻3＝4号（1990年）50頁，中森・各論273頁，西田・各論489頁（ただし，「終極的には，公務の円滑な遂行という国家の作用が害されることが処罰根拠」と述べる），高橋・各論674頁，前田・各論664頁。不可買収性を法益とするのは木村・各論288頁，平野・概説294頁（ただし，公務の不可買収性の背後に公務員が「不公平な裁量を行う危険」があるとする），江家・各論63頁，井上正治＝江藤孝『刑法学各則〔新訂〕』（法律文化社，1994年）353頁，福田・各論46頁，大塚・各論626頁（賄賂罪の本質は「不可買収義務の違反」とする），内田・各論678頁，今井ほか・各論446頁〔今井〕（不可買収性とは，職務が賄賂により左右されてはならないことだとする）。以上に対し，賄賂罪の本質を職務の清廉ないし公正の侵害に求める見解に小野・各論48頁（賄賂罪は「清廉であるべき義務に背くことを罰するもの」とする），吉田常次郎「瀆職罪に関する若干の考察」同『刑事法判例研究』（学芸書房，1956年）268頁（「公務の公正を害する危険」を処罰根拠とする），植松・概論Ⅱ 68頁がある。もっとも，団藤編・注釈(4)397頁〔内藤〕は，これら従来の純粋性説にいわゆる「職務行為の公正という意味は，職務義務に違反しないことよりも広く……，職務行為の公正に対する社会の信頼をもそのうちに含めて考え」られているとする。かくして，「我国においては，純粋性説と信頼保護説との間の差異は，ほとんどないといってよい」とするのは北野通世「収賄罪の一考察(1)」刑法雑誌27巻2号（1986年）266頁注(4)。

5) 大判昭和6・8・6刑集10巻412頁。「法か収賄罪を処罰する所以は公務員の職務執行の公正を保持せんとするに止らす職務の公正に対する社会の信頼をも確保せんとするに在」ると判示する。さらに最大判平成7・2・22刑集49巻2号1頁。

をえない。これは現行規定のもとでは受け容れられない帰結であろう。

かくして，解釈論としては信頼保護説に基本的に拠らざるをえないと思われる。ただし，純粋性説による現行規定の実質的理解に限界があることは，翻って，信頼保護説による法益の把握が相当に形式的であることの証左ともいえる。「もし世人が行為を認識したとすれば職務行為の公正を疑うであろうか」[16]と尋ねても，とりわけ職務行為が相当な場合，世人はなお疑うともはや疑わないともいえるなど，容易に答えられるものではない。むしろ，「職務」に対価が支払われれば，（社交儀礼の範疇に入る場合などを除いて）基本的に職務の公正に対する社会の信頼は害されると考えられている[17]というべきであろう。したがって，以下で「職務」の範囲を画定する際に，社会の信頼が害されるかという規準は十分に機能しえないことを確認しておく必要があると解される。

Ⅲ 一般的職務権限と職務密接関連性

賄賂罪における「職務」の範囲を，当該公務員が「現に具体的に担当して

---

6) 岡田庄作『刑法原論各論〔増訂改版〕』（明治大学出版部，1918年）148頁（「職務上の威厳信用を失墜し人民をして公務行使の公平を疑はしむる行為も」賄賂罪に当たるとする），瀧川幸辰「職務行為後の贈与と賄賂罪」同『刑事法判決批評(2)』（立命館出版部，1937年）181頁（「賄賂罪の本質は……職務非売性の原則を破ることにある」）。なお，大場・各論下627頁は，「賄賂の為め公務の実行を左右せしむる如きは……国家の利益に反する」としつつ，相当な公務が実行された場合でも「人をして公務は賄賂に依り之を左右し得可きやの観念を懐かしむるの虞」があり，やはり「国家の利益を害する」，泉二・各論469頁は，「賄賂罪は公務執行の公正を危害する行為」とする一方で，同474頁は，同罪を「職務上の公正に対する社会の信頼を保護する必要に基く」もの，宮本・大綱519頁は，賄賂罪を「職務の神聖を維持する為め」のものとしつつ，「正当な職務行為に対しても理由なき報酬はこれを許すことを得ない」，とそれぞれ述べている。従来の純粋性説に対する評価につき前掲注4)を参照。他方，純粋性説に即した理解を示すのは草野豹一郎「職務行為後の贈物と贈賄罪」同『刑事判例研究(3)』（巌松堂書店，1937年）247頁。賄賂罪を職務行為の公正を保護する「抽象的危殆犯と……解して，何等妨ない」とする。

7) 町野朔「収賄罪」芝原ほか編・現代的展開各論350頁。同351頁では，「信頼保護説は，法益概念と法益の危殆に関する判断基準とを混同」するものとも批判する。

8) 小暮得雄＝内田文昭＝阿部純二＝板倉宏＝大谷實編『刑法講義各論』（有斐閣，1988年）562頁〔神山敏雄〕，曽根・各論317頁，北野通世「収賄罪の一考察(2・完)」刑法雑誌28巻3号（1988年）406頁，林(幹)・各論442頁，山口・各論612頁，嶋矢貴之「賄賂罪」法教306号（2003年）57頁。

いる事務」を超えて拡張する際に、判例では、その「一般的な職務権限に属するものであれば足り」る[18]とされることが少なくない[19]。これには、「職務」性が肯定されるケースでは、むしろ「具体的権限もあったというべき」であり、「一般的、抽象的な権限があれば足り、『具体的権限』は必要でないというのは、かえって誤解をまね」く[20]との批判が向けられている。一般的職務権限の概念を用いるとしても、「一般化」の程度について慎重に判断することが要請されることになろう。この点はⅣで考察する。

「職務」の範囲を実質化するもう一つの考え方が職務密接関連性である。即ち、県会議員が、県知事への意見書を県会に提案し、それが可決されるのに必要な数を集めようと他の議員に働きかける行為について、「公務員……の職務執行たる行為に属せさるも其職務執行と密接の関係を有する場合に於ては職務に関して収賄若くは贈賄の行為ありと謂ふを妨けす」との一般論のもと、「職務の執行に関する行為」に当たると判示した大審院判決[21]が現れ、その後、本来の職務行為の準備的段階で行う同僚等に向けられた説得・

---

9) 「官吏人の嘱託を受け賄賂を収受し又は之を聴許したる者は1月以上1年以下の重禁錮に処し4円以上40円以下の罰金を附加す」と規定していた旧刑法284条1項について、判例（大判明治36・10・30刑録9輯1609頁）は、賄賂の「供与に対して請託者の為めに便宜の処置を為すへきことを約すること」が必要であり、職務行為が先行した場合は、事前に「金員の授受に関する予約」がなければならないと解していた。現行刑法のもとでも、職務行為後に公務員の予期しない贈物をしても職務非売性の原則は破られないとして行為後の贈物の授受を賄賂罪から除外する立法論の主張が見られた（瀧川・前掲注6）187頁）。

10) 前者のケースにつき前掲注5）大判昭和6・8・6（自校の生徒が使用する教科書の販売店を指定する等の権限を有していた中学校教諭が販売店の店主から饗応を受けた事案で、「生徒か正当の代価を以て一定の日時迄に所要の教科書を整ふるを得ることに付何等の障害を与へさりし」場合でも「被害法益なきものと謂ふへからす」とする）、大判昭和11・5・14刑集15巻626頁（葉煙草の品質を鑑定する職務に従事する公務員に対して葉煙草耕作者から有利な取扱をするように金銭等が贈られた事案で、2名の鑑定者がそれぞれ独立して行うなど「事実上鑑定等級に手心を為すべき余地なく全く不能のこと」だとしても、収賄罪の成立は否定されないとする）。後者のケースにつき大判大正5・6・13刑録22輯981頁（民事紛争の解決に尽力してくれた謝礼として警察署長らが呉服券等を受領した事案で、「行ひたる正当行為に対し事後に提供したる報酬と雖も之を収受するときは……少くも職務か公平に行はれたるや否やを疑はしむる」とする）、大判昭和10・5・29刑集14巻584頁（学位論文の審査終了後に審査員を務めた国立大学教授が博士号取得者より150円の謝礼を受け取った事案で、事後の謝礼の如きは「一見事に害なきに似たりと雖之に因りて職務の公平に行はれたるや否を疑はしむるの結果を生する」とする）、最決昭和30・6・22刑集9巻7号1179頁（区役所教育課学事係長として小学校建設促進に尽力した者が同建設促進委員長から謝礼として5000円の贈与を受けた事案で収賄罪を肯定）。

勧誘活動のケースを中心に22),判例において「職務密接関連性」の概念が定着していった。さらに,学説にも受け容れられていく23)こととなる。

もっとも,早い時期から職務密接関連性という考え方に批判を向けた論者も存在した。行政法学者の美濃部がそれであり,次のように説いた。「刑法第197条には,公務員が『其職務ニ関シ賄賂ヲ収受シ』云々とあるのであって,職務又は職務に密接の関係ある行為に関し賄賂を収受しとあるのでないから,職務それ自身に関する収賄ではなく,職務に密接の関係ある行為に関する収賄をも,同条に該当するものと為すことは,直接に同条の明文に抵触する嫌があるのみならず,職務に密接の関係ある行為といふことは,其の語自身に甚だ明瞭を欠いて居り,法律上に果して密接の関係ある行為であるや否やを判断するに付いて,正確な標準を定め難いことの非難を免れない」24),と。

このような批判に配慮してか,判例は,「職務」を「公務員が法令上管掌するその職務のみならず,その職務に密接な関係を有するいわば準職務行為

---

11) 曽根威彦「収賄罪」刑法雑誌31巻1号(1990年)51頁。
12) 林幹人「賄賂罪における純粋性説」『鈴木茂嗣先生古稀祝賀論文集(上)』(成文堂,2007年) 597頁。曽根・前掲注11)56頁は「将来同種の職務の公正が害される抽象的危険が生ずる」とする。
13) 北野・前掲注8)415頁,町野朔「収賄罪」芝原ほか編・現代的展開各論353頁,山口・各論612頁(「職務行為が賄賂の影響下に置かれる危険」とする)。
14) 北野・前掲注8)425頁。ただし,侵害犯である加重収賄罪では事前の収受等は要件とされない。職務が現に行われなくてもよい単純収賄罪では,職務と賄賂の関係が「公務員等と賄賂の供与者との不法な約定」に基づくことが,加重収賄罪では,「現実に行われた職務上の義務に違反する具体的な行為と賄賂」が客観的に対価関係に立つことがそれぞれ必要だと説く(同410頁)。
15) 町野朔「収賄罪」芝原ほか編・現代的展開各論353頁。さらに山口・各論612頁。
16) 斎藤・前掲注4)59頁。
17) 参照,大塚・各論627頁注(5)。不可買収(義務)説を採りつつ,職務の公正に対する社会の信頼は,「厳密には,公務員らの職務の不可買収義務……の確保にもとづいて,国または地方公共団体の作用が保護されることによ〔り〕……反射的」に保護されるものだとする。
18) 最判昭和37・5・29刑集16巻5号528頁。
19) 学説でも承認されている。戦前の見解として宮本・大綱519頁(「当該職務者の一般的権限内の事項に関する」ものを職務行為とする)。近時では,団藤・各論134頁,大塚・各論629頁,大谷・各論637頁,中森・各論274頁,曽根・各論308頁,山中・各論772頁,山口・各論616頁。
20) 平野・概説297頁。

又は事実上所管する職務行為」[25]をいう，あるいは，「職務に密接な関係のある行為というべきであるから，……収賄罪にいわゆる職務行為にあたる」[26]と判示するなど「若干の変化」[27]を示している。密接関連行為を「職務」概念のいわば外側でなく内側に位置づけてなお職務行為とする構成は学説でも採用されており[28]，理論的に見ても，本来の職務と「共通の性質がなければならないことにな」り，「密接関連行為の範囲は自ずから限定される」[29]点でより優れた構成[30]と評価しうる。

しかし，疑問は残る。職務密接関連性が着目される理由は，信頼保護説のもと，密接に関連する行為に対価が提供された場合でも，「職務そのものの公正が疑われるおそれがある」点[31]に求められている。ここからは，密接関連性の肯否は「社会の信頼が害されるか否かの観点を抜きにしては，適切に答えることができない」[32]ことになるが，Ⅱで確認したように，そのような観点は十分な内実を伴わず，密接関連行為を「職務」の内側に位置づけても「自ずからの限定」にあまり期待できないからである。目指すべきは，密接関連性を媒介とせずに適切に拡張された「新たな職務概念」[33]を正面から構築することと解される[34]。かくして，当該行為は本来の職務と密接に関

21) 大判大正2・12・9刑録19輯1393頁。さらに最判昭和32・2・22刑集11巻2号946頁。なお，最判昭和34・5・26刑集13巻5号817頁は，「職務行為と密接な関係にある行為ないしその職務行為と関連性のある行為をも包含する」と判示した原判決について，「解釈やや広きに過ぎ，当裁判所の判例の趣旨にそわないきらいがあ」ると述べている。

22) 密接関連性の肯定例として大判大正5・12・13刑録22輯1826頁（村会議員が村長候補者のために同僚議員に対して行う選挙運動。ただし，密接性という言葉は使われていない），大判昭和7・10・27刑集11巻1497頁（村長が知事に上申するに先立って審議をさせる村会議員協議会において意見を述べ，発議する行為），大判昭和8・10・10刑集12巻1801頁（市会議員が収入役候補者のために同僚議員に対して行う選挙運動），大判昭和9・8・6刑集13巻1066頁（町会議員が町長候補者のために同僚議員に対して行う選挙運動），大判昭和9・11・26刑集13巻1608頁（村長が村会に推薦する助役候補者を事前に非公式の村会議員協議会で選挙する慣行のもと，この選挙における投票等の行為），大判昭和11・8・5刑集15巻1309頁（贈賄者たる議長候補者のために市会議員が同僚議員に対して行う選挙運動）。否定例として大判昭和12・3・26刑集16巻410頁（府参事会に府立学校の移転先を自己に有利に決定してもらおうと府会議員に金銭を贈った事案。「府会議員か府当局に対し府参事会に於て議決せられるへき議案の提出を慫慂し若は其の通過成立を図る為め府参事会員を勧誘説得する」行為は，府会議員の職務でないのはもちろん「職務の執行に何等必要若は密接なる関係を有する事項に非」ずとする。戦後の密接性の否定例として最判昭和32・3・28刑集11巻3号1136頁，最判昭和51・2・19刑集30巻1号47頁。

係するか——公務的性格を帯びるか，職務に事実上の影響力を有するか，相手方に相当な影響を与えるか等に分けて論じられることが多い——ではなく，その者自身の職務に属する行為と見てよいかとの視点に基づいて検討を進めることにする。

IV 「職務」の類型的検討

1 他の公務員の職務を代行・補佐する行為

法令等によれば他の公務員に職務権限があっても，その者から個別に職務遂行の指示・命令があり，あるいは，その職務を補佐・補助する地位にある場合，指示を受けた者，補佐・補助する者の行為は職務上のものといえる。裁判例として，村長の補助として外国人登録に関する事務を行っていた村役場の書記が請託を受けて外国人登録証明書等の偽造を行った事案で加重収賄

---

23) 当初は，裁判例を挙げるにとどまる（牧野・日本刑法(下)263頁），「職務権限に関係するだけで十分」とされ，密接性に言及がない（小野・各論54頁）など，不明確さが見られたが，やがて支持は積極的となる。吉田常次郎「瀆職罪に於ける職務性」同・前掲注4)259頁（同262頁では「職務に密接なる関係ある事項は……職務の一部に非」ずと明言する），団藤・各論131頁，大塚・各論630頁，斎藤信治「賄賂罪の問題点」阿部ほか編・基本講座(6)380頁。
24) 美濃部達吉『公務員賄賂罪の研究』（岩波書店，1939年）40頁。
25) 最決昭和31・7・12刑集10巻7号1058頁。同様の判示をするものとして最判昭和32・2・26刑集11巻2号929頁，前掲注22)最判昭和51・2・19。
26) 最決昭和59・5・30刑集38巻7号2682頁，最決昭和60・6・11刑集39巻5号219頁。
27) 参照，内藤謙「賄賂」日本刑法学会編『刑法講座(5)』（有斐閣，1964年）112頁注(2)。
28) 既に戦前でも，瀧川幸辰「職務に密接の関係ある行為」同・前掲注6)209頁は「本来の職務行為及び職務に密接の関係ある行為を一体として職務行為と見ること」を正当だと述べていた。近時の見解として大谷・各論640頁，堀内捷三「判批」警察研究58巻3号（1987年）49頁，曽根・前掲注11)60頁，西田・各論495頁，山中・各論774頁，山口・各論617頁。
29) 中森喜彦「職務関連行為概念の機能」論叢128巻4＝6号（1991年）178頁。
30) 解釈論的には，本文のような構成では，「職務に関し」の「職務」に密接関連行為が含まれ，「に関し」は賄賂との対価関係を表すのに対し，従来の構成では，職務「に関する」行為が密接関連行為であり，対価関係は「賄賂」の要素に位置づけられる。
31) 団藤・各論132頁。なお，純粋性説のもとで職務密接関連行為まで拡張できる根拠は明らかでない。「職務の公正を害する危険があるから」と説く古い見解として吉田・前掲注23)259頁。同説は，密接関連性の判断要素として本来の職務に対する影響を重視する立場と親和的といえるかもしれない。参照，曽根・前掲注11)64頁，嶋矢・前掲注8)60頁。

罪を肯定した決定[35]などが挙げられる。この決定は、書記の行為を偽造という違法行為である点を考慮してか、「職務に密接な関係を有する」ものとしているが、職務行為といって差し支えない[36]と思われる。なお、権限者が補佐人や補助者の上申した意見等をほぼ受け容れ、したがって、これらの者に事実上は職務権限があるといえることまでは、少なくとも信頼保護説のもとでは要求されないと解される。

2　他の公務員の職務権限を事実上行使する行為

個別の職務権限は他の公務員に属するにもかかわらず、事実上これを行使するケースをどのように処理すべきか。裁判例では、県の地方事務所農地課開拓係係員（農地課長代理）が、同課耕地係の所掌事項である災害復旧工事の指名競争入札に関して、施行主体である村の村長に請託どおりの予定価格を決定させた事案で、被告人は「農地課長の職務代理者を命ぜられたと否とにかかわりなく、たとえ、日常担当しない事務であっても、同課の分掌事務

---

32)　斎藤・前掲注4)55頁。

33)　中森・前掲注29)178頁。密接関連行為に「職務行為と共通の性格のあることを根拠」として、二つの「相異なるものを一つの文言に含ませる」のは類推解釈と批判する。さらに高橋・各論684頁。

34)　美濃部の見解も方向性を等しくするものであり、具体的には、「刑法第197条に所謂『職務』とは……事実上に其の職務に基づき公務に関して行ふ総ての行為を含むもので、要するに公務を担任する者が金銭その他の不正の利益を受けて其の公務を左右せんとするのは、総て公務員収賄罪を構成する」（美濃部・前掲注24)43頁）としていた。もっとも、これほど拡張された「職務」概念に支持は広がらなかった。

35)　前掲注25)最決昭和31・7・12。なお、委任につき法令上の根拠を欠くが、厚生省の事務次官又は局長の通牒をもって県知事に委託され、これを被告人が課長事務代理として分掌していた国の行政事務に関わる行為を「被告人が慣習上若しくは事実上所管する職務行為」とするものとして最決昭和38・5・21刑集17巻4号345頁。

36)　職務権限を認めたものとして大判大正11・10・20刑集1巻578頁（特許官制により「上官の指揮を受け審査官を助け特許……に関する審査に従事す」とされ、許否の査定権を有しない審査官補による審査等の行為）、大判昭和9・4・16刑集13巻475頁（通信局監督課長の命を受けて同課郵便係所属員が三等郵便局長候補者の銓衡に関して調査する行為）、大判昭和9・12・24刑集13巻1823頁（町会議員にして町工事委員である者が町長の補佐として町の土木工事の現場監督をする行為）、大判昭和11・3・30刑集15巻354頁（運輸事務所長の権限に属する人事事項につきその命を受けて分担する同事務所庶務掛の行為。「職務」について「独立の決裁権限あることを要せす上司の指揮監督の下に其の命を承け事務を取扱ふものも亦職務たるを失はす」と明確に述べる）、最判昭和28・10・27刑集7巻10号1971頁（県知事及び県土木部長の命を受けて道路課長が県直営の橋梁工事を指揮監督する行為）。

に属するものであるかぎり，……その全般にわたり，上司の命を受けてこれを処理し得べき一般的権限を有していた」と判示した判決[37]がある。

そこでは職務権限が各「係」から「農地課」のレベルにまで一般化されている。他の裁判例でもレベルは異なるものの同様の一般化[38]が行われ，学説でも，同一の課に属する職務であればよい[39]，「同一部局内」でも足りる[40]，「中央官庁の場合には課，地方の小規模官公庁の場合にはそれよりも広い」[41]などとされている。問題は一般化する規準であり，職務担当の変更可能性に着目する立場が有力である[42]ものの，当該行為が（行政）法的におよそ不存在ではなく一定の効果を認められるかという職務行為の有効性を重視すべきように思われる。

3 他の公務員に職権行使を働きかける行為

このような行為が将来の自己の職権行使にも作用する場合，一体的に見て「職務行為」と評価することは可能と解される。早い時期から職務密接関連性が承認された，本来の職務行為の準備的段階で行う同僚等に向けられた説得・勧誘活動はこれに当たる[43]。ただし，準備的行為自体を自ら行いうる

---

37) 前掲注18)最判昭和37・5・29。
38) 大判大正9・12・10刑録26輯885頁（別府警察署所属の警察官は「内部的事務の分掌」に関わりなく貸座敷業者や芸娼妓の取締等に関して「一般的権限」を有する），大判昭和5・7・29刑集9巻598頁（兵庫県内務部地方課の第1区が管轄する事務に関して第4区の担任であった被告人が収賄した事案。「同課に於て取扱ひたる当該申請に付ては被告人……は……同課に勤務する事務官として之を処理し得へき職務権限を有する」，最判昭和27・4・17刑集6巻4号665頁（税務署直税課第1係所属の職員が担当区域・業種を異にする納税義務者から賄賂を収受した事案。「第1係の所属員は結局その第1係の分掌事務全般にわたってこれに従事する職務権限を有する」とする）。
39) 内藤謙「賄賂の概念」佐伯千仭＝団藤重光編『総合判例研究叢書刑法⑭』（有斐閣, 1960年）23頁，中森・各論275頁。
40) 大コメ⑽26頁〔古田佑紀ほか〕。
41) 山口厚「賄賂罪における職務関連性」山口・新判例355頁。
42) 町野朔「収賄罪」芝原ほか編・現代的展開各論364頁，中森・各論274頁，西田・各論494頁，山中・各論772頁，高橋・各論679頁，山口・各論616頁。さらに，平野・概説297頁。
43) 近時では前掲注26)最決昭和60・6・11。「現職の市議会議員によって構成される市議会内会派に所属する議員が，市議会議長選挙における投票につき同会派所属の議員を拘束する趣旨で，同会派として同選挙において投票すべき者を選出する行為」を「市議会議員の職務に密接な関係のある行為」とする。

ことが要件とはいえないであろう。裁判例にも，衆議院議員で同院運輸委員会所属の委員が衆議院大蔵委員会で審査中の法案について同委員会委員に働きかける行為について，「衆議院議員として法律案の発議，審議，表決等をなす職務」と関連すると判示した決定44)が認められる。

　他の公務員に対する働きかけがそれ自体として当該公務員の指示・命令等の権限の行使に当たるといえる場合，「働きかけ」は職務行為と考えられる。内閣総理大臣が運輸大臣に対して，特定航空会社に特定機種の旅客機の購入を勧奨するようにと働きかける行為について，「内閣総理大臣は，少なくとも，内閣の明示の意思に反しない限り，行政各部に対し，随時，その所掌事務について一定の方向で処理するよう指導，助言等の指示を与える権限を有する」として，働きかける行為は「一般的には，内閣総理大臣の指示として，その職務権限に属する」とした判決45)などが挙げられる。

　この場合，権限行使が厳密には適法といえなくても，それだけで職務行為性は否定されないと解されるものの，限界づけが問題となる。働きかける公務員と職権を有する公務員が別の行政組織に属する場合，働きかけは事実上のものでせいぜいあっせん収賄罪の対象と考えられよう46)。同一の組織・

---

44)　最決昭和63・4・11刑集42巻4号419頁。
45)　前掲注5)最大判平成7・2・22。その他，最決昭和32・11・28刑集11巻12号3148頁（不動産登記法上，登記事務を扱う権限のなかった地方法務局支局長が指揮監督下にある登記係職員に命じて登記申請書の作成等に便宜を図った事案で単純収賄罪を肯定），最決平成12・3・22刑集54巻3号119頁（北海道開発庁長官は，合理的な行政目的があるとき，北海道東北開発公庫に対して融資に関する行政指導を行いえ，したがって，同「公庫に対する個別の融資の紹介，あっ旋は，一般的には，北海道開発庁長官の職務権限に属する」とする），最決平成22・9・7刑集64巻6号865頁（北海道開発庁長官が，港湾工事の実施に関する指揮監督権限はないけれども予算の実施計画作成事務を統括する職務権限はあることを利用し，職員に対する服務統督権限を背景に，港湾工事の受注につき特定業者の便宜を図るよう北海道開発局港湾部長に働きかける行為を職務に密接な関係があるとする）。なお，税務署直税課第1係の係員が同係の「事務に参与する同僚又は上司を説き業者に有利なる営業純益金額の決定を為すべく斡旋尽力すること」を職務密接関連行為としたものとして大判昭和19・7・28刑集23巻143頁。
46)　最決平成15・1・14刑集57巻1号1頁（衆議院議員が，公正取引委員会委員長に対して，同委員会が告発等を行わないように働きかける行為についてあっせん収賄罪を適用）。同罪の新設前の消極例として前掲注22)大判昭和12・3・26，前掲注22)最判昭和32・3・28（農林大臣が復興金融公庫融資部長を紹介する行為につき，同金庫を監督する主務大臣は大蔵大臣，通商産業大臣であり，職務行為とも密接関連行為ともいえないとした）。

官庁に属する場合を巡っては，警視庁調布警察署地域課に勤務する警部補が同庁多摩中央警察署刑事課の担当する刑事事件につき「捜査関係者への働きかけ」等をすることは，「警察法64条等の関係法令によれば，同庁警察官の犯罪捜査に関する職務権限は，同庁の管轄区域である東京都全域に及ぶと解されることなどに照ら」して「その職務に関」するとした決定[47]などがあり，判例は土地管轄を重視しているようにも見受けられる。しかし，働きかけを職務行為と評価する根拠として，土地管轄が共通というだけでは形式的であり，両公務員が組織上（広い意味で）指示・命令する，ないしは共働する関係にある[48]ことはやはり要求されるべきように思われる。

4　自己の職務に随伴して働きかける行為

「職務」は，その権限や効力が法令その他の規定に明示されているものに限られない。本来の職務を遂行する過程で不可分に，あるいは慣行上ともに行われる行為も職務に含まれる[49]，ないしは，公務的性格を有するのでこれと密接に関連する[50]と解されている。もっとも，職務に随伴する働きかけのうちどこまでが職務行為といえるかの限界づけは難しい。近時の裁判例として，定期航空運送事業者の事業計画変更に対する認可権限等を運輸大臣

---

47)　最決平成17・3・11刑集59巻2号1頁。名古屋市昭和税務署所得税課資産税第2係に勤務する者が，同市熱田税務署所得税課資産税係の係員に対し，その管轄区域内の納税者による譲渡所得額の過少申告を是認するよう働きかける等の行為に対してあっせん収賄罪を適用したものとして最決昭和43・10・15刑集22巻10号901頁。

48)　最判昭和32・2・26刑集11巻2号929頁（公立病院の薬剤科部長が薬品購入を巡り賄賂を収受した事案で，庶務課に職務権限が属するとしても，薬品に対する専門知識の関係から同課に対する被告人の要求伝票がほとんど受け容れられていたとして，要求行為は職務に密接なる関係があるとする），最決昭和32・12・19刑集11巻13号3300頁（建設省特別建設局営繕部第6課等に対して石油製品等の割当案の作成等の権限を有する同省総務局資材課勤務の被告人が，第6課の技官に働きかけて，民間業者に対する石油製品の割当証明書を発券させたのは担当職務と密接に関連する）。

49)　大判大正13・1・29刑集3巻31頁（巡査が警察署長の命を受けて管内の小作争議を調停解決する行為を「警察官の職権事項に属する」とする），大判昭和8・5・26刑集12巻696頁（勅令上「土木ニ関スル技術ニ従事ス」とされる土木技師の職務に土木工事請負人の銓衡が含まれる），大判昭和13・12・3刑集17巻889頁（運輸業者間における営業譲渡の斡旋は「警察署長としての職務権限の範囲に属する」とする），大判昭和19・8・17刑集23巻150頁（国民学校訓導が卒業する児童の入学校を選定等するのはその職務とする）。

50)　伊達秋雄「賄賂罪」法セ4号（1956年）24頁，内藤・前掲注27)107頁。

に付与した航空法の趣旨に鑑みて，民間航空会社に対する「特定機種の選定購入の勧奨は，一般的には，運輸大臣の航空運輸行政に関する行政指導として，その職務権限に属する」のであり，そのことは行政指導を「適法に行うことができたかどうかにかかわりな」いとした判決[51]，県立大学医学部臨床医学教室及び附属病院診療科に対応して存在するが法的根拠は明らかでない「医局」の長が「その教育指導する医師を関連病院に派遣すること」は，医学教室教授兼附属病院診療科部長として「これらの医師を教育指導するというその職務に密接な関係のある行為」とした決定[52]が挙げられる。

　これらの行為に（一般的）職務行為性（ないし密接関連性）を肯定する理由として，相手方への事実上の影響力が挙げられることがある[53]。しかし，「影響力」の意味が，不利益な職権行使を恐れて従わざるをえないことだとすれば，それは「強要罪・職権濫用罪あるいは斡旋収賄罪の領域での問題であり，賄賂罪一般における公務員の行為について取り上げられるべき事柄ではない」との批判[54]が向けられよう。そうではなくて，働きかけ（この機種の旅客機を購入せよ，この病院で経験を重ねよ）が本来の職務（航空運輸送業者に対する認可，医師に対する教育指導）の一環となおいいうることを理由とすべきだと思われる。ここからは，板硝子割当証明書の発行担当者が特定の店で板硝子を買い受けるよう仕向ける行為に密接関連性を肯定した判決[55]に

---

51) 前掲注5)最大判平成7・2・22。さらに，最判昭和35・3・4刑集14巻3号288頁（農地に関する権利の設定・移転に承認を与える権限をもつ市町村農業委員会の職務に，個人間の農地等の利用関係について調整斡旋することも属するとした原判決を相当とする）。
52) 最決平成18・1・23刑集60巻1号67頁。さらに，東京地判昭和60・4・8判時1171号16頁（国立大学音楽学部教授が教育指導する学生に特定のバイオリンの購入を斡旋する行為に職務密接関連性を肯定）。
53) 藤木・講義各論62頁，板倉宏「政府高官・議員の汚職」同『現代社会と新しい刑法理論』（勁草書房，1980年）237頁，西田・各論496頁（「その事実上の影響力が職務権限によって裏づけられていることが必要」とする）。さらに，前掲注5)最大判平成7・2・22の「意見」は，「運輸大臣の右勧奨行為は，……民間航空会社に対しその職務権限の範囲内でされる行政指導と同等の事実上の影響力を与える……から……運輸大臣の職務と密接な関係にある行為」であると述べている。
54) 中森・前掲注29)181頁。町野朔「収賄罪」芝原ほか編・現代的展開各論373頁，堀内捷三「賄賂罪における職務行為の意義」『平野龍一先生古稀祝賀論文集(上)』（有斐閣，1990年）523頁，北野通世「刑法第197条第1項にいわゆる『其職務ニ関シ』の意義(2・完)」山形大学紀要（社会科学）23巻2号（1993年）107頁。
55) 最判昭和25・2・28刑集4巻2号268頁。

は，当該行為は，「証明書を発行する職務」の一環というよりも，発行に際して不利益な取扱を受ける恐れを背景とする強要と見られる点で疑問が残る。

5　職務で得た知識を利用し，あるいは情報を漏示する行為

このような行為への対価提供に賄賂罪の成立を認めた裁判例として，知識利用形態に関して，大学設置審議会歯学専門委員会の委員が，「歯科大学設置の認可申請をしていた関係者らに対し，各教員予定者の適否を右専門委員会における審査基準に従って予め判定」する行為は，委員としての職務に密接な関係があるとした決定[56]がある。また，情報漏示形態に関しては，同決定が，上記委員による「専門委員会の中間的審査結果を正式通知前に知らせ」る行為につき同様の判断を示すほか，「競馬の騎手が，勝馬投票をしようとする者に対し，特定の競争に関して，自己が騎乗して出走する予定の競争馬の体調，勝敗の予想等の情報を提供」する行為への対価として利益供与を受けたときは，「競馬法32条の2にいう『その競争に関して賄ろを収受し』た場合にあたる」とした決定[57]が挙げられる。学説においても，事前の適格判定行為は「設置審委員として審査を行う事項に関する」から[58]，あるいは，「職務上知りえた情報の適正な監理は本来の職務に付随する」から[59]公務的性格を有する行為である，中間的審査結果を漏示する「行為は以後の審議に重大な影響をもつ」から[60]職務に密接に関連するなどとして結論が支持されている。

しかし，審査の基準や中間的結果，競走馬の体調などの情報を利用・漏洩

---

56)　最決昭和59・5・30刑集38巻7号2682頁。
57)　最決昭和59・3・13刑集38巻5号1984頁。その他，大判大正3・12・14刑録20輯2414頁（木材の購買入札等の職務を担任する鉄道院管理局経理課の者が木材商に入札最低価格を漏示する行為に加重収賄罪の成立を肯定），高松高判昭和33・5・31裁特5巻6号257頁（「入札契約関係の事務を担任する者」が指名入札における最低予定価格や入札された設計金額を漏洩するのは「職務上の不正行為」に当たるとする）。
58)　町野朔「収賄罪」芝原ほか編・現代的展開各論372頁。
59)　山中敬一「賄賂罪における職務関連性」現代刑事法39号（2002年）30頁。
60)　曽根・前掲注11)68頁。同様に本来の職務への影響を重視するのは堀内・前掲注54)510頁，522頁，嶋矢・前掲注8)61頁。

するのは，もはや職務行為の範疇を超えており，職務から逸脱した，公務員としての規律に違反する行為と思われる。当該行為が影響を及ぼしているのは，公務員自身の職務ではなく，職務規律により保護される制度（上記でいえば，教員適格審査制度や公営競馬の制度）であるといってもよい。かくして，判例や通説のように，この類型でも賄賂罪の成立を認めるのであれば，当該公務員が職務として関わる制度の公正さを保護法益に加え，賄賂は「当該公務員が職務を通して得た，制度の公正に関わる知識・情報」と対価関係に立つものととらえる必要があると解される[61]。このような理解からは，職務と関係なく得た情報の漏示は賄賂罪の対象とならず，地方財務局局長官房総務課文書係に属する大蔵事務官が同局理財部金融課の行う金融検査の日時を事前に内報する行為を「内報をしてはならない職務」に関するとした決定[62]には疑問が向けられる。また，制度の公正さに関わる知識・情報の利用・漏示であることを要し，職務上管理する物品を勝手に売却するといった行為は含まれない[63]ことになろう。

V　まとめ

賄賂罪の保護法益は，現行規定のもとでは，基本的に，職務行為の公正とこれに対する社会の信頼と考えられるものの，公務員の規律違反行為を部分的に加重収賄罪等の対象とする場合，公務員が職務として関わる制度の公正さも含まれると解される（II，IV 5）。

---

61)　参照，中森・前掲注29) 187頁（賄賂罪の対象を，職務行為と並んで「（加重収賄の関係を考慮して）職務に属する事項を対象とする行為」とする），大コメ(10) 33頁〔古田ほか〕（賄賂罪の成立範囲を「職務の遂行行為及び職務遂行の過程でその一部としてなされた作為不作為あるいはこれに不可分的に随伴して行われる作為不作為」とする。なお，曽根・前掲注11) 67頁（「職務遂行の過程でえられた情報であって，……その内容が職務内容とかかわりがある場合」に密接関連性を肯定），堀内・前掲注54) 524頁（「情報，秘密の漏示が公務員の職務の遂行に対して，具体的，現実的な影響を及ぼす場合」にそれぞれ密接関連性を肯定する）。
62)　最決昭和 32・11・21 刑集 11 巻 12 号 3101 頁。
63)　支持しがたく思われるのは最決昭和 32・12・5 刑集 11 巻 13 号 3157 頁。（旧）日本国有鉄道が所有する軌条その他の資材の保管及び出納の職務に従事する職員（用品係主任）は「保管中の中古軌条を擅に他人に融通してならない職務を有する」として加重収賄罪の成立を肯定する。しかし，横領罪のみで評価すべきだったように思われる。

職務行為の範囲を画する概念として，判例・学説では，一般的職務権限と職務密接関連性の二つが用いられている。しかし，解釈上「職務」に関するかどうかが問題であれば，端的に「職務（権限）」の内容を画定すればよく，内実の乏しさを否めない「社会の信頼」が密接関連性の判断の拠り所だとすれば，なおさらそのほうが適切と考えられる。具体的には，他の公務員に職務権限があっても，その者から指示を受けたもの，慣行上補助するとされているものは行為者自身の職務行為といえるし（Ⅳ1），そうでない事実上の行為でも，その効果が法的に否定されないのであれば同様に解される（Ⅳ2）。自己の職権行使に随伴する働きかけも，本来の職務の一環をなすといいうる限りで職務行為となる（Ⅳ4）。職務権限を有する他の公務員への働きかけは，後に自己の職権行使にも関わる場合か，その公務員に組織上指示・命令する，ないしは共働する関係にある場合に職務行為とすべきではないかと思われる（Ⅳ3）。さらに，職務規律に違反する行為のうち，職務を通して得た，制度の公正に関わる知識・情報の利用・漏示も賄賂罪の対象となると解される（Ⅳ5）。

事　項　索　引

あ　行

意思連絡 …………………………… 117, 118
一個性（建造物の）………………………… 204
一般的危険 ………………………………… 13
一般的職務権限 …………………………… 231
意図的挑発 ………………………………… 52
違法性の意識を可能にする事実の認識・82
意味の認識 ………………… 78, 80, 81, 86
医療過誤 …………………………………… 20
因果関係中断論 …………………………… 17
因果関係の遮断 …………………… 133, 135
因果的共犯論 ……………… 121, 133, 136
延焼可能性 ………………………………… 205
大阪南港事件 ……………………………… 8
公の秩序善良の風俗 ……………………… 31

か　行

介在事情の「一般的利用可能性」……… 6
顔写真 ……………………………………… 223
過失同時犯 ………………………………… 119
過失犯の共同正犯 ………………………… 110
過失犯の実行行為 ………………………… 114
可罰的違法性 ……………………………… 104
間接正犯の着手時期 ……………………… 98
観念説 ……………………………………… 210
帰還意思 …………………………………… 202
毀棄説 ……………………………………… 196
危険結果 …………………… 97, 105, 108, 109
危険源監視義務（危険源監督義務）
　　　　………………………… 33, 34, 39
危険創出行為 ……………………………… 36
危険創出・増加 ……………………… 91, 95
偽造 ………………………………………… 210
偽装心中 ……………………………… 60, 61, 68

機能的一体性 ……………………………… 205
機能的二分説 ……………………………… 33
規範的要素 …………………………… 75, 79
客観的帰属論 ………………………… 16, 66
狭義の相当性 ……………………………… 7
行政指導 …………………………………… 240
共同意思主体説 …………………… 111, 128
共同義務の共同違反 …… 116, 119, 122, 124
共同性 ……………………………………… 121
共犯関係（共謀）からの離脱 …… 125, 138
共犯関係の解消 …………………………… 125
共犯者による了承 ………………………… 129
業務遂行に必要な資格 …………… 217, 227
許諾権説 ………… 151, 152, 158, 160, 162
寄与度 ………………………… 10, 12, 15
緊急避難（類似）状況の錯誤 …………… 63
偶然の作為義務 …………………… 34, 37, 42
具体的依存性説 …………………… 34, 38
形式主義 …………………………………… 210
形式的客観説 ……………………………… 99
形式的三分説 ……………………………… 30
刑法の従属性 ……………………… 179, 192
刑法の独立性 ……………………… 179, 192
結果の原因の支配 ………………………… 40
結果発生の（具体的）危険 …… 97, 104, 105
原因において違法な行為 ………………… 45
権限行使 …………………………………… 238
権限踰越 …………………………………… 215
権限濫用 …………………………………… 216
現住性 ……………………………………… 200
現住性の終了時期 ………………………… 201
建造物 ……………………………………… 203
現場に滞留する利益 ……………………… 50
権利者排除意思 …………………… 164, 171, 178
行為帰属論 ………………………………… 101

行為共同説	112	集合建築物	207
行為支配説	101	自由な意思決定説	62
行為者自身の行為の介在	25	主観的違法要素	171, 177
広義の相当性	7	準職務行為	233
公共建造物	152, 162	純粋性説	229
公共の危険	194	焼燬	193
構成要件関係的利益侵害性の認識	85	使用窃盗	172
公訴時効	92, 102, 120	焼損	196, 199
公平	23	条理	30, 31
合法則的条件公式	13	職務	235, 241, 243
効用喪失説	193, 196	職務権限	235, 236, 240, 243
効率性説	41	職務行為の公正	229
告知義務	67, 71, 72, 73	職務として関わる制度の公正	242
		職務の不可買収性	229

さ 行

		職務密接関連性	231
最終時規準	94, 96	所持説	164
最初時規準	94	職権行使	237, 243
錯誤の帰属可能性	65	所有者としてふるまう意思	166, 171
作成権限	214, 227	侵害回避義務	50
作成者	210, 226	侵害の予期	46, 48, 56
死因	10, 11	人工呼吸器の取り外し	20
自殺関与	23	親告罪	144
事実上所管する職務行為	234	真正不作為犯	29
事実上の引受	34	真正不作為犯の未遂	92
事実説	210	侵入	154
事実の錯誤	75, 87	信頼保護説	229
自招行為	52, 54, 57	心理的因果性	134
自招侵害	57	正犯性	121
自署の性格	221	積極的加害意思	45, 47
執行上の保護	183, 185, 191	切迫時規準	94, 96, 98, 108
実質主義	211	先行行為説	35, 38
実質的客観説	97	相当因果関係説	3
実質的三分説	32, 42	遡及禁止	120
支配領域性	36	遡及禁止論	18, 24
社会的期待	32, 42	属性の錯誤	69
社会的有害性の認識	85	属性の認識	86
住居権	144, 162		

た 行

住居権説	143, 146, 158, 161		
住居権説（新しい住居権説）	150, 162	退避義務	50
住居の平穏	148	代理・代表名義	211

択一的認定 ………………………… 120
立入行為の外観 …………………… 155
立入の目的 ……………… 154, 156, 158
立入への同意 ……………………… 158
たぬき・むじな事件 ………………… 74
着手前の離脱 ……………… 129, 133
中止の意思表明 …………… 129, 135
中止犯 ……………………… 134, 139
直前行為 ……………………… 100, 109
通称名 ……………………………… 220
提訴機能 …………………………… 85
手放し ………… 95, 98, 103, 107, 108
同意殺人 …………………………… 23
同一性の錯誤 ……………………… 69
動機錯誤 …………………………… 60
答責領域 …………………………… 123
特定識別機能 ……………………… 219
独立燃焼説 ………………… 193, 196

な 行

難燃性建造物 ……………………… 198
脳死 …………………………………… 20

は 行

排他的支配 ………… 35, 36, 38, 39, 40
発給資格 …………………… 217, 227
犯罪共同説 ………………… 112, 128
反対動機の形成 …………………… 82
被害者規準説 ………………… 60, 67
被害者(の支配)領域 …… 99, 106, 109
被害者の持病 ……………………… 21
被害者の自由な行為 ……………… 23
被害者の同意 ………………… 24, 59
被害者の特異体質 ………………… 21
非刑罰法規の錯誤 ……………… 76, 77
被利用者の行為 …………… 101, 108
不作為犯の着手時期 ……………… 90
不真正不作為犯 …………………… 29
不真正不作為犯の未遂 …………… 93
物理的一体性 ……………………… 205

物理的因果性 ……………………… 134
不法原因給付 ……………… 179, 188
不法・責任事実の認識 …………… 85
不法領得の意思 …………………… 163
文書外の事情 ……………………… 225
文書作成人 ………………… 210, 212, 226
平安権説 …………………………… 147
平穏説 …………… 148, 152, 155, 158, 162
別個の犯罪 ………………………… 125
法益関係的錯誤（説）…………… 61, 68
法益の妥当の侵害 ………………… 107
法益保護義務 ……………………… 33
包括一罪 …………………………… 26
法律（違法性）の錯誤 ………… 75, 87
本権説 ……………………………… 164

ま 行

民法708条 ………… 179, 183, 185, 187
無許可営業罪の故意 ……………… 81
むささび・もま事件 ……………… 75
名義人 ……………………… 210, 226
燃え上がり説 ……………………… 196
物の価値を取得する意思 ………… 168
物の効用を享受する意思 ………… 168

や 行

薬害エイズ刑事事件 ……………… 37
予定された作為義務 ………… 33, 37, 42

ら 行

離脱行為 …………………… 136, 137, 138
利用行為 ……………………… 98, 108
利用行為者の不作為 ……………… 102
利用・処分意思 …………… 164, 165

判例索引

[大審院]

大判明治 32・12・26 刑録 5 輯 83 頁 ………………………………… 163
大判明治 35・12・11 刑録 8 輯 97 頁 ………………………………… 193
大判明治 36・10・30 刑録 9 輯 1609 頁 ……………………………… 232
大連判明治 36・12・22 刑録 9 輯 1843 頁 …………………………… 180
大判明治 37・2・12 刑録 10 輯 216 頁 ……………………………… 193
大判明治 37・6・24 刑録 10 輯 1403 頁 ……………………………… 106
大判明治 39・10・12 刑録 12 輯 1046 頁 …………………………… 193
大判明治 42・4・6 刑録 15 輯 402 頁 ………………………………… 201
大判明治 42・6・10 刑録 15 輯 738 頁 ……………………………… 212
大判明治 42・6・21 刑録 15 輯 812 頁 …………………………… 68, 180
大判明治 42・11・1 刑録 15 輯 1490 頁 ……………………………… 180
大判明治 42・12・13 刑録 15 輯 1770 頁 …………………………… 215
大判明治 43・3・4 刑録 16 輯 384 頁 ………………………………… 197
大判明治 43・4・19 刑録 16 輯 633 頁 ……………………………… 216
大判明治 43・5・23 刑録 16 輯 906 頁 ……………………………… 180
大判明治 43・6・23 刑録 16 輯 1276 頁 ……………………………… 106
大判明治 43・7・5 刑録 16 輯 1361 頁 ……………………………… 186
大判明治 43・9・22 刑録 16 輯 1531 頁 ……………………………… 186
大判明治 43・12・9 刑録 16 輯 2239 頁 ……………………………… 228
大判明治 44・3・16 刑録 17 輯 380 頁 ……………………………… 110
大判明治 44・3・31 刑録 17 輯 482 頁 ……………………………… 214
大判明治 44・4・24 刑録 17 輯 655 頁 ……………………………… 194
大判明治 45・3・12 刑録 18 輯 266 頁 ……………………………… 201
大判明治 45・7・4 刑録 18 輯 1009 頁 ……………………………… 216
大判大正 2・4・17 刑録 19 輯 502 頁 ………………………………… 214
大判大正 2・12・9 刑録 19 輯 1393 頁 …………………………… 186, 234
大判大正 2・12・24 刑録 19 輯 1517 頁 ……………………………… 201
大判大正 3・6・9 刑録 20 輯 1147 頁 ………………………………… 206
大判大正 3・6・20 刑録 20 輯 1289 頁 ……………………………… 106
大判大正 3・12・14 刑録 20 輯 2414 頁 ……………………………… 241
大判大正 3・12・17 刑録 20 輯 2426 頁 ……………………………… 216
大判大正 3・12・24 刑録 20 輯 2615 頁 ………………………………… 82
大判大正 3・12・24 刑録 20 輯 2618 頁 ……………………………… 111

大判大正 4・2・10 刑録 21 輯 90 頁 ……………………………………… 32
大判大正 4・5・21 刑録 21 輯 663 頁 ……………………………………… 163
大判大正 4・10・8 刑録 21 輯 1578 頁 …………………………………… 185
大判大正 5・2・12 刑録 22 輯 134 頁 ……………………………………… 32
大判大正 5・5・6 刑録 22 輯 696 頁 ……………………………………… 77
大判大正 5・6・13 刑録 22 輯 981 頁 ……………………………………… 232
大判大正 5・8・28 刑録 22 輯 1332 頁 …………………………………… 106
大判大正 5・9・18 刑録 22 輯 1359 頁 …………………………………… 194
大判大正 5・12・13 刑録 22 輯 1826 頁 …………………………………… 234
大判大正 6・4・13 刑録 23 輯 312 頁 ……………………………………… 202
大判大正 6・11・24 刑録 23 輯 1302 頁 …………………………………… 32
大判大正 6・12・20 刑録 23 輯 1541 頁 …………………………………… 215
大判大正 7・3・15 刑録 24 輯 219 頁 ……………………………………… 197
大判大正 7・11・16 刑録 24 輯 1352 頁 …………………………………… 106
大判大正 7・12・6 刑録 24 輯 1506 頁 …………………………………… 145
大判大正 7・12・18 刑録 24 輯 1558 頁 …………………………………… 32
大判大正 8・5・5 刑録 25 輯 624 頁 ……………………………………… 106
大判大正 8・7・9 刑録 25 輯 846 頁 ……………………………………… 215
大判大正 8・8・30 刑録 25 輯 963 頁 ……………………………………… 32
大判大正 8・11・4 刑録 25 輯 1053 頁 …………………………………… 214
大判大正 8・11・19 刑録 25 輯 1133 頁 …………………………………… 185
大判大正 9・2・4 刑録 26 輯 26 頁 ………………………………………… 172
大判大正 9・12・10 刑録 26 輯 885 頁 …………………………………… 237
大判大正 11・5・18 刑集 1 巻 319 頁 ……………………………………… 154
大判大正 11・7・12 刑集 1 巻 393 頁 ……………………………………… 185
大連判大正 11・10・20 刑集 1 巻 558 頁 ………………………………… 216
大判大正 11・10・20 刑集 1 巻 578 頁 …………………………………… 236
大判大正 11・10・23 新聞 2057 号 21 頁 ………………………………… 111
大判大正 11・11・17 刑集 1 巻 666 頁 …………………………………… 76
大判大正 11・11・28 刑集 1 巻 709 頁 …………………………………… 82
大判大正 11・12・23 刑集 1 巻 841 頁 …………………………………… 216
大判大正 12・3・13 刑集 2 巻 181 頁 ……………………………………… 216
大判大正 12・4・30 刑集 2 巻 378 頁 ……………………………………… 27
大判大正 12・5・26 刑集 2 巻 458 頁 ……………………………………… 21
大判大正 12・7・2 刑集 2 巻 610 頁 ……………………………………… 127
大判大正 12・7・14 刑集 2 巻 658 頁 ……………………………………… 25
大判大正 13・1・29 刑集 3 巻 31 頁 ……………………………………… 239
大判大正 13・3・14 刑集 3 巻 285 頁 ……………………………………… 32
大判大正 13・4・25 刑集 3 巻 364 頁 ……………………………………… 75
大判大正 13・5・31 刑集 3 巻 459 頁 ……………………………………… 204

判例索引

大判大正 14・6・9 刑集 4 巻 378 頁 ·················· 74
大判大正 14・11・27 刑集 4 巻 680 頁 ················ 76
大判大正 14・12・5 刑集 4 巻 709 頁 ················· 226
大決大正 15・2・22 刑集 5 巻 97 頁 ·················· 77
大判大正 15・2・24 刑集 5 巻 56 頁 ·················· 215
大判大正 15・10・5 刑集 5 巻 438 頁 ················· 146
大判昭和 3・2・14 新聞 2866 号 11 頁 ················ 146
大判昭和 3・5・24 新聞 2873 号 16 頁 ················ 205
大決昭和 3・12・21 刑集 7 巻 772 頁 ················· 70
大判昭和 4・5・21 刑集 8 巻 288 頁 ·················· 154
大判昭和 5・7・29 刑集 9 巻 598 頁 ·················· 237
大判昭和 5・10・25 刑集 9 巻 761 頁 ················· 19
大判昭和 6・8・6 刑集 10 巻 412 頁 ·················· 230
大判昭和 6・10・28 法律評論 21 巻諸法 69 頁 ········· 76
大判昭和 7・3・24 刑集 11 巻 296 頁 ················· 76
大判昭和 7・10・27 刑集 11 巻 1497 頁 ··············· 234
大判昭和 7・12・12 刑集 11 巻 1881 頁 ··············· 107
大判昭和 8・5・26 刑集 12 巻 696 頁 ················· 239
大判昭和 8・7・27 刑集 12 巻 1388 頁 ················ 206
大判昭和 8・10・10 刑集 12 巻 1801 頁 ··············· 234
大判昭和 9・2・10 刑集 13 巻 127 頁 ················· 127
大判昭和 9・4・16 刑集 13 巻 475 頁 ················· 236
大判昭和 9・8・6 刑集 13 巻 1066 頁 ················· 234
大判昭和 9・9・28 刑集 13 巻 1230 頁 ················ 77
大判昭和 9・10・29 刑集 13 巻 1380 頁 ··············· 146
大判昭和 9・11・26 刑集 13 巻 1608 頁 ··············· 234
大判昭和 9・12・20 刑集 13 巻 1767 頁 ··············· 154
大判昭和 9・12・22 刑集 13 巻 1789 頁 ··············· 169
大判昭和 9・12・24 刑集 13 巻 1823 頁 ··············· 236
大判昭和 10・3・25 刑集 14 巻 339 頁 ················ 111
大判昭和 10・5・29 刑集 14 巻 584 頁 ················ 232
大判昭和 10・6・20 刑集 14 巻 722 頁 ················ 128
大判昭和 10・11・28 刑集 14 巻 1246 頁 ·············· 180
大判昭和 11・2・24 刑集 15 巻 162 頁 ················ 107
大判昭和 11・3・30 刑集 15 巻 354 頁 ················ 236
大判昭和 11・5・14 刑集 15 巻 626 頁 ················ 232
大判昭和 11・8・5 刑集 15 巻 1309 頁 ················ 234
大判昭和 11・11・12 刑集 15 巻 1431 頁 ·············· 186
大判昭和 12・2・27 刑集 16 巻 241 頁 ················ 180
大判昭和 12・3・26 刑集 16 巻 410 頁 ················ 234

大決昭和 12・3・31 刑集 16 巻 447 頁 ･･････････････････････････････････ 82
大判昭和 12・5・27 刑集 16 巻 794 頁 ･･････････････････････････････････ 163
大判昭和 12・12・24 刑集 16 巻 1728 頁 ･･･････････････････････････････ 128
大判昭和 13・2・28 刑集 17 巻 125 頁 ･･････････････････････････････････ 146
大判昭和 13・3・11 刑集 17 巻 237 頁 ･･････････････････････････････････ 32
大判昭和 13・9・1 刑集 17 巻 648 頁 ･･････････････････････････････････ 185
大判昭和 13・12・3 刑集 17 巻 889 頁 ･･････････････････････････････････ 239
大判昭和 14・2・22 大審院判決全集 6 輯 7 号 53 頁 ････････････････････ 206
大判昭和 14・6・6 刑集 18 巻 337 頁 ･･････････････････････････････････ 205
大判昭和 14・9・5 刑集 18 巻 473 頁 ･･････････････････････････････････ 146
大判昭和 14・12・22 刑集 18 巻 565 頁 ･････････････････････････････････ 146
大判昭和 15・2・3 大審院判決全集 7 輯 6 号 27 頁 ････････････････････ 146
大判昭和 15・2・6 大審院判決全集 7 輯 6 号 22 頁 ････････････････････ 146
大判昭和 15・9・12 刑集 19 巻 579 頁 ･････････････････････････････････ 76
大判昭和 15・11・7 刑集 19 巻 737 頁 ･････････････････････････････････ 77
大判昭和 16・3・13 大審院判決全集 8 輯 12 号 27 頁 ･･････････････････ 146
大判昭和 17・2・27 大審院判決全集 9 輯 20 号 19 頁 ･･････････････････ 128
大判昭和 19・7・28 刑集 23 巻 143 頁 ･････････････････････････････････ 238
大判昭和 19・8・17 刑集 23 巻 150 頁 ･････････････････････････････････ 239

［最高裁判所］

最判昭和 23・3・20 刑集 2 巻 3 号 256 頁 ･･････････････････････････････ 78
最判昭和 23・5・20 刑集 2 巻 5 号 489 頁 ･･････････････････････････････ 151
最判昭和 23・6・5 刑集 2 巻 7 号 641 頁 ･･･････････････････････････････ 186
最大判昭和 23・7・14 刑集 2 巻 8 号 889 頁 ････････････････････････････ 77
最判昭和 23・11・2 刑集 2 巻 12 号 1443 頁 ････････････････････････････ 197
最判昭和 23・11・25 刑集 2 巻 12 号 1649 頁 ･･････････････････････････ 156
最判昭和 23・12・7 刑集 2 巻 13 号 1702 頁 ････････････････････････････ 77
最判昭和 24・2・22 刑集 3 巻 2 号 198 頁 ･･････････････････････････････ 206
最判昭和 24・2・22 刑集 3 巻 2 号 206 頁 ･･････････････････････････････ 78
最判昭和 24・4・23 刑集 3 巻 5 号 610 頁 ･･････････････････････････････ 78
最判昭和 24・6・16 刑集 3 巻 7 号 1070 頁 ････････････････････････････ 153
最判昭和 24・6・28 刑集 3 巻 7 号 1129 頁 ････････････････････････････ 201
最判昭和 24・7・12 刑集 3 巻 8 号 1237 頁 ････････････････････････････ 132
最大判昭和 24・7・22 刑集 3 巻 8 号 1363 頁 ･･････････････････････････ 60
最判昭和 24・11・17 刑集 3 巻 11 号 1801 頁 ･･････････････････････････ 47
最判昭和 24・12・17 刑集 3 巻 12 号 2028 頁 ･･････････････････････････ 132
最判昭和 25・2・28 刑集 4 巻 2 号 268 頁 ･･････････････････････････････ 240
最判昭和 25・3・31 刑集 4 巻 3 号 469 頁 ･･････････････････････････････ 22
最判昭和 25・5・25 刑集 4 巻 5 号 854 頁 ･･････････････････････････････ 199

最判昭和 25・7・4 刑集 4 巻 7 号 1168 頁	181
最大判昭和 25・9・27 刑集 4 巻 9 号 1783 頁	157
最判昭和 25・12・5 刑集 4 巻 12 号 2475 頁	68, 181
最判昭和 25・12・26 刑集 4 巻 12 号 2627 頁	76
最判昭和 26・7・10 刑集 5 巻 8 号 1411 頁	78
最判昭和 26・7・13 刑集 5 巻 8 号 1437 頁	163
最判昭和 26・8・17 刑集 5 巻 9 号 1789 頁	78
最判昭和 27・4・17 刑集 6 巻 4 号 665 頁	237
最判昭和 27・11・11 集刑 69 号 175 頁	99
最判昭和 28・1・23 刑集 7 巻 1 号 30 頁	112
最判昭和 28・4・7 刑集 7 巻 4 号 762 頁	170
最決昭和 28・5・14 刑集 7 巻 5 号 1042 頁	150
最判昭和 28・10・27 刑集 7 巻 10 号 1971 頁	236
最判昭和 28・12・22 刑集 7 巻 13 号 2608 頁	21
最決昭和 30・6・22 刑集 9 巻 7 号 1179 頁	232
最判昭和 30・9・27 集刑 108 号 619 頁	171
最判昭和 30・10・25 刑集 9 巻 11 号 2295 頁	47
最決昭和 31・7・12 刑集 10 巻 7 号 1058 頁	235
最決昭和 31・8・22 刑集 10 巻 8 号 1260 頁	175
最判昭和 31・11・1 集刑 115 号 285 頁	171
最判昭和 32・2・22 刑集 11 巻 2 号 946 頁	234
最判昭和 32・2・26 刑集 11 巻 2 号 929 頁	235, 239
最大判昭和 32・3・13 刑集 11 巻 3 号 997 頁	78
最判昭和 32・3・19 判時 109 号 26 頁	176
最判昭和 32・3・28 刑集 11 巻 3 号 1136 頁	234
最判昭和 32・8・20 刑集 11 巻 8 号 2090 頁	79
最判昭和 32・9・6 刑集 11 巻 9 号 2155 頁	153
最判昭和 32・10・3 刑集 11 巻 10 号 2413 頁	79
最決昭和 32・11・21 刑集 11 巻 12 号 3101 頁	242
最決昭和 32・11・28 刑集 11 巻 12 号 3148 頁	238
最決昭和 32・12・5 刑集 11 巻 13 号 3157 頁	242
最決昭和 32・12・19 刑集 11 巻 13 号 3300 頁	239
最決昭和 33・3・19 刑集 12 巻 4 号 636 頁	72
最判昭和 33・4・11 刑集 12 巻 5 号 886 頁	216
最判昭和 33・4・17 刑集 12 巻 6 号 1079 頁	168
最決昭和 33・9・1 刑集 12 巻 13 号 2833 頁	181
最判昭和 33・9・9 刑集 12 巻 13 号 2882 頁	35
最判昭和 33・11・21 刑集 12 巻 15 号 3519 頁	60
最判昭和 34・2・27 刑集 13 巻 2 号 250 頁	79
最判昭和 34・5・26 刑集 13 巻 5 号 817 頁	234

最判昭和 34・6・12 刑集 13 巻 6 号 937 頁	214
最判昭和 34・7・24 刑集 13 巻 8 号 1163 頁	32
最判昭和 34・7・24 刑集 13 巻 8 号 1176 頁	156
最決昭和 34・9・28 刑集 13 巻 11 号 2993 頁	71
最判昭和 35・3・4 刑集 14 巻 3 号 288 頁	240
最決昭和 35・4・15 刑集 14 巻 5 号 591 頁	21
最判昭和 35・9・9 刑集 14 巻 11 号 1457 頁	168
最判昭和 36・10・10 刑集 15 巻 9 号 1580 頁	185
最決昭和 36・11・21 刑集 15 巻 10 号 1731 頁	22
最判昭和 37・5・29 刑集 16 巻 5 号 528 頁	233
最決昭和 37・7・26 集刑 143 号 201 頁	168
最決昭和 37・12・4 集刑 145 号 431 頁	203
最決昭和 38・5・21 刑集 17 巻 4 号 345 頁	236
最決昭和 42・8・28 集刑 164 号 17 頁	157
最決昭和 42・10・24 刑集 21 巻 8 号 1116 頁	19
最決昭和 42・11・28 刑集 21 巻 9 号 1277 頁	214
最決昭和 43・6・25 刑集 22 巻 6 号 490 頁	215
最決昭和 43・9・17 判時 534 号 85 頁	174
最決昭和 43・10・15 刑集 22 巻 10 号 901 頁	239
最決昭和 43・10・24 刑集 22 巻 10 号 946 頁	181
最決昭和 45・9・4 刑集 24 巻 10 号 1319 頁	212
最大判昭和 45・10・21 民集 24 巻 11 号 1560 頁	188
最判昭和 46・6・17 刑集 25 巻 4 号 567 頁	22
最判昭和 46・11・16 刑集 25 巻 8 号 996 頁	47
最判昭和 47・4・25 判時 669 号 60 頁	190
最決昭和 49・5・31 集刑 192 号 571 頁	150
最決昭和 49・7・5 刑集 28 巻 5 号 194 頁	22
最判昭和 51・2・19 刑集 30 巻 1 号 47 頁	234
最判昭和 51・3・4 刑集 30 巻 2 号 79 頁	150
最判昭和 51・5・6 刑集 30 巻 4 号 591 頁	210
最決昭和 52・7・21 刑集 31 巻 4 号 747 頁	44
最決昭和 53・3・22 刑集 32 巻 2 号 381 頁	27
最決昭和 55・10・30 刑集 34 巻 5 号 357 頁	174
最決昭和 56・4・8 刑集 35 巻 3 号 57 頁	222
最決昭和 56・4・16 刑集 35 巻 3 号 107 頁	222
最決昭和 56・12・22 刑集 35 巻 9 号 953 頁	220
最判昭和 58・4・8 刑集 37 巻 3 号 215 頁	157
最判昭和 59・2・17 刑集 38 巻 3 号 336 頁	210, 219
最判昭和 59・3・13 刑集 38 巻 5 号 1984 頁	241
最決昭和 59・5・30 刑集 38 巻 7 号 2682 頁	235, 241

最決昭和 60・6・11 刑集 39 巻 5 号 219 頁	235
最判昭和 60・9・12 刑集 39 巻 6 号 275 頁	47
最決昭和 63・4・11 刑集 42 巻 4 号 419 頁	238
最決昭和 63・5・11 刑集 42 巻 5 号 807 頁	24
最決平成元・6・26 刑集 43 巻 6 号 567 頁	132
最決平成元・7・7 判時 1326 号 157 頁	198
最決平成元・7・14 刑集 43 巻 7 号 641 頁	201
最判平成元・7・18 刑集 43 巻 7 号 752 頁	83
最決平成元・12・15 刑集 43 巻 13 号 879 頁	43
最決平成 2・2・9 判時 1341 号 157 頁	83
最決平成 2・11・20 刑集 44 巻 8 号 837 頁	8, 19
最決平成 4・12・17 刑集 46 巻 9 号 683 頁	24
最決平成 5・10・5 刑集 47 巻 8 号 7 頁	210
最決平成 6・11・29 刑集 48 巻 7 号 453 頁	221
最判平成 6・12・6 刑集 48 巻 8 号 509 頁	128
最大判平成 7・2・22 刑集 49 巻 2 号 1 頁	230
最決平成 9・10・21 刑集 51 巻 9 号 755 頁	202
最決平成 11・12・20 刑集 53 巻 9 号 1495 頁	224
最決平成 12・3・22 刑集 54 巻 3 号 119 頁	238
最決平成 15・1・14 刑集 57 巻 1 号 1 頁	238
最決平成 15・4・14 刑集 57 巻 4 号 445 頁	195
最決平成 15・7・16 刑集 57 巻 7 号 950 頁	24
最決平成 15・10・6 刑集 57 巻 9 号 987 頁	217
最決平成 16・2・17 刑集 58 巻 2 号 169 頁	25
最決平成 16・10・19 刑集 58 巻 7 号 645 頁	21
最決平成 16・11・30 刑集 58 巻 8 号 1005 頁	170
最決平成 17・3・11 刑集 59 巻 2 号 1 頁	239
最決平成 17・6・29(公刊物未登載)	39
最決平成 17・7・4 刑集 59 巻 6 号 403 頁	43
最決平成 18・1・23 刑集 60 巻 1 号 67 頁	240
最決平成 18・2・27 刑集 60 巻 2 号 253 頁	87
最決平成 18・3・27 刑集 60 巻 3 号 382 頁	21
最決平成 19・3・26 刑集 61 巻 2 号 131 頁	122
最決平成 19・7・2 刑集 61 巻 5 号 379 頁	156
最決平成 19・7・17 刑集 61 巻 5 号 521 頁	72
最決平成 20・3・3 刑集 62 巻 4 号 567 頁	39
最判平成 20・4・11 刑集 62 巻 5 号 1217 頁	157
最判平成 20・5・20 刑集 62 巻 6 号 1786 頁	45
最決平成 21・6・30 刑集 63 巻 5 号 475 頁	130
最判平成 21・11・30 刑集 63 巻 9 号 1765 頁	157

最決平成 22・7・29 刑集 64 巻 5 号 829 頁 …………………………… 72
最決平成 22・9・7 刑集 64 巻 6 号 865 頁 ……………………………… 238

[高等裁判所]

東京控判昭和 17・12・24 刑集 21 巻附録（控訴院上告刑事判例集）104 頁 ………… 144
福岡高判昭和 24・9・17 判特 1 号 127 頁 ……………………………… 130
名古屋高判昭和 24・10・6 判特 1 号 172 頁 …………………………… 151
札幌高判昭和 24・10・8 高刑集 2 巻 2 号 167 頁 ……………………… 186
大阪高判昭和 24・12・5 判特 4 号 3 頁 ………………………………… 170
名古屋高判昭和 25・7・17 判特 11 号 88 頁 …………………………… 184
福岡高判昭和 25・8・23 高刑集 3 巻 3 号 382 頁 ……………………… 186
東京高判昭和 25・9・14 高刑集 3 巻 3 号 407 頁 ……………………… 129
大阪高判昭和 25・9・19 判特 15 号 70 頁 ……………………………… 150
大阪高判昭和 25・10・28 判特 14 号 50 頁 …………………………… 149
東京高判昭和 25・11・15 判特 13 号 28 頁 …………………………… 84
札幌高函館支判昭和 25・11・22 判特 14 号 222 頁 …………………… 150
東京高判昭和 25・11・29 刑集 5 巻 8 号 1417 頁 ……………………… 78
福岡高判昭和 26・1・22 判特 19 号 1 頁 ……………………………… 84
名古屋高判昭和 26・3・3 高刑集 4 巻 2 号 148 頁 …………………… 157
札幌高函館支判昭和 26・3・9 判特 18 号 120 頁 ……………………… 81
東京高判昭和 26・4・28 判特 21 号 89 頁 ……………………………… 186
福岡高判昭和 26・10・23 判特 19 号 29 頁 …………………………… 186
東京高判昭和 26・10・29 判特 25 号 11 頁 …………………………… 130
東京高判昭和 26・12・27 東高刑時報 1 巻 15 号 237 頁 ……………… 175
東京高判昭和 27・4・24 高刑集 5 巻 5 号 666 頁 ……………………… 153
大阪高判昭和 27・4・28 高刑集 5 巻 5 号 714 頁 ……………………… 99
仙台高判昭和 27・9・15 高刑集 5 巻 11 号 1820 頁 …………………… 60
札幌高判昭和 27・11・20 高刑集 5 巻 11 号 2018 頁 ………………… 184
東京高判昭和 27・12・4 判特 37 号 115 頁 …………………………… 177
東京高判昭和 27・12・23 判タ 27 号 66 頁 …………………………… 150
福岡高判昭和 28・1・12 高刑集 6 巻 1 号 1 頁 ………………………… 129
大阪高判昭和 28・1・21 高刑集 6 巻 1 号 57 頁 ……………………… 175
大阪高判昭和 28・4・28 判特 28 号 21 頁 ……………………………… 81
福岡高判昭和 28・5・27 判特 26 号 20 頁 ……………………………… 177
東京高判昭和 28・6・18 東高刑時報 4 巻 1 号 5 頁 …………………… 204
名古屋高判昭和 28・10・14 高刑集 6 巻 11 号 1525 頁 ……………… 175
札幌高判昭和 28・11・26 高刑集 6 巻 12 号 1737 頁 ………………… 161
福岡高宮崎支判昭和 29・2・26 判特 26 号 118 頁 …………………… 181
東京高判昭和 29・2・27 判タ 39 号 59 頁 ……………………………… 150
東京高判昭和 29・3・8 東高刑時報 5 巻 2 号 62 頁 …………………… 84

福岡高判昭和 29・3・9 判特 26 号 70 頁 ………………………………… 184
東京高判昭和 29・6・29 判特 40 号 166 頁 ………………………………… 186
東京高判昭和 30・4・18 高刑集 8 巻 3 号 325 頁 …………………………… 81
名古屋高判昭和 30・4・18 裁特 2 巻 10 号 416 頁 ………………………… 181
東京高判昭和 30・4・19 高刑集 8 巻 3 号 337 頁 …………………………… 169
東京高判昭和 30・4・26 裁特 2 巻 9 号 369 頁 ……………………………… 177
札幌高判昭和 30・8・23 高刑集 8 巻 6 号 845 頁 …………………………… 157
東京高判昭和 30・9・27 東高刑時報 6 巻 9 号 317 頁 ……………………… 157
大阪高判昭和 30・10・10 裁特 2 巻 20 号 1041 頁 …………………………… 84
大阪高判昭和 30・11・1 裁特 2 巻 22 号 1152 頁 ……………………………… 32
名古屋高判昭和 30・12・13 裁特 2 巻 24 号 1276 頁 ………………………… 184
東京高判昭和 30・12・21 裁特 2 巻 24 号 1292 頁 …………………………… 132
東京高判昭和 31・1・30 裁特 3 巻 1＝2 号 24 頁 …………………………… 153
東京高判昭和 31・2・20 裁特 3 巻 4 号 129 頁 ……………………………… 181
仙台高秋田支判昭和 31・3・13 裁特 3 巻 6 号 259 頁 ……………………… 181
東京高判昭和 31・7・31 東高刑時報 7 巻 8 号 338 頁 ……………………… 205
名古屋高金沢支判昭和 31・10・16 裁特 3 巻 22 号 1067 頁 ………………… 100
名古屋高判昭和 31・10・22 裁特 3 巻 21 号 1007 頁 ………………………… 117
福岡高判昭和 31・11・9 高刑集 9 巻 9 号 1072 頁 …………………………… 181
名古屋高金沢支判昭和 31・12・25 裁特 3 巻 13 号 1245 頁 ………………… 181
東京高判昭和 32・2・21 東高刑時報 8 巻 2 号 39 頁 ………………………… 131
大阪高判昭和 32・3・18 裁特 4 巻 6 号 140 頁 ……………………………… 153
仙台高判昭和 32・4・18 高刑集 10 巻 6 号 491 頁 …………………………… 69
大阪高判昭和 32・6・17 高検速報（昭 32）6 号 8 頁 ……………………… 117
東京高判昭和 32・6・26 東高刑時報 8 巻 6 号 162 頁 ……………………… 132
広島高判昭和 32・7・20 裁特 4 巻追録 696 頁 ……………………………… 117
東京高判昭和 32・11・11 東高刑時報 8 巻 11 号 386 頁 …………………… 153
名古屋高判昭和 33・3・3 裁特 5 巻 2 号 64 頁 ……………………………… 176
東京高判昭和 33・3・4 高刑集 11 巻 2 号 67 頁 …………………………… 174
東京高判昭和 33・4・2 東高刑時報 9 巻 4 号 97 頁 ………………………… 174
高松高判昭和 33・5・31 裁特 5 巻 6 号 257 頁 ……………………………… 241
高松高判昭和 33・6・23 裁特 5 巻 7 号 284 頁 ……………………………… 176
東京高判昭和 34・2・23 東高刑時報 10 巻 2 号 128 頁 ……………………… 199
名古屋高判昭和 34・3・24 下刑集 1 巻 3 号 529 頁 ………………………… 60
東京高判昭和 34・10・1 東高刑時報 10 巻 10 号 392 頁 …………………… 78
東京高判昭和 35・2・17 下刑集 2 巻 2 号 133 頁 …………………………… 43
東京高判昭和 35・5・24 高刑集 13 巻 4 号 335 頁 …………………………… 81
大阪高判昭和 35・7・29 高刑集 13 巻 5 号 428 頁 …………………………… 176
東京高判昭和 36・6・8 東高刑時報 12 巻 6 号 92 頁 ……………………… 176
高松高判昭和 36・9・19 下刑集 3 巻 9＝10 号 822 頁 ……………………… 176

判例	頁
名古屋高判昭和37・5・31 判時311号33頁	175
東京高判昭和37・6・21 高刑集15巻6号422頁	32
東京高判昭和37・12・6 東高刑時報13巻12号295頁	175
東京高判昭和38・2・14 高刑集16巻1号36頁	159
東京高判昭和38・4・9 東高刑時報14巻4号64頁	174
東京地判昭和38・5・13 判タ148号81頁	199
大阪高判昭和38・7・19 高刑集16巻6号455頁	82
福岡高判昭和38・12・20 下刑集5巻11＝12号1093頁	203
東京高判昭和38・12・23 高検速報（昭38）1137号	202
東京高判昭和39・9・22 高刑集17巻6号563頁	153
大阪高判昭和41・6・24 高刑集19巻4号375頁	131
東京高判昭和41・12・26 判時481号131頁	153
東京高判昭和42・3・24 高刑集20巻3号229頁	99
東京高判昭和44・5・2 東高刑時報20巻5号75頁	168
東京高判昭和44・9・17 高刑集22巻4号595頁	78
東京高判昭和45・1・19 東高刑時報21巻1号1頁	181
東京高判昭和45・5・11 高刑集23巻2号386頁	36
東京高決昭和45・10・2 高刑集23巻4号640頁	149
東京高判昭和45・11・10 刑月2巻11号1145頁	190
東京高判昭和46・3・4 高刑集24巻1号168頁	36, 91
東京高判昭和46・4・6 東高刑時報22巻4号156頁	132
仙台高判昭和46・6・21 高刑集24巻2号418頁	169
東京高判昭和46・10・5 判タ274号347頁	132
札幌高判昭和47・12・19 刑月4巻12号1947頁	198
東京高判昭和48・3・27 東高刑時報24巻3号41頁	159
広島高岡山支判昭和48・9・6 判時743号112頁	35
東京高判昭和49・7・9 刑月6巻7号799頁	84
東京高判昭和49・10・22 東高刑時報25巻10号90頁	198
東京高判昭和49・11・11 刑月6巻11号1120頁	84
大阪高判昭和50・1・23 判時779号68頁	190
東京高判昭和50・1・28 高刑集28巻1号22頁	222
東京高判昭和50・5・15 東高刑時報26巻5号97頁	174
大阪高判昭和50・10・17 高刑集28巻4号424頁	175
東京高判昭和50・11・28 東高刑時報26巻11号198頁	169
広島高判昭和51・4・1 高刑集29巻2号240頁	159
広島高判昭和51・9・21 刑月8巻9＝10号380頁	72
札幌高判昭和51・10・12 判時861号129頁	174
仙台高判昭和52・2・24 刑集31巻1号29頁	118
東京高判昭和52・3・31 高検速報（昭52）2228号	198
東京高判昭和52・5・4 判時861号122頁	198

東京高判昭和 52・10・26 東高刑事報 28 巻 10 号 121 頁 ………………… 226
大阪高判昭和 53・6・14 判タ 369 号 431 頁 …………………………… 48
東京高判昭和 54・2・28 東高刑時報 30 巻 2 号 33 頁 …………………… 150
東京高判昭和 54・5・21 高刑集 32 巻 2 号 134 頁 ……………………… 150
東京高判昭和 54・7・9 刑月 11 巻 7 = 8 号 760 頁 ……………………… 226
東京高判昭和 54・8・28 高刑集 32 巻 2 号 173 頁 ……………………… 222
仙台高判昭和 54・10・29 判時 973 号 137 頁 …………………………… 84
東京高判昭和 54・12・13 東高刑時報 30 巻 12 号 192 頁 ……………… 203
東京高判昭和 55・1・21 東高刑時報 31 巻 1 号 1 頁 …………………… 43
仙台高判昭和 55・3・18 刑集 37 巻 3 号 304 頁 ………………………… 155
東京高判昭和 55・6・26 判時 973 号 93 頁 ……………………………… 190
大阪高判昭和 57・12・6 判時 1092 号 154 頁 …………………………… 219
福岡高判昭和 58・4・27 判タ 504 号 176 頁 …………………………… 48
東京高判昭和 58・6・20 刑月 15 巻 4 = 6 号 299 頁 ……………………… 208
東京高判昭和 59・3・26 判タ 527 号 103 頁 …………………………… 190
東京地判昭和 59・6・22 刑月 16 巻 5 = 6 号 467 頁 ……………………… 199
東京高判昭和 60・6・20 高刑集 38 巻 2 号 99 頁 ………………………… 46
福岡高判昭和 60・7・8 刑月 17 巻 7 = 8 号 635 頁 ……………………… 46
東京高判昭和 60・11・6 判時 1216 号 148 頁 …………………………… 84
高松高判昭和 61・7・9 判時 1209 号 143 頁 …………………………… 174
大阪高判昭和 61・7・17 判時 1208 号 138 頁 …………………………… 169
名古屋高判昭和 61・9・30 判時 1224 号 137 頁 ……………………… 116, 118
仙台高判昭和 62・2・3 高刑速（昭 62）173 頁 ………………………… 176
札幌高判昭和 63・9・8 高刑速（昭 63）214 頁 ………………………… 207
札幌高判昭和 63・10・4 判時 1312 号 148 頁 …………………………… 46
福岡高判昭和 63・12・21 高刑速（昭 63）187 頁 ……………………… 132
福岡高宮崎支判平成元・3・24 高刑集 42 巻 2 号 103 頁 ……………… 71
東京高決平成元・9・18 高刑集 42 巻 3 号 151 頁 ……………………… 55
大阪高判平成 2・4・26 高刑速（平 2）195 頁 …………………………… 219
東京高判平成 5・2・1 判時 1476 号 163 頁 ……………………………… 159
東京高判平成 5・4・5 高刑集 46 巻 2 号 35 頁 ………………………… 221
東京高判平成 5・7・7 判時 1484 号 140 頁 ……………………………… 153
福岡高判平成 5・8・23 判タ 854 号 289 頁 ……………………………… 84
仙台高判平成 6・3・31 判時 1513 号 175 頁 …………………………… 159
大阪高判平成 7・3・31 判タ 887 号 259 頁 ……………………………… 56
東京高判平成 8・2・7 判時 1568 号 145 頁 ……………………………… 46
東京高判平成 8・11・19 東高刑時報 47 巻 1 = 12 号 125 頁 …………… 133
大阪高判平成 9・10・16 判時 1634 号 152 頁 …………………………… 21
福岡高判平成 10・1・20 判時 1637 号 135 頁 …………………………… 207
東京高判平成 11・5・25 東高刑時報 50 巻 1 = 12 号 38 頁 …………… 219

東京高判平成 11・6・16 判時 1692 号 68 頁 …………………………………… 190
東京高判平成 12・2・8 東高刑事報 51 巻 1 = 12 号 9 頁 ………………… 225
東京高判平成 12・5・15 判時 1741 号 157 頁 …………………………… 170
大阪高判平成 12・6・22 判タ 1067 号 276 頁 ……………………………… 55
大阪高判平成 13・3・14 高刑集 54 巻 1 号 1 頁 ………………………… 178
大阪高判平成 14・7・9 判時 1797 号 159 頁 ……………………………… 46
東京高判平成 14・8・20 判時 1834 号 158 頁 ……………………………… 27
大阪高判平成 14・8・21 判時 1804 号 146 頁 ……………………………… 39
名古屋高判平成 14・8・29 判時 1831 号 158 頁 ………………………… 131
福岡高宮崎支判平成 14・12・19 判タ 1185 号 338 頁 …………………… 43
大阪高判平成 16・3・5 刑集 58 巻 8 号 1040 頁 ………………………… 170
東京高判平成 16・12・1 判時 1920 号 154 頁 ……………………………… 24
東京高判平成 17・3・25 東高刑時報 56 巻 1 = 12 号 30 頁 ……………… 39
東京高判平成 17・5・11 高刑速（平 17）112 頁 ………………………… 100
東京高判平成 18・4・3 高刑速（平 18）84 頁 …………………………… 169
仙台高判平成 18・9・12 高刑速（平 18）329 頁 ………………………… 224
名古屋高判平成 19・8・9 判タ 1261 号 346 頁 ………………………… 169
広島高松江支判平成 21・4・17 高刑速（平 21）205 頁 ………………… 170
仙台高判平成 23・7・12 LEX/DB25472600 ……………………………… 168

[地方裁判所]

東京地判昭和 31・6・30 判例体系 31-3 巻 1100 の 6 頁 ………………… 130
松江地判昭和 33・1・21 一審刑集 1 巻 1 号 50 頁 ……………………… 203
広島地三次支判昭和 33・4・25 一審刑集 1 巻 4 号 648 頁 ……………… 130
神戸地判昭和 33・7・22 一審刑集 1 巻 7 号 1080 頁 ……………………… 81
神戸地判昭和 33・10・14 一審刑集 1 巻 10 号 1654 頁 ………………… 200
仙台地判昭和 34・1・22 下刑集 1 巻 1 号 107 頁 ………………………… 131
東京地判昭和 34・8・11 下民集 10 巻 8 号 1664 頁 ……………………… 190
東京地判昭和 34・10・30 判時 209 号 4 頁 ……………………………… 153
東京地判昭和 34・12・25 判時 214 号 32 頁 ……………………………… 81
大津地判昭和 35・9・22 下刑集 2 巻 9 = 10 号 1256 頁 ………………… 168
仙台地判昭和 36・6・27 下刑集 3 巻 5 = 6 号 581 頁 …………………… 153
甲府地判昭和 36・6・29 下刑集 3 巻 5 = 6 号 585 頁 …………………… 35
横浜地判昭和 37・5・30 下刑集 4 巻 5 = 6 号 499 頁 ………………… 36, 91
福岡地小倉支判昭和 37・7・4 下刑集 4 巻 7 = 8 号 665 頁 …………… 149
東京地判昭和 37・7・17 判タ 136 号 59 頁 ……………………………… 185
東京地判昭和 37・11・29 判タ 140 号 117 頁 ……………………………… 70
東京地判昭和 38・4・15 判タ 147 号 91 頁 ……………………………… 35
東京地判昭和 38・12・21 下刑集 5 巻 11 = 12 号 1184 頁 ……………… 171
秋田地判昭和 40・3・31 下刑集 7 巻 3 号 536 頁 ……………………… 117

大阪地判昭和40・4・23下刑集7巻4号628頁	25
京都地判昭和40・5・10下刑集7巻5号855頁	117
東京地判昭和40・5・10下民集16巻5号818頁	190
東京地判昭和40・9・30下刑集7巻9号1828頁	36
宇都宮地判昭和40・12・9下刑集7巻12号2189頁	107
神戸地判昭和41・12・21下刑集8巻12号1575頁	128
大阪地判昭和43・2・21下刑集10巻2号140頁	43
東京地判昭和44・9・1刑月1巻9号865頁	156
東京地判昭和45・5・14判時598号45頁	153
浦和地判昭和45・10・22刑月2巻10号1107頁	36, 91
大阪地判昭和46・1・30刑月3巻1号59頁	149
福岡地久留米支判昭和46・3・8判タ264号403頁	43
前橋地高崎支判昭和46・9・17判時646号105頁	96
大阪地判昭和47・5・25刑月4巻5号1061頁	155
浦和地判昭和50・1・29判時795号112頁	198
東京地判昭和50・3・26判時792号59頁	190
広島地判昭和50・6・24刑月7巻6号692頁	170
松江地判昭和51・11・2刑月8巻11=12号495頁	130
東京地判昭和51・12・9判時864号128頁	132
京都地判昭和51・12・17判時847号112頁	175
東京地判昭和52・9・12判時919号126頁	127
盛岡地判昭和53・3・22刑集37巻3号294頁	149
大阪地判昭和54・8・15刑月11巻7=8号816頁	219
東京地判昭和55・2・14刑月12巻1=2号47頁	176
東京地判昭和56・3・31判タ453号170頁	48
京都地判昭和56・5・22判タ447号157頁	226
東京地判昭和56・9・25判時1034号108頁	183
東京地判昭和56・12・10判時1028号67頁	190
東京地判昭和57・7・23判時1069号153頁	43
東京地八王子支判昭和57・12・22判タ494号142頁	43
仙台地判昭和58・3・28刑月15巻3号279頁	207
長崎地佐世保支判昭和58・3・30判時1093号156頁	170
横浜地判昭和58・7・20判時1108号138頁	203
東京地判昭和59・6・15刑月16巻5=6号459頁	176
東京地判昭和59・6・28刑月16巻5=6号476頁	176
東京地判昭和60・4・8判時1171号16頁	240
福岡地小倉支判昭和62・8・26判時1251号143頁	169
東京地判昭和62・8・28判時1277号135頁	183
東京地判昭和62・10・6判時1259号137頁	169
東京地判昭和62・10・22判時1293号177頁	177

東京地判昭和 63・4・5 判タ 668 号 223 頁	46
東京地判昭和 63・5・6 家月 41 巻 7 号 126 頁	226
東京地判昭和 63・10・4 判時 1309 号 157 頁	83
大阪地判昭和 63・12・22 判タ 707 号 267 頁	175
札幌地判平成元・10・2 判タ 721 号 249 頁	46
大阪地判平成 2・4・24 判タ 764 号 264 頁	131
東京地判平成 3・12・19 判タ 795 号 269 頁	84
東京地判平成 4・1・23 判時 1419 号 133 頁	118
札幌地判平成 5・6・28 判タ 838 号 268 頁	176
大阪地判平成 5・7・9 判時 1473 号 156 頁	20
札幌地判平成 6・2・7 判タ 873 号 288 頁	201
東京地判平成 6・3・15 判タ 876 号 204 頁	190
名古屋地判平成 7・7・13 判タ 907 号 200 頁	183
東京地判平成 7・10・12 判時 1547 号 144 頁	159
東京地判平成 7・10・13 判時 1579 号 146 頁	127
名古屋地判平成 7・10・31 判時 1552 号 153 頁	159
東京地判平成 8・3・12 判時 1599 号 149 頁	46
名古屋地判平成 8・5・16 判時 1578 号 142 頁	87
大阪地判平成 8・10・11 判タ 979 号 248 頁	21
千葉地判平成 9・12・2 判時 1636 号 160 頁	46
東京地判平成 10・8・19 判時 1653 号 154 頁	219
札幌地判平成 12・1・27 判タ 1058 号 283 頁	22
大阪地判平成 12・2・24 判時 1728 号 163 頁	39
札幌地小樽支判平成 12・3・21 判時 1727 号 172 頁	119
東京地判平成 12・7・4 判時 1769 号 158 頁	133
東京地判平成 12・12・27 判時 1771 号 168 頁	119
東京地判平成 13・7・25 判時 1809 号 158 頁	170
東京地判平成 13・9・28 判時 1799 号 21 頁	39
宇都宮地栃木支判平成 13・11・27 裁判所 HP	200
神戸地判平成 14・1・8 裁判所 HP	181
福岡地判平成 14・1・17 判タ 1097 号 305 頁	205
東京地判平成 14・3・14 裁判所 HP	200
釧路地帯広支判平成 14・3・18 裁判所 HP	169
岐阜地判平成 14・5・30 裁判所 HP	203
大阪地判平成 14・7・17 判タ 1104 号 297 頁	133
岡山地判平成 14・9・27 裁判所 HP	200
東京地判平成 14・12・16 判時 1841 号 158 頁	87
奈良地判平成 14・12・16 裁判所 HP	169
広島地判平成 15・1・7 裁判所 HP	207
東京地判平成 15・1・31 判時 1838 号 158 頁	221

神戸地判平成 15・8・19 刑集 58 巻 8 号 1029 頁 ……………………………… 170
旭川地判平成 15・11・14 LEX/DB28095059 …………………………………… 131
名古屋地判平成 15・12・24 裁判所 HP …………………………………………… 200
東京地判平成 16・4・20 判時 1877 号 154 頁 …………………………………… 208
東京地判平成 16・5・14 裁判所 HP ……………………………………………… 119
東京地八王子支判平成 16・12・16 判時 1892 号 150 頁 ……………………… 157
千葉地判平成 17・2・21 裁判所 HP ……………………………………………… 200
東京地判平成 17・4・6 判時 1931 号 166 頁 …………………………………… 204
千葉地判平成 17・7・19 判タ 1206 号 280 頁 ……………………………………… 84
神戸地判平成 18・2・6 LEX/DB28115161 ……………………………………… 171
青森地判平成 18・3・9 裁判所 HP ……………………………………………… 200
東京地判平成 18・6・15 ウェストロー 06150004 ……………………………… 119
神戸地判平成 18・7・21 判タ 1235 号 340 頁 …………………………………… 133
仙台地判平成 18・10・23 判タ 1230 号 348 頁 …………………………………… 55
大阪地判平成 18・12・13 裁判所 HP …………………………………………… 207
佐賀地判平成 19・2・28 裁判所 HP ……………………………………………… 91
名古屋地判平成 19・7・9 裁判所 HP …………………………………………… 119
松山地判平成 19・7・19 裁判所 HP ……………………………………………… 169
千葉地判平成 19・8・22 判タ 1269 号 343 頁 ……………………………………… 84
札幌地判平成 19・8・31 裁判所 HP ……………………………………………… 27
長崎地判平成 19・11・20 判時 1276 号 341 頁 …………………………………… 55
山形地判平成 20・3・26 裁判所 HP ……………………………………………… 177
静岡地沼津支判平成 22・2・17 裁判所 HP …………………………………… 199
東京地判平成 22・5・11 判タ 1328 号 241 頁 ……………………………………… 38
名古屋地判平成 24・3・8 LEX/DB25480905 …………………………………… 199
横浜地川崎支判平成 24・5・23 判時 2156 号 144 頁 ………………………… 168
鹿児島地判平成 24・5・31 LEX/DB25482493 ………………………………… 199
水戸地判平成 24・6・18 LEX/DB25482192 …………………………………… 200
大阪地判平成 25・3・22 裁判所 HP …………………………………………… 103

[簡易裁判所]

神戸簡判昭和 34・12・8 下刑集 1 巻 12 号 2596 頁 …………………………… 174
高知簡判昭和 34・12・23 下刑集 1 巻 12 号 2678 頁 ………………………… 177
佐世保簡略式命令昭和 36・8・3 下刑集 3 巻 7 = 8 号 816 頁 ……………… 117
尼崎簡判昭和 43・2・29 下刑集 10 巻 2 号 211 頁 …………………………… 149
越谷簡判昭和 51・10・25 判時 846 号 128 頁 ………………………………… 118

《著者紹介》

塩見　淳（しおみ　じゅん）
　1961年　大阪府に生まれる
　1984年　京都大学法学部卒業
　現　在　京都大学教授

〈主著〉
『刑法1総論〔第2版〕』（有斐閣，共著，2003年）
『テキストブック刑法総論』（有斐閣，共著，2009年）
『ケースブック刑法〔第2版〕』（有斐閣，共編著，2011年）

刑法の道しるべ
Guideposts to Criminal Law

2015年8月30日　初版第1刷発行

法学教室
LIBRARY

著　者	塩　見　　　淳	
発行者	江　草　貞　治	
発行所	株式会社　有　斐　閣	

郵便番号 101-0051
東京都千代田区神田神保町 2-17
電話 (03)3264-1311〔編集〕
　　 (03)3265-6811〔営業〕
http://www.yuhikaku.co.jp/

印刷・株式会社暁印刷／製本・株式会社アトラス製本
©2015, 塩見淳. Printed in Japan
落丁・乱丁本はお取替えいたします。

★定価はカバーに表示してあります。

ISBN 978-4-641-13907-7

[JCOPY] 本書の無断複写（コピー）は，著作権法上での例外を除き，禁じられています。複写される場合は，そのつど事前に，(社)出版者著作権管理機構（電話03-3513-6969, FAX03-3513-6979, e-mail:info@jcopy.or.jp）の許諾を得てください。

本書のコピー,スキャン,デジタル化等の無断複製は著作権法上での例外を除き禁じられています。本書を代行業者等の第三者に依頼してスキャンやデジタル化することは,たとえ個人や家庭内での利用でも著作権法違反です。